노장사상과 인성

노장사상과 인성

장종원

서현사

머리말

동양학이란 어떤 것이라고 명확하게 정의된 내용은 없지만 독자 제현께서 아시는 바와 같이 한국을 비롯한 중국, 일본 등 동아시아의 오랜 역사 동안 전해져서 남겨진 정신적·문화적·학문적인 유산을 말한다.

이를 세 가지로 구분하면 세 가지 철학과 세 가지 과학, 사서삼경을 포함한 동양고전을 동양학의 범주로 넣을 수 있다. 세 가지 철학은 종교적인 내용을 포함한 유가(교)와 불가(교)와 도가(교)이고, 세 가지 과학은 역학과 음양오행, 풍수이다. 그리고 사서삼경은 동양의 고전으로 논어·맹자·대학·중용 사서와 시경·서경(상서)·역경(주역) 등 삼경이며 이는 동양학의 근간을 이룬다. 물론 이 밖에 동양의 정치, 경제, 사회, 천문학, 의학, 문화와 예술, 동양적 사고 등 수 없는 분야와 역사 속에서 동양의 문화를 연구하고 갈고닦아 오늘날까지 그 영향을 끼치고 있는 많은 사상가와 대학자 등도 동양학의 연구대상이 될 수 있다. 그러므로 앞으로 더 범위를 넓혀갈 계획이다. 동양의 세 가지 철학과 과학에 해당하는 유·불·선 삼가(교)와 역학과 음양오행, 그리고 풍수에 대해서 알아보고, 사서삼경 등 고전에 대해서도 현대적인 시각으로 이야기를 나눠볼까 한다.

동양학은 어느 시대부터 어느 시대까지 한정해서 구분하기는 상당히 어렵다. 하지만 대체로 2000년 이상의 역사와 시간을 갖고 동아시아에서 살아온 삶의 궤적이자 인생의 흔적으로 그 가치는 이루

말로 표현할 수 없을 만큼 소중하다. 서양 현대과학의 대표이론인 알베르트 아인슈타인의 '상대성이론'[1], 닐스 보어의 '상보성이론'[2], 베르너 하이젠베르크의 '불확정성의 원리'[3], 유카와 히데키의 '중간자가설'[4] 등과 현대 정보화 사회를 주도하는 디지털과학의 원리가 모두 동양의 음양을 근간으로 하고 있다는 사실은 시사하는 바가 크

---

1) 상대성이론(theory of relativity, 相對性理論)은 아인슈타인(Albert Einstein)이 만든 이론으로 특수상대성이론과 일반상대성이론을 통틀어 상대성이론 또는 상대론이라고 한다. 상대성이론은 자연법칙이 관성계에 대해 불변하고, 시간과 공간이 관측자에 따라 상대적이라는 이론이다. 특수상대성이론은 좌표계의 변환을 등속운동이라는 특수한 상황에 한정하고 있으며, 일반상대성이론은 좌표계의 변환을 가속도 운동을 포함한 일반운동까지 일반화하여 설명한다.

2) 상보성이론은 Edgeworth(1881)에서 유래하며 다양한 자원들 중 어떤 하나의 자원을 더 많이 사용함으로써 다른 자원의 사용에 대한 효과를 증가시키는 활동을 말하는데 이를 "Edgeworth 상보물(complements)"이라고 한다. 그러나 "Edgeworth 상보물"은 어떠한 자원을 더 많이 사용하는 것이 효율적인가에 대한 순서문제(matter of order)를 발생시키는데 일반적으로 경제 분석의 비교와 예측에 있어서도 이와 같은 순서문제가 나타난다.

3) 불확정성원리(uncertainty principle, 不確定性原理)는 양자역학에서의 기본적인 원리 중 하나로 입자의 위치와 운동량을 모두 정확하게는 알 수 없다는 원리이다. 이 원리는 입자의 에너지와 그 에너지가 지속되는 시간에 대해서도 성립한다. 하이젠베르크의 불확정성원리라고도 한다.

4) 중간자(meson, 中間子)는 짝수의 쿼크와 반쿼크로 이루어진 원자구성 입자의 일종이다. 중간자는 그것을 구성하는 쿼크들이 강하게 결합하고 있기 때문에 강한 핵력(핵자들을 결합하는 힘)에 민감하다. 중간자는 반정수(半定數)의 스핀을 갖는 짝수의 쿼크를 포함하기 때문에 그 자체는 정수의 스핀이다. 중간자는 140MeV~10GeV의 넓은 범위의 질량을 갖는다. 1935년 일본의 물리학자 유카와 히데키(湯川秀樹)에 의해 최초로 많은 종류의 중간자들이 발견되었다.

다. 이는 16세기 로마교황청 사제들이 동아시아의 자연과학책인 역경을 가져가면서 비롯됐다. 이를 이용한 현대과학뿐만 아니라 인문학이나 철학도 앞으로의 과제에 대해 동양학에서 해답을 구하고자 많은 노력을 하고 있음은 동양학의 위치를 느낄 수 있는 현상이다.

과학문명의 발달과 세계화 등으로 날로 복잡한 세상을 살고 있는 현대인들이 겪는 공통적인 어려움은 가치관의 혼돈과 정신적인 공허함이다. 동양학을 통해 삶의 지혜와 가치관의 기준을 바로 세워 이러한 현상을 극복할 수 있다는 점에서 동양학에 대한 이야기는 현대인의 좋은 참고자료가 되리라 생각한다.

동양학은 법고창신(法古創新)[5]의 정신과 온고지신(溫故知新)[6]의 철학을 우리에게 알려주고 있다. 법고창신은 옛것을 본받아서 이를 창조하여 새로움으로 계속 발전시켜 나가자는 것이며 온고지신은 예전에 배운 것을 연구해서 새로운 도리를 알아내는 것을 말한다.

다산 정약용은 병조판서 오대익(吳大益)의 71세 생일을 축하하는 글에서 행복을 두 가지로 정의하고 있다. 하나는 뜨거운 열(熱)자, 열복(熱福)이고, 하나는 맑을 청(淸)자, 청복(淸福)이다. 열복은 가슴을 뜨겁게 해주는 화끈한 행복이다. 일명 세속에서 말하는 성공

---

5) 옛것을 본받아 새로운 것을 창조(創造)한다는 뜻으로, 옛것에 토대(土臺)를 두되 그것을 변화(變化)시킬 줄 알고 새것을 만들어가되 근본(根本)을 잃지 않아야 한다는 뜻이다.

6) 옛것을 익히고 그것을 미루어서 새것을 알다. 『논어』의 「위정편(爲政篇)」에 나오는 공자의 말에서 유래한 것이다.

과 출세인 것이다. 외직에 나가 장군이 되어 깃발을 세우고 결재도장을 찍으며 관료로 성공해서 권세를 누리며 조정에서 정사를 결정하는 것을 열복이라 할 수 있다. 그러나 청복은 좀 다르다. 청복은 비록 사소하지만 청아한 삶의 일상이야말로 진정한 행복이라는 것이다. 퇴근길에 지인과 즐겁게 이야기꽃을 피우며 기울이는 소주 한 잔, 가족과 단란한 식사를 하는 시간, 아무도 알아주는 이 없는 푸른 계곡물에 발을 담그고 예쁜 꽃과 나무를 벗 삼아 자연의 향기에 취하는 등 사소하지만 의미를 찾는 것이어야 진정한 청복이다. 듣기만 해도 마음이 행복해지는 맑고 파릇한 일상의 행복이다. 우리는 행복을 추구하기 위해 많은 노력을 하고, 열복의 추구를 위해 전력투구하지만 때때로 청복을 추구하면서 인생의 멋과 맛을 즐겨보는 것도 중요하리라 생각한다.

노장사상은 동양에서 인성을 제고하는 데 상당한 역할을 했다. 도가의 시대적 배경이 된 중국의 춘추 말기 · 전국시대는 난세(亂世)의 대변혁 시기였다. 그래서 수많은 철인들이 이상 세계의 실현, 왜곡된 현실에서의 삶의 문제 등과 관련하여 투철한 실행(實行) 후 방향을 제시하였다. 이 철인들이 고민한 핵심문제 중의 하나는 인간성, 즉 곧 인성(人性)은 어떠한 것이며 또 치세의 정신 · 태도는 어떠해야 할 것인가에 대한 방향을 제시했다고 볼 수 있다. 당시의 시대와 오늘날을 대비해 볼 때, 기술과 과학의 발전이 속도를 느낄 수 없을 정도로 빨라 '비인간화화의 전쟁'이 치열해지는 점 외에 별로 다른 점이 없다.

지금의 노장사상은 대종사의 대도(大道)를 보여준다. 대도는 가장 높여야 할 스승을 말한 것이다. 대종사는 곧 도를 말한 것이다. 도는 하늘과 사람을 꿰뚫어 있고 삶과 죽음을 초월하여 홀로 존재한다. 초심을 아직 잊기 전에는 잊기를 구하고 이미 잊은 뒤에는 잊지 않기를 구한다. 그래서 한결같이 모두 바람직하지 않은 운명을 추구하고 있다.

천하의 가장 바람직한 도덕은 마음의 본바탕이 가지는 진실한 정을 잃지 않는 것이다. 그러므로 네 발가락이라 하여 싫어하지 않고, 여섯 손가락이라 하여 원망하지 않으며, 길어도 남는다고 생각하지 않고, 짧아도 모자란다고 생각하지 않는다.

무위에 살면 만물은 스스로 다스려질 것이다. 마음의 집착을 풀어버리고 정신의 속박을 벗어 버리며 막연한 기운을 거두어 버리면 만물은 제각기 그 근본으로 돌아갈 것이다.

영원과 순간이 일치하는 곳, 성인의 생명은 그것을 포착하고 체험한 것이다. 이것을 장자는 사람이 존재하여 멸망하지 않는 이유는 세상을 뛰어넘어 하늘로 돌아가기 때문이라 했다.

성인은 천지의 꿈을 근본하고 만물의 이치를 밝게 알고 있다. 그러므로 지인은 말이 없고 대성은 마음이 없다고 한 것이니 이것은 천지의 이치를 잘 관찰한다는 뜻이다.

성인은 자연과 더불어 있기 때문에 아무것도 그를 헤치지 못하는 것이다. 이와같이 사람들이 모두 마음이 없으면 천하는 태평해질 것이다. 그것은 모두 무심과 자연의 천성으로 말미암기 때문이다.

세상은 도를 잃고, 도는 세상을 잃어 세상과 도가 서로를 잃었으니 도 있는 사람인들 무엇으로 세상을 일으키며, 세상 또한 무엇으로 도를 일으킬 수 있을 것인가?

지금은 우리 모두가 도를 지키고 고민해야 할 시대에 살고 있어서 도의 정신을 다시 생각하게 한다.

법고창신과 온고지신이라는 두 가지 정신과 마땅히 누려야 할 우리의 청복을 위해 앞으로 독자 제현과 함께 망망대해인 동양학의 항해를 함께할 것을 다짐해본다.

2020년 3월 저자 씀

차 례

제1부 노자와 장자

제2부 도의 대종사

제1부
노자와 장자

상선약수(上善若水)

"강과 바다에 모든 시냇물이 모여드는 것은, 자신을 잘 낮추기 때문이며, 모든 계곡의 왕이 될 수 있다."

인간의 삶과 인간관계에 대해서 노자는 『도덕경』에서 적절한 말을 했다. "물은 만물을 매우 이롭게 하면서도 다투지 않고[7], 여러 사람들이 싫어하는 곳에 자리하기 때문에[8], 물은 도에 가깝다."[9] 물은 본래 사람들이 싫어하는 낮고 습한 곳으로 흐른다는 것이다. "물은 항상 낮은 곳으로 흐르고, 사람은 높은 곳으로 달린다."고 한다. 우리가 물처럼 살아갈 수 있다면, 인간관계에서 타인을 이롭게 하면서도 명리를 다투지 않을 수 있을 것이다. 물은 둥근 그릇에 담으면 둥글게 되고, 모난 그릇에 담으면 모나게 된다. 둥근 사람을 만나면 둥글게 되고, 모난 사람을 만나면 모나게 될 것이다. 이것은 바로

7) "水善利萬物而不爭", 노자, 『도덕경』 제8장.
8) "處衆人之所惡", 노자, 『도덕경』 제8장.
9) "故幾於道", 노자, 『도덕경』 제8장.

우리나라는 다른 나라에 비해 삼면이 바다로 둘러싸여 물이 많은 나라라고 말할 수 있다. 일상의 바쁜 일과 속에서도 바다로 나가 잠깐의 여유를 가짐으로써 건강을 지키는 습관을 가졌으면 한다. 또한 21세기 물의 시대를 맞아 물이 가득한 한국이야말로 세계의 중심국가로서 약진하고 발전한다는 기대를 가져도 좋을 듯하다. 이런 천혜의 조건을 갖춘 우리나라에서 우리가 평소에 얼마나 많은 혜택을 누리고 사는지 한번 생각해 보고 이 혜택을 영원히 누리기 위해 바다를 사랑하는 마음을 가졌으면 한다.

이것이 바로 상선약수의 경지이다. 현대인의 머나먼 인생의 여정에서 언제나 이 바다를 품고 살아가길 소망해 본다.

단군신화에서 배우는 지혜

위로는 하늘, 아래로는 땅이 인간을 접점으로 균형을 이룬다.

우리는 초등학교 때부터 단군신화에 대한 이야기를 많이 듣고 자랐다. 하지만 우리의 조상이라고 하는 단군은 사람인지 신인지 의문이 들 때가 많다.

단군신화는 비록 신화적인 형태로 존재하지만 실제로 그것에 담겨 있는 내용은 인간의 이야기다. 우리는 흔히 신을 말할 때 추상적, 관념적인 신으로 설명하는 경향이 있지만 시대에 따라 신을 보는 견해는 당시의 사회적 여건과 시대의 정서라는 바탕 위에서 정의하는 것이다. 따라서 신화를 온전한 사실로 보는 관점도 지양해야겠지만 역사적 상황과 배경에서 잉태됐다는 점에서 역사가 아니라고 부정할 수 없다. 신화는 신화대로 그것이 생긴 역사적 배경이 있는 것이다.

단군신화가 전해지는 최초의 문헌인 『삼국유사』[1)]가 비록 단군으로부터 수천, 수백 년 후인 고려시대의 저작이기는 하지만 단군신화가 우리나라 최초의 국가인 고조선의 건국신화임에는 틀림이 없다.

신화는 처음부터 문자로 기록되지는 않았을 것이다. 그리고 신화는 어느 특정한 시기, 특정한 인물에 의해 돌연히 지어진 것이 아니라, 오랜 세월에 걸쳐 셀 수 없이 많은 사람을 통해 구전된 내용이 집약된 것이다. 만약 특정한 시기, 특정한 인물에 의한 창작이라면 그것은 한 사람의 사상을 표현한 것이지 신화라 할 수도 없을 것이다. 단군신화는 오랜 세월만큼이나 거기에 참여했던 수많은 사람들의 생각이 보태어졌을 것이다. 그 생각들은 자연에 대한 인식일 수도 있고, 인간에 대한 자각일 수도 있으며, 사회에 대한 구성 원리일 수도 있다. 이런 생각의 조각들이 쌓여 하나의 긴밀한 구조를 가진 세계관으로 정립돼 표현한 것이 단군신화이다. 따라서 단군신화에 대한 분석과 종합은 우리 민족 구성원이 지니고 있는 민족의식 혹은 민족사상의 원형에 대한 탐색재료로 손색이 없다.

신화는 우연의 산물이 아니다. 그리고 신화는 체계화된 언어로 이뤄진 것이 아니다. 즉 신화는 언어 자체보다 그 상징성에 주목해야 한다. 또 그런 상징으로 표현될 수밖에 없는 구조의 긴밀성과 그 의미에 대한 해석이 있어야 한다. 왜냐하면 "신화는 모든 철학적, 이성적 인식의 대전제요, 원형이며, 모든 철학적 분절화(分節化)를 가능

---

1) 『삼국유사(三國遺事)』는 고려 후기 승려 일연이 고대 역사 중 정사(正史)에는 없는 유문(遺文)과 일사(逸事)를 바탕으로 찬술한 역사서로, 편년체 형식을 가지고 있다. 권5 권수(卷首)의 '국존조계종가지산하린각사주지원경충조대선사일연찬(國尊曹溪宗迦智山下麟角寺住持圓鏡沖照大禪師一然撰)'이라는 부분을 통해 일연이 찬자였음을 알 수 있다. 국보 제306호, 제306-2호로 지정되어 있다.

케 하는 시원(始原)"이기 때문이다. 또한 "철학적 인식과 사유의 논리적 세계는 삶의 원초적 경험인 신화에서 출발해서 그 경험이 확장하고, 그것이 의미화, 이성화"하기 때문이다.

단군신화는 크게 세 부분으로 나누어 볼 수 있는데, 첫 번째는 하늘 또는 신에 관한 이야기이고, 두 번째는 땅 내지 물(物)에 관한 이야기며, 세 번째는 인간의 탄생에 관한 이야기다. '하늘(天)-땅(地)-인간(人)'의 구조에서 하늘은 인간 세상에 관여하기를 희망하고 땅은 인간의 몸이 되기를 원했다는 것에서 그 초점은 역시 단군으로 상징되는 인간에 관한 이야기다. 위로는 하늘, 아래로는 땅이 인간을 접점으로 균형을 이룬다. 이렇게 하늘-인간-땅의 구조적 관계가 이뤄진다.

하늘이 정신, 영혼, 신성성, 도덕성의 근원, 생명의 씨 등을 상징한다면 땅은 물질, 육체, 생명의 터 등을 상징한다. 이 두 가지가 결합돼야만 인간이 된다. 곧 하늘(환웅)의 의지와 땅(웅녀)의 의지가 묘합(妙合)해서 단군이 된다. 그래서 단군은 신성(神性)과 물성(物性)을 함께 지닌다.

인간은 하늘과 땅을 떠나지 못하는 의존적인 존재이지만, 또 한 편으로는 하늘과 땅을 통일적으로 조화시킨 새로운 차원의 존재이다. 하늘과 땅은 인간을 통해서만 이 의지를 실현할 수 있다. 그래서 세계의 축은 인간으로 자리를 옮기게 된다.

단군신화에는 갈등적 요소가 거의 없다. 이것은 우리 민족이 꿈꾸는 세계가 갈등과 대립이 아니라 조화와 균형에 있다는 의식의 반영이다. 실제로 단군신화는 세 가지 축, 곧 하늘 땅 인간이 모두 등장하면서도 서로 간에 갈등이 보이지 않을 뿐만 아니라 불균형도 보이지 않는다. 하늘, 땅, 인간 이 세 가지는 한국 고대인의 정신을 이해하는 축이 되고 있다. 이 축은 서로 뗄 수 없는 관계를 유지하고 있을 뿐만 아니라 어느 하나의 축은 다른 축의 근거가 되고 있다. 하늘이 없는 땅을 생각할 수 없고, 땅의 협력이 없이 하늘의 초월적 능력이 발휘될 수 없으며 하늘과 땅의 조화 없이는 인간이 존재할 수 없다.

이러한 단군신화의 정신은 오늘날 우리 민족이 살아가는데 등불로 작용하고 있고 정신건강의 자양분이기도 하다.

도교와 도가사상

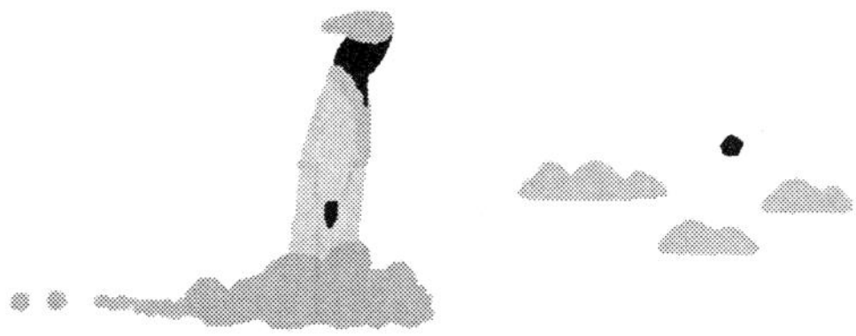

도교는 신선설과 연결되어 불로장생하는 것을 목적으로 삼게 됨에 따라 건강관리를 중시하여,
심리적으로는 초월주의적 신앙 과 주술적인방법이 도입되었고 물리적으로는
호흡조절 곡식 먹지 않기관절의 조절 남녀 방사의 조화 등의 방법이 채택되었다.

도교가 종교의 형태로 형성되기 이전에 노자의 『도덕경』과 『장자(莊子)』, 『열자(列子)』등에는 도가사상[1]이 이미 존재하고 있었다. 동서고금에는 도교와 도가사상을 혼동하는 예가 많다.

도교와 도가사상은 밀접한 관계가 있지만, 도교는 어디까지나 종교이므로 근본적으로는 도가사상과 뚜렷하게 구별돼야 한다.

도교는 도가사상의 도 개념을 중심으로 불로장생을 얻고 도와 합일해서 신선이 되는 것을 궁극적인 이상으로 삼고 있다.

도교는 본래 피안(彼岸)[2]의 관념이 의외로 희박하고, 오히려 현세

1) 우주의 절대적 존재를 무(無)라고 하는 무위자연설(無爲自然說)을 주장하는 사상을 말하며, 노자(老子)와 장자(莊子)를 대표로 한다. 이는 제자백가의 하나로 유가(儒家)와 더불어 중국 철학의 두 주류를 이룬다

2) 현세를 차안(此岸)이라 한다면 피안은 불교에서 해탈에 이르는 것을 의미한다. 즉 인간 존재는 미혹(迷惑)과 번뇌(煩惱)의 세계에서 생사유전(生死流轉)하는 상태라고 보는 불교의 교의(教義)에서는 미혹한 생존을 차안(此岸)이라 부르고 이에 대하여 번뇌의 흐름을 넘어선 깨

의 길복을 추구하는 것이 특징이기 때문에 종교로서 이론을 보강할 필요가 생겼다. 그러한 요구를 충족시키는 방편으로 도가의 사상이나 그 논리를 받아들이게 됐으므로 도교와 도가사상은 관계가 밀접해졌다.

도교는 마치 큰 바다가 작고 큰 물줄기들을 두루 받아들이는 것처럼 온갖 종교 · 사상 · 풍속 등을 편리하게 흡수, 조절하는 특이한 성질을 지니고 변천해왔다.

우리나라에서도 도가사상은 도교라는 종교와는 엄연히 구별돼 역대 지식인들에 의해서 연구, 수용됐고 한국사상 형성에 일익을 담당했다. 도교는 4세기 이후 비로소 불교의 체제와 조직을 모방하고 불법(佛法)의 전개방식 등을 받아들여, 교리의 체계화와 종교체제의 정비를 꾀했다.

도교는 본래 자연발생적인 종교였기 때문에 엄밀하게 따질 경우, 교조(教祖)[3]라든가 개산조(開山祖)[4]라든가 하는 것들을 밝혀낼 수는 없다. 노자를 교조로 내세우기도 하나 그것 역시 종교의 체제를 갖추게 하려는 의식이 생겨난 뒤의 일이다.

도교라는 종교의 성립과정과 그것이 목적하는 바를 보면, 도교는 고대의 민간신앙을 기반으로 해서 신선설을 중심에 두고, 거기에다 도가 · 역리 · 음양 · 오행 · 참위 · 의술 · 점성 등의 법술과 무술적

달음(涅槃)의 세계를 피안(pāra)이라 부른다. 미혹의 차안에서 깨달음의 피안에 도달하는 것이 도피안(到彼岸)으로 산스크리트어로는 pāramitā라고 하며 바라밀다(波羅密多)라고 음역되고 있다.

3) 종교나 종파의 창시자로 개조(開祖), 종조(宗祖) 등이라고도 한다. 대종교에서는 불교의 석가모니, 그리스도교의 예수 그리스도, 이슬람의 무함마드 등을 들 수 있는데, 분열에 의해서 분파된 소종파의 지도자를 말하는 경우도 있다.

4) 절이나 종파를 처음으로 개산(開山)한 시조를 말한다.

인 신앙이 복합적으로 섞여, 그것을 불교의 체제와 조직을 본받아 뭉뚱그린 종교로, 불로장생을 주요 목적으로 삼고 현세의 길복을 추구하는 것이 특징이다. 따라서 도교는 유교와 불교는 물론 다른 신앙까지 큰 마찰 없이 받아 들여 융해할 수 있었다.

그 결과 도교라는 명목으로 융합되는 신앙이나 행사의 내용이 매우 복잡해졌다. 도교는 신선설과 연결돼 불로장생 하는 것을 목적으로 삼게 됨에 따라 건강관리를 중시해서, 심리적으로는 초월주의적 신앙(司過神的信仰)과 주술적인 방법을 도입했다. 물리적으로는 호흡조절(調息), 곡식 먹지 않기(辟穀), 관절의 조절(導引), 남녀 방사의 조화(房中) 등의 방법을 채택했다.

이 땅에 도교가 정식으로 도입된 것은 고구려 말기였다. 그것은 주로 국가를 위해서 재앙을 물리치고 복을 비는(禳災祈福) 제례의식(齋醮)를 중심으로 한 과의적(科儀的)인 도교였다.

중국 신선방술의 발생과는 별개로 우리나라에는 고대로부터 도교를 수용하기에 적합한 토착적인 고유 문화현상으로서 산악신앙 · 신선설 및 그것들과 연관이 있는 각종의 방술이 있었다. 우선, 고대의 건국신화가 산악신앙 및 신선사상과 직결되어 있으니, 단군신화를 보면 그것을 곧 알게 된다.

천제 환인(桓因)[5]의 차자인 환웅(桓雄)[6]이 삼천 명의 무리를 거느리고 강림한 곳은 태백산 정상의 신단수 밑이었다. 환웅의 아들로 태어난 단군을 본원으로 해서 이 땅 특유의 신선사상이 전개되고 이 땅의 선파(仙派)가 생겨나게 된다.

---

5) 초기국가시대 단군신화에 나오는 하늘의 신으로, 신화인물을 말한다.
6) 우리나라 단군 신화에 나오는 인물, 하늘을 다스리는 신(환인)의 아들이자 단군의 아버지이다.

단군신화에 언급된 홍익인간이라는 이념은 한국 신선사상의 특징을 단적으로 표현한 것이라 하겠다. 후세 선파에서 환인과 환웅으로 연결한 단군의 정신과 교훈은 인간만사의 도리와 우주 삼라만상의 이치를 두루 통섭하는 것이었다.

그들은 우리 민족의 무한한 저력에 대한 신심과, 우리 겨레가 세계를 영도하는 지위에 오를 영광된 장래가 있으리라는 것을 확신하고 있다. 이 밖에도 신선과 결부시켜 예술가를 경애하는 등 우리 고유의 선가설[7]과 관련된 특징을 내포한다.

이러한 우리 고유의 신선사상은 그 전승과정에서, 수련적인 도교와 접합하면서 변천하여 내려왔다. 따라서 이러한 신선사상은 도교적인 문화현상으로 간주해서 한국 도교의 특징의 하나로 다뤄야 할 것이다.

7) 환웅의 아들로 태어난 단군을 본원으로 하여 이 땅 특유의 신선사상이 전개되고 이 땅의 선파가 생겨난 것을 두고 한 말이다.

노자사상과 인성론

도가의 우주론은 도가의 인생론이다.
노자는 인간이 인간답다는 까닭의 본질을 우주 근원지에 두고서 그것과 일치되기를 요구하기 때문이다.

고대 종교가 타락하는 경향에 따라 인간에게는 도덕적 요구가 있게 된다. 도덕이 자각되는 상황에서 천(天)은 신(神)의 의지의 표현으로부터 점차 우회해서 나아가 도덕 법칙으로 표현된다.

유가에 있어서는 도덕의 법칙적인 천이 보편적, 구체화해서 형성된 인성론을 공자와 맹자를 중심으로, 동양 문화의 주류가 된다. 그런데 종교의 타락은 하늘을 하나의 자연적 존재가 했으니 이 점은 인간의 지혜가 각성된 후의 일반 상식과 더욱 서로 부합하는 것이다. 『시경(詩經)』·『춘추(春秋)』 시대에는 이미 자연천(自然天) 사상[1)]

1) 천은 자연현상 가운데 인간에게 가장 크게 영향을 미치는 것이자 가장 크고 뚜렷하게 파악되는 현상으로 여겨졌다. 농경을 주로 하는 문화적 특성상 자연현상과 기후의 변화를 파악하는 것이 중시된 만큼 천의 표면적인 모습 외에 작용면에서 천을 파악하려는 경향이 짙었다. 그래서 천은 자연적 현상과 작용 등을 포괄하는 '자연천(自然天)' 개념으로 자리 잡았다.

의 실마리가 드러나 있었다.

노자 사상의 최대 공헌 중의 하나는 이런 자연적 천의 생성과 창조에 대해 새롭고 계통이 있는 해석을 제시했다는 데 있다. 이런 해석이 있고 난 후에야 비로소 고대 원시 종교의 잔재가 한꺼번에 깨끗이 씻겨 내려갔으며, 동양에는 합리적(合理的) 사유(思惟)로 구성된 형이상학적 우주론(形而上學的宇宙論)[2]이 출현하게 됐다. 그러나 노자학(老子學)의 동기와 목적은 결코 우주론을 정립하는 데 있지 않고, 여전히 인생의 요구로부터 차츰차츰 높은 곳을 추구한다. 우주의 근원으로 간주되는 곳까지 추구하므로 인생의 평온한 경지를 만드는 것이었다. 이렇게 볼 때 도가의 우주론은 그의 인생철학의 부산물이라고 말할 수 있다. 노자는 우주의 근원지에서 인간의 근원을 발견하려고 할 뿐 아니라, 그 위에 우주의 근원지에서 인생과 자신의 근원이 서로 상응(相應)하는 생활 태도를 견지해서 인생의 안전한 출발점을 얻으려고 한다.

따라서 도가의 우주론은 실재는 도가의 인성론(人性論)[3]이라고 말

---

2) 형이상학(形而上學, metaphysics)으로 번역되는 영어 낱말 '메타피직스(Metaphysics)'는 그리스어의 메타(meta: 뒤)와 푸지카(fusika: 자연학)의 결합으로 아리스토텔레스에서 유래하였다. 아리스토텔레스의 정의에 따르면, 형이상학은 존재의 근본을 연구하는 학문이다. 그리고 라틴어의 역어로 세계의 궁극적 근거를 연구하는 학문이며, 다른 정의로는, 형이상학은 사회의 근본 체계, 사회 현상, 모든 지식들 또는 인류 대다수에게 그보다 나은 지식일지라도, 그것들의 근원은 변증된 체계가 아니라, 하나의 독립된 개별적 영역이라고 주장하는 철학이념이기도 하다.

3) 일반적으로 인간이 지닌 성(性)에 대해 선(善)하다고 주장하기도 하고, 악(惡)하다고 말하기도 한다. 노자가 보기에 여기서 말하는 선과 악은 상대적인 개념에 불과하며, 도덕 윤리적 측면에서 내려진 정의들이다. 그에 의하면 인간이 지닌 본연의 성(性)은 이러한 시각으로는 온전히 규명될 수 없으며, 선과 악을 초월한 도(道)의 경지에서만 인식할 수 있다. 특히 그는 영아(嬰兒)에 견주어 인성의 참모습을 제시하고자 하였다. 노자의 사상을 계승한 장자 역시 도로부터 비롯된 인간 본연의

할 수 있다. 왜냐하면 노자는 인간이 인간답다는 까닭의 본질을 우주 근원지에 두고서 그것과 일치되기를 요구하기 때문이다. 이 방향의 인성론은 노자가 그 단초를 열었고, 장자가 그 극진함에 이르렀으며, 또한 이후의 동양문화 발전에 지대한 영향을 미쳤다.

『노자(老子)』에는 성(性)이라는 글자가 하나도 없다. 그러나 성자는 전국 시대 초기 이후로 유행했으므로 『논어(論語)』 속에도 단지 두 군데에만 성이 있을 뿐이다. 현재 통용되고 있는 『노자』에는 실질적인 인성론이 있으나 성이 나타나 있지 않으니 이 또한 그 책이 전국 시대 초기 혹은 그 이전에 성립됐음을 증명하고 있는 것이다.

일찍이 은주(殷周) 시대[4]의 인문정신(人文精神)은 불안의식(不安意識)을 그 기본적 추진력으로 해서 싹텄다. 이런 불안한 마음은 이후 각기 위대한 사상 유파 속에서 실로 일관되고 있다. 이는 불안으로부터 초월해 나옴으로써 인생의 평온을 실현하려고 생각했다. 도가의 창시자로 간주되는 노자(老子)의 생존 시기는 주(周)나라 왕실의 통치가 일찌감치 와해됐을 뿐만 아니라, 그 위에 봉건 제후의 통치 역시 이미 붕괴되기 시작한 때였다. 이렇듯 사회의 극렬한 전환기에서는 사람들에게 기성의 세력이라든지 전통적 가치 · 관념 등이 모두 사회의 전환과 더불어 그 효용을 잃게 되었다는 느낌을 갖게 만든다.

정치 사회의 변동으로부터 나온 위기에 대한 노자의 생각은 미래

성은 순박하고 자연스러운 속성을 지니며 그것을 통해 외물에 구애됨이 없는 삶을 영위해 나갈 것을 강조하였다. 과거 도가를 연구하는 학자들은 도가의 인성론을 곧 '自然人性論'이라고 주장했다. 그러나 이러한 견해는 자연인성론을 주장하는 양주(楊朱)와 노장(老莊)간에 진정한 차이를 구별할 수 없다.

4) 중국 최고의 유사 시대인 은나라와 주나라 시대를 말한다.

를 향한 극복이라기보다는 과거를 향한 도피이다. 이와 동시에 그는 주축으로 내려온 역사에서 얻은 교훈과 사회에 대한 예민한 관찰로, 안전한 길(道)은 하나도 없다는 것을 깨달았다. 따라서 그가 곧바로 현실세계(現實世界) 중에서 추구해 나간 것은 만물의 근원에서 만물을 창조하고 허무(虛無)를 본체(本體)로 삼는 상도(常道)[5]를 발견해 내는 데 있었다.

이렇게 그의 사상은 인생에 대한 요구에서 점점 형이상학적 우주론으로 발전한다. 인간도 불변의 상도에서 온 것이니, 또한 상도의 일부분에 해당된다. 상도는 가장 오래 지속될 수 있으며 가장 안전한 곳이다. 인간이 '도(道)를 충분히 체득할(體道)' 수 있어야만, 곧 도와 한 몸이 돼 비로소 장구(長久)와 안전을 얻을 수 있다. 따라서 방향을 바꿔 형이상학적 우주론으로 그의 인생론이 세워진다. 인생의 가장 큰 해독은 정치(政治)로부터 나오고, 정치를 하는 인물들 역시 대부분 불장난으로 스스로를 불태운다. 노자는 일반인들이 받는 정치적 해독을 제거하고 아울러 이런 불장난을 하는 인간들을 구제하기 위해 또다시 그의 인생론을 그의 정치론으로 발전시킨다.

이는 바로 그가 말하는 도와 덕이라는 두 개의 기본 개념이다. 아울러 그가 이 두 관념을 제기해서 고대 동양의 종교적 잔재는 말끔히 씻겨 내려갔다.

---

5) 1. 항상 변하지 않는 떳떳한 도리를 말한다.
2. 항상 지켜야 할 도리를 의미한다.

노자와 도

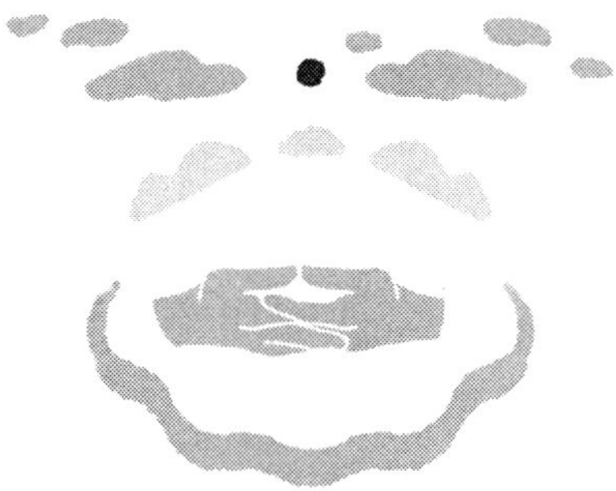

노자가 말하는 도는 오히려 한 단계 더 높아서 천지를 창조·생성하는 원동력이다.

노자(老子)가 말하는 도(道)는 우주 만물을 창조·생성하는 기본 원동력을 가리킨다. 여기서 원리라고 하지 않고 원동력이라고 말하는 것은 원리는 정태적(靜態的)[1]인 존재로 그 자신은 창조·생성할 능력이 없고, 창조·생성하려면 이면에서 지휘하거나 발동시키는 것, 예컨대 신(神)과 같은 유형이어야 하기 때문이다. 그런데 노자의 도 자체는 바로 유일하게 창조·생성하는 것이다.

유가에서 말하는 천도(天道)[2]는 항상 천지 운행이 법칙 및 이런 법칙으로 말미암아 발생하는 공용(功用)[3]을 가리켜 말하는 것이다. 예컨대 "네 계절이 운행하고 온갖 것들이 생겨난다."는 것과 같은 유형

---

1) 움직이지 않고 가만히 있는 상태를 말한다.
2) 하늘이 낸 도리나 법을 뜻한다.
3) 몸과 입과 뜻으로 짓는 행위, 말, 생각 따위를 이르는 말이다.

이다. 이런 천도는 눈과 귀를 통해서 관찰할 수 있는 것이다.

그런데 노자가 말하는 도는 오히려 한 단계 더 높아서 천지를 창조·생성하는 원동력이다. 이 원동력은 단 '마음속에서 상상'할 수 있을 뿐, '듣거나 볼 수는 없는 것이다.' 그러기에 노자는 무(無)라는 글자로 그가 말하는 도의 특성을 삼고 있다.

무는 일반적인 유무(有無)의 '없다'라는 의미 이외에, 특정한 뜻의 무 두 개의 같지 않은 단계를 갖는다. 도의 특성을 말하는 무는 한 단계 높은 것으로서 현상계(現象界)[4]를 초월한 무이다. 낮은 단계의 유무라는 무는 곧 낮은 차원으로서 현상계(現象界) 속의 무이며, 이 무는 '있지 않다'는 말과 동등하다. 낮은 단계의 무는 비록 높은 단계의 무로 체득한 것이지만, 그것은 창조 · 생성의 원동력이 아니므로 높은 단계의 무와는 본질적으로 같지 않은 것이다. 노자가 무를 도의 특성으로 삼은 까닭은 도 자체가 '무한(無限)'한 존재이고, 그리하여 도란 인간의 감각 기관으로 직접 접촉할 수 있는 것이 아니기 때문이다. 비록 감각 기관에 의해 접촉 되는 바가 없더라도, 결코 '없는' 것은 아니다. 따라서 여기서는 '모습 없는 모습, 물체 없는 형상'이라고 한 것이다. 도는 볼 수 없는데 어찌해서 그것에 형상과 물체가 있음을 알 수 있겠는가? 『한비자』 「해로편」에서는 "지금 도는 비록 보고 들을 수 없으나, 성인은 그 두드러진 공적(見功)에 근거하여 형상을 자세히 고려한다."[5]고 했다. '견공(見功)'이란 현상계에 표현된 창조·생성의 성과를 뜻하며, '처(處)'란 자세히 고려한다는 뜻이다. 이 의미는 도란, 현상계로부터 나아가 그것이 이

4) 지각이나 감각으로 경험할 수 있는 경험의 세계. 객체계(客體界)에 대립하는 세계이다.

5) "今道雖不可聞見 聖人執其見功 以處見其形", 한비, 『한비자』 「해로편」

현상을 이루어 낼 수 있는 원인을 추구해서 추론한 것임을 말한다. 다시 말해서 유형(有形)으로부터 무형(無形)으로, 형이하로부터 형이상으로 뻗어 간다는 것이다. 따라서 도에 관한 노자의 관념이 성립된 것은 치열한 논쟁을 거쳐서 얻어낸 결론이다.

대개 모습이 있고 물체(物)가 있는 것은 명칭을 붙일 수 있다. 그러나 이런 기본 원동력은 황홀하고 형체(形)도 형상(象)도 없는 무한한 존재여서 명칭을 붙일 수가 없으므로 또 그것을 일컬어 무명(無名)이라고 한 것인데, '없는 것(無)'이기 때문에 '이름이 없다(無名)'라고 일반적으로 말한다. 따라서 일부 사람들은 명가(名家) 사상이 성행한 이후가 아니면, 명가에 반대하는 '무명(無名)'사상이 나타날 리가 없다고 말한다. 명가 사상은 중국 전국 시대 중기에 성행했으니 『노자』 책도 당연히 전국 시대 중기 이후에 생겨났다는 것이다. 그러나 이는 명(名)과 예(禮)가 표리(表裏)[6]의 관계임을 알지 못하고 하는 말이다. 『좌전(左傳)』 환공(桓公)에 "무릇 명(名:명분)으로써 의(義)를 제어하고 의로 예(禮)를 발생시킨다."[7]고 했고, 『좌전(左傳)』 성공(成公) 2년에는 "명(분)에서 믿음이 나온다."[8]고 했다. 『국어(國語)』에서는 "말로써 명(분)을 믿는다."[9]고 했다. 이로써 춘추 시대는 예(禮)와 명(名)[10]을 중시하는 시대였음을 알 수 있다.

---

6) 1. 물체의 겉과 속 또는 안과 밖을 통틀어 이르는 말이다. 2. 겉으로 드러나는 언행과 속으로 가지는 생각을 통틀어 이르는 말이다. 3. 임금이 신하에게 내리거나 신하가 임금에게 바치던 옷의 겉감과 안감을 말한다.
7) "夫名以制義 義以出禮", 『좌전(左傳)』 환공(桓公) 2년.
8) "名以出信", 『좌전(左傳)』 성공(成公) 2년.
9) "言以信名", 『국어(國語)』 주어하(周語下)
10) 명분이나 이름을 의미한다.

예에 문제가 발생했고, 명 또한 문제가 발생했다. 공자는 예(禮)에 대한 반성으로 "사람으로서 어질지 않으면 예는 해서 무엇하겠는가?"[11]라고 했고 명(名)에 대한 반성으로 "반드시 이름(명분)을 바로잡겠다."[12]고 했다. 노자는 예에 대한 반성으로 "예는 인간의 참다운 믿음(忠信)이 없어진 것"[13]이라고 했고, 명에 대한 반성으로 '무명(無名)'을 말했다. 이것은 모두 시대 배경이 명확한 것이며, 나중에 나온 명가(名家)와는 관계가 없다. 나중에 출현한 명가의 궤변적 성격은 또한 이런 반성 추세를 이어서 발전된 것이다.

그러므로 노자는 도의 특성을 무로 삼고 무는 일반 사람들이 쉽게 파악하기 어려우므로 '텅 빈 것(虛)'으로서 부득이 도의 무를 묘사했다. 그런데 이 허(虛)는 창조·생성의 변화를 발생시키므로 '곡신(谷神)'이라 또 다르게 칭했던 것이다. '신(神)'은 그것이 그러한 까닭을 알지 못하면서도 그러한[14] 변화를 묘사했던 말이다. 허(虛)에는 무한한 생기가 내재해 있으므로 '불사(不死)'[15]라고 일컫는다.

---

11) "人而不仁 如禮何", 공자, 『論語(논어)「爲政(위정)」
12) "必也正名乎", 공자, 『論語(논어)「子路(자로)」
13) "禮者忠信之薄", 노자, 『도덕경』 제66장.
14) "不知其然而然", 노자, 『도덕경』 제66장.
15) 1. 죽지 아니함을 말한다. 2. 토속 신앙에서, 속인으로서 염불(念佛)을 하다가 죽은 사람의 혼령을 무당이 이르는 말이다.

노자의 도덕

노자는 사람들이 자신의 덕으로 회귀하게 하고, 지각과 욕망을 극복하는 공부를 하도록 요구하고 있다.

인간은 사회적 동물임과 동시에 생각을 실천하는 유일한 존재다. 이를 가장 잘 나타낸 사람이 노자다. 그는 인간은 결국 도덕에서 시작해서 도덕으로 끝남을 강조하고 있다. 특히 덕이야말로 인간이 실천해야 하는 소중한 가치임을 말하고 있는 것이다.

노자의 인생론에서 사람들은 "덕을 기른다."[1]는 자세로 덕에 이르러 인성을 회복해 나가기를 요구하고 있으니, 덕으로부터 발전된 인생 태도야말로 격변하는 시기에서도 안전하고 오래 지속된다. 그런데 대체로 일찍이 매우 유행했기 때문에, 덕이라고 말하면 덕 일반적으로 말하는 덕과 쉽게 혼동될 수 있다.

노자가 말하는 덕이란, 인생의 모든 행로(行路)를 꿰뚫고 있다. 그가 요구하는 것은 덕이 가장 먼저 활동할 때이며, 나뉘어 아직 형체

---

1) "德畜之", 노자, 『도덕경』 제66장.

가 되지 않았을 때의 덕이고, 이때의 덕은 여전히 공허이고 무이다. 노자는 이것을 '현덕(玄德)'[2], '상덕(常德)'[3], '공덕(孔德)'[4], '상덕(上德)'[5] 등으로 일컬어 일반적으로 말하는 덕과 구별하고 있다.

현덕(玄德)은 도(道)와 서로 심오하게 합쳐지는(冥合) 덕이다. 현덕은 항상(常) 변화하지 않으므로 또 상덕(常德)이라 하는 것이다. 『왕필주(王弼注)』에 "공(孔)이란 빈 것이다(孔, 空也)."라고 했으니, 현덕은 비어 있음(空)이고, 그래서 '공덕(孔德)'이라고 부른다. 현덕은 일반 물질세계(形器界) 안에서 덕(德)을 초월한 위에 있으므로 또 '상덕(上德)'이라고 일컫는다. 현덕(玄德)은 나뉘기는 했으나 아직 형체(形)를 이루지 못했고, 형체를 이루지 못했다 함은 나뉘고는 있으나 다 나뉘지는 않은 것이므로 그 본질은 '일(一)'과 같다고 할 수 있다.

현덕은 도와 직접 상통하며 만물이 나오는 곳이므로 도는 '어미(母)'라고 할 수 있듯이, 현덕도 어미라고 부를 수 있다. 현덕은 아직 형체를 드러내지 못했으므로 '박(樸)'이라 한다. 이렇게 볼 때, 『노자』에서 "하늘의 기운과 땅의 기운을 한 몸에 싣고 하나를 껴안는다."[6]고 한 구절의 '포일(抱一)'과 "온갖 것을 먹이는 어미를 귀하게 여긴다."[7], "다시 그 어미를 지킨다."[8]의 '식모(食母)', '수모(守母)', "다시 질박함으로 되돌아간다.[9]"의 '귀박(歸樸)'은 모두 생명

---

2) 1. 속 깊이 간직하여 드러내지 않는 덕을 의미한다.
   2. 천지(天地)의 깊고 묘한 도리(道理)를 말한다.
3) 덕을 숭상(崇尙)하여 높이 여긴다는 뜻이다.
4) 비어 있어서 덕을 초월한 높은 덕을 말한다.
5) 웃어른에게 받은 은덕을 말한다.
6) "載營魄抱一", 노자, 『도덕경』 제10장.
7) "而貴食母", 노자, 『도덕경』 제20장.
8) "復守其母", 노자, 『도덕경』 제52장.
9) "復歸於樸", 노자, 『도덕경』 제28장.

의 근원으로서의 덕을 향한 회귀, 다시 말해 덕(德)을 통해 도(道)로 회귀하는 것을 가리킨다. 따라서 노자는 "빈 덕의 포용은 오직 도만을 따른다."[10]고 말했던 것이다.

그리고 『한비자』「해로편」에서는 이런 공부(工夫)·경지(境界)를 총괄적으로 체도(體道)[11]라 칭했다. 이것은 실제로 후세 유가들이 말하는 복성(復性)[12]과 같다. 그렇지만 유가에서 말하는 본성(性)은 인생 가치의 도덕(道德)을 표현한 것이며, 복성이란 이런 도덕의 주체를 파악하는 데 있다. 도가에서 말하는 덕은 인생의 안전 확보를 제공해 주는 허요, 무이며, 그의 복성이란 이런 허무(虛無)[13]의 경지와 작용을 유지시켜 주는 데 있다.

노자는 인간이 비록 허무의 덕을 받고 태어나지만, 이미 태어난 이후에는 일정한 형질(形質)을 갖추게 되므로, 이 일정한 형질은 그것이 유래 한 바를 보면, 허무를 본성으로 하는 덕과는 차이가 있음을 인정하고 있다. 형질 중의 심(心)은 지각(知)의 작용이 있고, 형질 중의 이목구비(耳目口鼻) 등은 욕망(欲)을 요구한다. 지각과 욕망 자체는 형질의 덕에 대하여 바람직하지 않게 나타낸다. 왜냐하면 심의 지각과 이목구비 등의 욕망은 사람에게 위험한 상황을 만들 수 있기 때문이다.

그러므로 노자는 사람들이 자신의 덕으로 회귀하게 하고, 지각과 욕망을 극복하는 공부를 하도록 요구하고 있다. 그는 이런 공부를, "내가 말하는 도를 매일 실행하면 지각과 욕망이 줄어든다. 줄고 또

---

10) "孔德之容 惟道是從", 노자, 『도덕경』 제21장.
11) 학문이나 기술을 배우고 익히는 행위에서 어떠한 기준에 의하여 구분되는 한계를 가진다는 것을 말한다.
12) 본성을 회복함을 의미한다.
13) 형상이 없어 볼 수도 들을 수도 없는 우주의 본체를 말한다.

줄어서 지을 수 없는 데(無爲)까지 이르게 된다."[14] 준다(損)는 것은 지각과 욕망을 줄여 나가는 것이다. 사람이 지을 수 있다(有爲)는 것은 지각과 욕망이 있기 때문이므로 지각과 욕망을 완전히 줄여 버리면, '지을 수 있음(爲)'의 동기가 필요하지 않게 되어, 결국은 무위(無爲)에 도달할 수 있다.

이런 공부를 다른 말로 표현하면, "공허함에 이르기를 지극하게 하고 고요함을 지키기를 돈독하게 한다.[15]"는 구절이다. 사람에게 지각이 있으며 선입견이 있게 되고, 선입견이 있다는 것은 차 있는 것이지 빈 것은 아니다. 지각은 심으로부터 나오기 때문에 여기서 말하는 공허함은 "그 마음을 비운다."[16]는 구절을 가리키며, 이 말은 마음의 지각하는 작용을 해소시켜 버리는 것을 뜻한다. 치허극[17]은 결과적으로 인간을 무지(無知)로 귀속시킨다. '고요함을 지키기를 돈독히 한다.'[18]의 고요함(靜)은 노자 자신이 "뿌리로 돌아가는 것을 고요함이라 하고, 고요함이란 생명을 회복시킴이라고 한다.[19]"고 자연의 이치를 설명하고 있다.

14) "爲道日損 損之又損 以至於無爲", 노자, 『도덕경』 제48장.
15) "致虛極, 守靜篤", 노자, 『도덕경』 제16장.
16) "虛其心", 노자, 『도덕경』 제3장.
17) "致虛極", 노자, 『도덕경』 제16장.
18) "守靜篤", 노자, 『도덕경』 제16장.
19) "歸根曰靜 靜曰復命", 노자, 『도덕경』 제16장.

노자의 무지와 무욕

노자가 요구하고 있는 무지와 무욕의 가장 근본적인 요지는 무지를 요구했을 뿐 결코 생리상의 기본적 욕망을 부정하지 않았다는 것을 이해할 수 있게 됐다.

노자는 삶의 의미를 무지와 무욕에서 찾고 있다. 노자의 제자 양주(楊朱)는 "대체로 삶에 집착하지 않는 사람이야 말로 삶을 귀하게 여기는 자보다 슬기롭다.[1)]"라고 했다. 이는 '삶에 집착해서(以生爲) 삶을 귀하게 여김(貴生)'은 오히려 자신을 상실하는 것이며, 이것은 모두 자연을 벗어난 것, 곧 덕(德)을 벗어난 것이다. '삶에 집착하다(以生爲).'는 말은 기가 마음에 의해서 결정적인 영향을 받는 것이므로, 삶을 귀하게 여긴다는 것은 실제로는 생명을 손상시키는 것이다. '삶에 집착하지 않음(無以生爲)'은 삶에 특별히 마음 쓰지 않는다는 것이다. 삶을 걱정하지 않는다는 것은 마음을 쓰는 것의 굴레에

---

1) "夫惟無以生爲者 猶賢於貴生", 양주.

서 벗어나 자연스러움에 맡긴다는 말이다. 이것이 노자의 덕을 온전하게 하는 방법이며, 그 덕을 온전하게 하는 것이 삶을 자연스럽고 오래도록 유지시키는 도이다.

양주가 말한 "하늘은 길이 있고 땅은 오래 간다. 하늘과 땅이 길이 있고 오래갈 수 있음은 자기의 삶을 인위적으로 변화시키기 않기 때문이다. 그러므로 능히 오래 살 수 있는 것이다."[2]라는 구절에서 '자기의 삶을 인위적으로 바꾸지 않는다.'[3]라는 말은 바로 '삶에 집착하지 않는다.'[4]라는 말과 같다. 그렇지만 노자가 말하는 장생의 의미는 "이것을 일컬어 깊고 단단한 뿌리, 깊이 살고 오래 보는 도라고 한다."[5]라고 한 것으로 봐서, 비록 후세의 일부 도가들에 의해서 노자 본래의 뜻이 전도됐고, 또 선가(仙家)들에 의해서도 원용됐지만, 그 뜻은 선가들의 견해와는 본질적으로 같지 않다.

노자가 말하는 '장생(長生)'은 "죽어도 없어지지 않는 자라야 오래 산다."[6]는 말처럼 '죽어도 없어지지 않는다.'는 의미이다. '없어지지 않는다(不亡).' 함은 삶이 계속된다는 것과 더불어, 덕이 없어지지 않는다는 말이다. '그 덕을 온전하게 한다.'[7] 함은 자연스런 생명을 온전하게 한다는 의미가 내포되어 있지만, 실제로는 자연상태의 생명이 영원히 존재하게 한다는 의미로 말한 것은 아니다.

후대의 일부 도가 및 신선가들이 생명을 연장시키려는 노력을 한 것은 노자의 사상 측면에서 말한다면, 바로 '삶에 집착하는 것(以生

---

2) "天長地久 天地所以能長且久者, 以其不自生 故能長生", 양주.
3) "不自生", 노자, 『도덕경』 제16장.
4) "無以生爲", 양주.
5) "是謂深根固抵 長生久視之道", 노자, 『도덕경』 제16장.
6) "死而不亡者壽", 노자, 『도덕경』 제33장.
7) "全其德", 노자, 『도덕경』 제33장.

爲)'이며 삶의 자연스러움에 위반되는 일로서 노자의 생각과는 달랐던 것이다. 이처럼 양주(楊朱)의 귀기(貴己)[8]도 위와 같은 이유 때문에 노장에서는 사실 본뜻을 벗어난 생각이란 것을 알 수 있다. 왜냐하면 '귀기(貴己)'의 '귀(貴)'는 '위아(爲我)'[9]의 '위함(爲)'과 같은 말로서 인위적인 마음씀씀이의 결과로 나타난 것이지 생명 본연의 자연스러움을 말한 것이 아니기 때문이다. 그러므로 장자는 양주와 묵적(墨翟)을 늘 함께 일러 말하기를 "남달리 독특한 주장을 하면서 스스로 그것을 덕이라고 여긴다."[10]라고 경계했다.

이와 같이 노자가 요구하고 있는 무지와 무욕의 가장 근본적인 요지는 무지를 요구했을 뿐, 결코 생리상의 기본적 욕망을 부정하지 않았다는 것을 이해할 수 있게 됐다.

유가(儒家)에서 욕망은 마땅히 마음으로부터 우러나온 이성(理性)에 따라야 한다고 요구된다. 노자는 욕망이 마음의 지각 작용(心知)의 영향을 받지 않고 단지 순수한 생리적 본능으로서만 존재할 것을 요구한다. 마음의 지각 작용의 영향을 받지 않는 생리 본능이란 단지 각각의 생명 안의 자연스러움과 그것을 초월하려는 욕망일 뿐인데 노자는 완전히 별개의 일로 생각했던 것 같다. 왜냐하면 욕망이 타인에게 영향을 줄 수 있고, 그로인해 자신도 위험에 빠지기 때문이다.

마음의 지각 작용의 영향을 받지 않는 생리적 본능은 무지, 무욕이라는 덕의 범위 안에서만 만족을 얻게 되어 다른 사람과 다툼이 없게 되고, 자신도 다툼으로 말미암아 초래되는 재앙을 받는 데 이르

---

8) 자기를 귀히 여긴다는 말이다.
9) 나를 위한다는 의미다.
10) "離跂自以爲德"『장자』.

지 않는다.

노자가 “그 마음을 비우고 그 배를 채우고, 그 뜻을 약하게 하고 그 뼈를 강하게 한다.”[11]라는 구절과, “성인은 배를 위하지, 눈을 위하지는 않는다.”[12]라고 한 구절에서 말하는 배(腹)는 마음의 지각 작용의 영향을 받지 않는 생리 본능을 가리킨다.

노자는 덕과 심, 곧 성과 심을 서로 화합하지 않는 두 개의 것으로 보았다. 심 자체를 불신하는 태도는 바로 춘추 시대 일반인들이 마음에 대해 갖는 공통적인 태도이며 공자조차 예외가 아니었다.

노자의 이와 같은 생리 본능을 기본으로 한 실용적인 태도는 오늘날 가식과 욕망이 넘쳐나는 시대에 충분히 고려해 봐야할 좋은 인식이 아닌가 생각해 본다.

---

11) “虛其心 實其腹 弱其志 强其骨”, 노자, 『도덕경』 제3장.
12) “聖人爲腹不爲目”, 노자, 『도덕경』 제12장.

노자의 도와 그 성질

여성이나 어린아이 역시 도의 성질을 갖추고 있는 존재인데, 이 둘은 '부드러움'이란 점에서 특히 그러하다.

노자는 도에 대한 이야기를 많이 한 인물로 유명하다. 도는 지나치지도 모자람도 없는 중용의 상태라는 것이다. 물론 이것은 한 치의 오차도 없는 정밀함을 말하는 것이 아니다. 자연의 순수하고 순박함을 말한다. 있는 그대로의 모습이 도이며, 어떠함이 없는 상태가 도라고 강조한다.

'도란 무엇인가?'에 대한 노자의 견해가 명백하게 드러난 구절은 『노자』 25장에 서술된 '도법자연[1]'이다. 도란 자연을 본받는 것이다. 그러므로 자연은 모두 도이다. 문명 이전에는 자연만이 존재했다. 그렇기 때문에 문명 이전에는 도 아닌 것이 없었다. '도 아닌 것(非道)'은 문명 발생과 더불어서 생긴 것이다.

노자에게 있어서 도는 궁극적인 것이며, 이상적인 삶이란 도와 합

1) "道法自然", 노자, 『도덕경』 제25장.

치하는 삶이었다. 그래서 노자는 도와 어긋나 있는 삶의 소외를 극복하는 것을 자신의 목표로 삼았다. 이런 목적을 달성하기 위해 노자는 도 아닌 것이 없는 자연을 면밀히 관찰해서 '도의 성질'을 밝혀냈다. 노자가 말하는 도의 성질은 다음과 같은 것이다.

첫째, 도는 낮은 곳에 즐겨 머물며 그러므로 높은 곳에 오르고자 다투지 않는다. '상선약수장(上善若水章)'[2]에서 말하듯이, 도는 물과 같이 자꾸만 낮은 곳으로 모여든다. 물은 다투지 않으며 모든 생명체에게 이로움을 베푼다. 『노자』 66장에서는 낮은 곳을 향하는 도의 성질을 묘사하고 있다. 81장에서도 도는 다투지 않음을 말한다. 도가 갖고 있는 이런 성질은 한결같이 높은 곳을 추구하며, 이에 도달하기 위해 경쟁이나 갈등을 일삼는 현대인의 삶의 모습과 대조를 이룬다.

둘째, 도는 텅 비어 있다. 무엇이 비어 있을까? 분별심이 비어 있고, 집착하는 마음이 비어 있으며, 자만심이 비어 있다. 자연은 분별하지 않고, 집착하지 않으며, 자만하지 않는다. 노자가 말하는 비어 있음(虛)은 창조적인 것이다. 노자는 강과 바다가 어떤 계곡물도 거부하거나 취사선택하지 않음에 빗대어 도는 분별심이 비어 있음을 말한다.

텅 비어 있기 때문에 모든 것이 그 안으로 들어올 수 있다. 아내가 차려주는 아침밥상, 길가의 피어 있는 들꽃, 어린아이의 웃음 등……. 이전까지 그 존재의 아름다움과 소중함을 느낄 수 없었던 이런 것들이 그 안으로 들어온다. 아들의 고민, 어머니의 건강 상태 등도 민감하게 느낄 수 있다. 그래서 노자는 비어 있음이 도에 가까

2) "上善若水章", 노자, 『도덕경』 제66장.

우며, 차 있음(盈)이 도와 멀다고 말한다. 현대인은 어떠한가? 현대인의 마음은 분별심, 집착, 자만심으로 가득 차 있다.

도에는 이기심이 텅 비어 있다. 도에는 탐욕이 비어 있다. 도에는 기필코 하고자 하는 마음이 비어 있다. 도에는 미워하고 집착하는 마음이 비어 있다. 그러므로 도와의 합치를 이룬 사람의 마음도 텅 비어 있다. 아름다운 계절의 변화나 친구의 기쁨 등과 같은 모든 것이 그 안으로 들어올 수 있다. 접하는 모든 것을 그는 잘 느낄 수 있고, 이에 대해 창조적으로 반응할 수 있다.

셋째, 도는 부드럽다. 노자는 현대를 지배하고 있는 '강강(剛强)'의 철학과 상반하는 '유약(柔弱)'의 철학을 주창한다. 노자는 천하에서 가장 유약한 것이 가장 단단한 것을 부린다고 말한다. 노자는 단단하고 강한 것은 죽음의 무리이고, 부드럽고 연약한 것은 삶의 무리라고도 말한다. 또한 노자는 끊임없이 흐르는 부드러운 물이 마침내 단단한 바위마저 뚫어버리는 모습을 관찰하면서, 약하고 부드러운 것이 단단하고 강한 것을 이긴다고 말한다.

넷째, 도는 순박(樸)하다. 노자는 도란 다듬지 않은 통나무처럼 진실하다고 말한다. 자연은 자신을 더 멋지게 보이기 위해 꾸미지 않는다. 자연은 교활하지 않다.

노자는 이렇듯 '낮은 곳에 머묾', '비어 있음', '부드러움', '순박함', 등을 도의 성질로 간주하고, 이런 성질들을 구현하고 있는 사물들을 도에 가깝다고 찬양한다. 노자는 물이 도에 가깝다고 예찬한다. 물은 '낮은 곳으로 흘러가며 낮은 곳에 머묾', '부드러움', '다투지 않음' 등과 같은 도의 성질을 구현하고 있다. 골짜기는 노자가 자주 찬양하는 자연물이다. 골짜기는 '낮음'과 '비어 있음'의 덕을 갖추고 있다.

그래서 노자는 "골짜기의 신은 죽지 않는다."고 말한다. 또한 "최상의 덕은 골짜기와 같다."라고 말한다. 여성이나 어린아이 역시 도의 성질을 갖추고 있는 존재인데, 이 둘은 '부드러움'이란 점에서 특히 그러하다. 노자는 말한다. "암컷은 항상 고요함으로 수컷을 이기며 고요함으로 아래가 된다."라고 말했다.

현대인은 어떠한가? 최고의 경지를 동경하며 최선을 다해 경쟁하고 최대한 많이 가져서 곳간을 채우기 위해 달려가고 있는 것이다. 고단하고 힘들어 긴장하고 굳어질 수밖에 없다. 노자의 도, 즉 낮고 부드러우며, 다투지 않고 비어있는 것이 무엇인지 되새겨 볼 일이다.

도교와 한국민속

신선에 대한 믿음은 선계동경으로 연결된다. 이는 도교적 이상사회에 대한 갈망이라고도 바꾸어 말할 수 있다.

도교는 중국에서 발생해서 삼국시대에 우리나라에 전래됐다고 알려졌다. 그러나 도교의 기원이나 개념에 관한 견해는 매우 다양하여 아직까지도 뚜렷한 합의를 도출하지는 못한 실정이다. 따라서 무엇이 도교적 종교현상인가를 규정하는 것도 쉽지 않다. 여기서는 편의상 도교를 한(漢)대에 성립된 초기 도교인 태평도(太平道)[1]와 오두

---

1) 2세기에 장각(張角)이 창시하였다. 우길의 저서인 『태평청령서(太平淸領書, 170권)』를 소의(所依) 경전으로 삼고, 병의 치유와 함께 태평세(太平世)의 초래를 교법(敎法)의 중심으로 하였다. 신자에게 신 앞에서 죄를 반성케 하고 참회하게 하며, 영력이 있다는 부록(符籙: 符水)을 마시게 한 다음 기도를 하였다. 장각은 포교로 얻은 많은 신자를 조직하여 황허강(黃河) 하류를 중심으로 하는 일대 종교왕국을 이룩하여, 한때는 후한왕조를 위협하는 세력을 과시하였으나, 장각의 죽음과 함께 급속히 세력이 쇠퇴하여 진압되었다. 신자는 황색의 천을 표지로 삼았기 때문에, 이들을 황건(黃巾)의 적(賊)이라 하고, 이들이 일으킨 난을 황건의 난이라고 한다.

미도(五斗米道)[2] 이후의 도교적 현상으로 보고 이야기를 전개할까 한다.

초기의 도교는 이전에 있었던 중국의 민간 신앙적 요소를 흡수·융합하였기 때문에 중국의 경우 도교는 태생적으로 중국의 민속과 떠날 수 없는 관계를 지닌다. 흔히 도교를 중국의 민족종교라고 일컫듯 도교는 중국인들이 삶과 의식구조 전반에 밀접하게 뿌리내리며 전승되어 왔다.

우리나라의 경우는 삼국시대에 도교가 약간의 시차를 두고 전래됐다. 도교가 전래되기 이전에도 도교적 현상과 유사한 것들-예를 들면 산악신앙-이 존재했을 가능성은 충분하다고 하겠으나 도교가 전래된 후에는 두 가지가 서로 혼합됐을 것으로 본다. 그러나 도교는 유교의 유림이나 불교의 승단과 같이 뚜렷한 세력을 형성하지 못했다. 고려시대에서 조선 중기에 이르는 동안 도교적 제사의식을 담당하는 국가기관이 설치되기도 했고 은둔적 인사들 간에는 도교적 정체감을 지닌 인물들이 다소 배출되기도 했으나 역시 유교와 불교에 비해 사회적 영향력은 상대적으로 미약했다. 대신 우리의 의식구조나 삶에 상당한 영향을 미쳐왔다는 것이 일반적 견해다. 따라서 우리의 삶이 도교적 사유와 깊은 친화력을 지니는 것만큼은 부인하기 어렵다.

---

2) 중국 후한 말에 장릉(張陵)이 창시한 도교의 교단이다. 이보다 앞서 성립된 태평도(太平道)와 함께 도교의 조형(祖型)을 이룬다. 장릉은 만년에 유교를 버리고 장생법을 배워 구정단법(九鼎丹法)을 터득하였고, 쓰촨(四川)에 있는 학명산(鶴鳴山)에서 도서(道書)의 저술과 수도에 전념한 끝에, 여러 신들에게서 '신출정일맹위법(新出正一盟威法)'을 전수했다고 한다. 오두미도라는 명칭은 입교자로부터 쌀 5말씩을 받았다고 해서 붙여진 것이다. 장릉이 죽은 뒤 손자인 장로(張魯)가 뒤를 이어 오두미도의 교법과 조직을 완성시켰다.

다만 도교교단이 성립되지 못한 관계로 도교적 요소는 도교자체의 독자적 형태로 존재하기 보다는 민간신앙이나, 유교.불교와 혼합된 형태로 남아 있는 경우가 많다. 최근에는 동학, 증산 등 신종교에 도교적 요소가 상당부분 남아 있다. 그러나 지금까지 한국문화 속에서의 도교나 민속의 관계에 관한 연구는 그다지 활발하지 않았다. 이는 도교연구가 최근에 이르러서야 조금씩 활성화되는 국내외의 학계동향과도 무관하지 않을 것이다.

다양한 도교적 현상을 일관하는 가장 중요한 요소는 신선을 동경하고 선계(仙界)[3]에서 살고 싶은 갈망이라고 할 수 있다. 도교적 사유는 생명력이 충일한 삶을 중시하는 까닭에 그러한 삶을 실현한 구체적 인격인 신선을 이상적 인간상으로 받들어 왔다.

신선설화적 요소는 이미 고구려벽화에도 발견되므로 중국에서 도교가 전래되기 이전부터 우리나라에 이미 존재했다는 견해가 있다. 그 후 중국에서 체계화된 신선사상이 신라 말 당나라 유학생들을 통해 전래되어 우리나라의 고유한 신선 사상적 요소와 융합된 것으로 보인다. 고려시대에는 많은 문인들의 문학작품에 신선이나 선계를 동경하는 주제가 발견되는 것으로 보아 상당히 보편화된 것 같다. 조선시대로 접어들어서는 일부 은둔자들 간에 단학파(丹學派)가 형성되어 신선에 이르기 위한 수련에 침잠했으며 많은 지식인들도 선인을 예찬하고 동경했다.

신선에 관련된 설화는 구비문학이나 민간설화에도 광범하게 영향을 미쳤다. 조화력을 가진 신선이나 도사들의 존재에 대한 믿음은 민간에도 널리 확산됐다. 무속신앙에서 흔히 볼 수 있는 천상선녀,

---

3) 신선(神仙)의 세계를 이르는 말. 선경(仙境) 또는 선향(仙鄕)과 같은 뜻으로 신선이 사는 곳이다. 속세를 떠난 청정무위의 도교적 이상향을 말한다.

신선도사 등의 호칭은 내포하는 의미가 어떻든 신선설화가 민간신앙 속에 통속화된 한 예라 할 수 있다. 중국에서 팔선(八仙)[4]이 광범하게 신앙되는 것과는 달리 우리나라에서는 신선으로 믿어진 국조 단군을 제외하고는 특정한 신선에 대한 믿음이 일반화되지 않았다. 그러나 불사를 성취하고 조화력을 갖춘 신선들에 대한 흠모는 널리 확산된 것 같다.

도교의 전설은 도교 자체에 대한 종교적 신앙과 관계없이 민간에 받아들여져서 민간설화나 민간의 믿음을 반영한 문학작품에 큰 영향을 미쳤다. 삼신산(三神山) 전설[5]은 우리나라를 선계로 보는 믿음

---

4) 중국 설화에는 '신선'들이 무척 많이 등장한다. 이들은 인간으로서 가장 높은 경지에 도달했다고 여겨지는 사람들이다. 이들은 말 그대로 '불로불사不老不死'를 얻어 죽음에서 완전히 벗어난 존재, 혹은 대단한 영적인 업적을 이룬 신비로운 존재로 여겨졌다. 위 두 가지가 합쳐진 설화에 마법과도 같은 이야기가 덧붙여지기도 했다. 중요한 점은, 신선도 처음에는 모두 평범한 인간이었기에 다른 사람들에게 귀감이 될 수 있다는 점이다. 신선은 현자들 가운데에서 가장 빼어난 지혜를 지녔다고 전해지므로 지혜에 대한 사례로 논의할 만하다. 신선이 나오는 설화나 전설은 수백 가지가 있었지만, 오랜 세월이 흐른 현재에는 몇몇 신선만이 특별한 관심과 추앙을 받고 있다. 이들을 일컬어 팔선八仙이라 한다.

5) 본래 삼신산 신앙은 선진시대의 고대 제나라, 연나라에서 유래한 것으로, 이쪽 지방의 바다인 발해 해에 삼신산이 떠 있다고 한다. 전설에 따르면 이 삼신산에는 불로불사의 약이 있고, 삼신산에 사는 사람들은 모두 선인들이라고 한다. 즉 이 삼신산 신앙이 바로 도교의 바탕이 되는 신선 사상의 원류로, 진시황이 불로초를 찾아 방사인 서복에게 동남동녀 수천 명을 딸려 보내 찾으라고 한 곳이 이 삼신산이다. 『열자』 역간편에는 오신산(五神山)에 관한 이야기가 있다. 이 다섯 신산은 대여산, 원교산, 방곤산, 영주산, 봉래산으로, 이 산에는 불로불사를 주는 열매가 달린 나무가 우거지게 숲을 이루고 있으며 신선들이 살고 있다. 또한 거대한 거북 15마리가 각각 3조로 나뉘어서 6만 년에 한 번씩 교대로 이 신산들을 머리로 받쳐서 표류하지 않도록 지탱하고 있었는데, 훗날 용백국에 살던 거인이 이 거북 중 6마리를 잡아가서 등껍질을 벗겨 점을 치는 바람에 거북이 없어진 대여산과 원교산은 결국 북극으로 흘러가 바닷속에 잠기게 되었다고 한다. 이로 인해 졸지에 바다에 표류하게 된 신선이 무려 1억 명에 달했다

을 일으켰으며 장수의 상징인 동방삭(東方朔), 불로장생약을 준다는 서왕모(西王母)[6]의 설화도 널리 보급됐다.

신선에 대한 믿음은 선계동경[7]으로 연결된다. 이는 도교적 이상사회에 대한 갈망이라고도 바꾸어 말할 수 있다. 이 믿음이 민간에 유포된 여러 설화 속에서 광범하게 나타나고 있다. 특히 조선후기에 성리학적 지배질서가 한계를 보이면서 널리 유포됐다. 후에는 풍수도참과 결합되어 난을 피할 수 있는 곳을 찾는 승지사상(勝地思想)[8], 또는 남조선(南朝鮮)사상으로 연결됐다. 『정감록(鄭鑑錄)』[9]에서 발견되는

고 한다. 삼신산이 원래 발해 지방의 전설이라는 것에도 알 수 있듯이, 예로부터 이 산들은 한반도에 존재한다는 믿음이 있었다. 이 때문에 옛적에는 금강산, 지리산, 한라산을 두고 각각 봉래산, 방장산, 영주산이라고 부르기도 했다.

6) 서왕모(西王母)는 중국 대륙 서쪽에 자리잡고 있는 곤륜산에 살고 있는 최고위직 여신이다. 도교에서는 최고의 여신으로서 모든 신선들을 지배하는 신으로 설정되어 있다. 서왕모는 30세 정도의 절세 미녀로 결코 나이를 먹지 않는다고 한다. 신선들의 여제(女帝)에 걸맞게 크게 틀어올린 머리에 '화승(華勝)'이라는 관을 쓰고, 호화로운 비단옷을 입고 있다.
곤륜산에 있는 서왕모의 궁전은 사방이 1천 리에 달할 만큼 넓으며, 황금을 비롯한 각종 보석으로 치장된 건물이 늘어서 있다. 또 그가 관리하는 과수원에는 먹으면 불로장생한다는 신비의 복숭아가 열려 있다고 한다. 궁전 왼쪽에는 요지(瑤池)라는 호수가, 오른쪽에는 취천(翠川)이라는 강이 있으며, 곤륜산 밑에는 약수(弱水)라는 강이 흐르고 있다. 특히 약수는 용 이외에 다른 자들이 건너려고 하면 빠져 죽는다고 한다. 이는 서왕모의 궁전에 가기가 그만큼 힘들다는 것을 의미한다.

7) 신선이 산다는 곳을 간절히 그리워하여 그것만을 생각한다.

8) 난을 피할 수 있는 곳을 찾는 사상으로 정감록에서 발견된다.

9) 조선시대 이래 민간에 널리 유포되어온 예언서로 여러 가지의 감결류(鑑訣類)와 비결서(秘訣書)의 집성이며 이본(異本)이 많은 것이 특징이다. 저자나 성립 시기에 대해서 여러 가지 설이 있으나, 확실한 것은 밝혀지지 않고 있다. 『정감록』은 반 왕조적이며 현실 부정적인 내용을 담고 있어, 조선시대 이래 금서에 속하였으며 민간에 은밀히 전승되어 왔다. 정감록은 작자를 정감(鄭鑑) 혹은 이심(李沁)이라고 보기도 하나, 이는 정감록이 정감과 이심의 대화형식으로 서술된 까닭에 그렇게 보는 것이며, 이들은 전설적인 인물로 보아야 한다. 또한,

십승지사상(十勝地思想)[10]이 대표적 예이다. 이러한 선계 동경은 근대에 민중들의 염원을 안고 출현한 동학사상(東學思想)[11], 증산사상(甑山思想)[12] 등의 신종교에서 특히 두드러지는데 지상천국, 또는 지상선경의 도래를 믿고 그 실현을 갈망하는 것이 그것이다. 이들에서 발견된 이상사회의 성격은 유교적인 도덕적 이상사회나 불교적 미륵세계와 중첩되기도 하지만 계급차별과 모든 한이 소멸되면서 건강, 장수하는 태평세계의 모습은 주로 선계의 이미지가 주류를 이루고 있다.

부산은 대한민국에서 도가적 색채가 가장 많은 지역이다. 영도의 청학동(靑鶴洞)[13], 신선동(新仙洞)[14], 봉래산(蓬萊山)[15]이 있어서 마

정도전(鄭道傳)이 조선 왕조의 역성혁명을 합리화하고 민심을 조작하기 위하여 저술하였다고 추측하기도 한다.

10) 옛날 사람들은 자연재난이나 전란을 피해서 남부여대를 하고 깊은 산속 오지로 피난을 하곤 하였는데 이 피난처 중에서 가장 뛰어난 열 곳을 십승지지(十勝之地)라 하였다. 십승지는 정감록 · 징비록 · 남사고비결 · 토정가장결 등에서 공통적인 장소로 나타나는데, 전란이나 천재지변이 일어나도 안심하고 살 수 있는 열 군데의 땅을 말한다.

11) 순조 말엽에서 철종 말년까지, 조선의 봉건적 사회구조가 무너지고 서양문물이 밀려들어오는 시기에 민중들에 의해 발전된 반봉건(反封建), 반제국(反帝國)의 경향을 갖는 동학의 사상. 최제우(崔濟愚)가 자신이 창시한 종교를 동학으로 명명한 데는, 중국이나 서양의 동쪽에 위치한 조선 땅에서 처음으로 나왔다라는 의미와, 다른 한편으로 가톨릭을 금압하는 사회 분위기에서 서학(西學 : 천주교 天主敎)으로 몰리지 않기 위해 굳이 동학이라 내세운 의미가 있다. 19세기 중엽 서양의 무력 침략을 막을 수 있는 정신적인 바탕을 이룩하고자 했던, 서학(가톨릭적인 사상)에 대립한 배외적인 사상이지만, 오히려, 일체의 사상, 즉 유교 · 불교 · 선교 · 서학을 비판 · 종합한 사상이라고 보는 것이 마땅하다.

12) 증산사상은 이치에 따라 개벽이 온다는 것과 근본과 뿌리에 대해 밝히는 원시반본의 정신(단군성조를 모시는 것도 이러한 맥락이다), 그리고 삶의 지침으로서는 해원, 상생, 보은이며 개벽에 닥친 인류에 대한 구원과, 개벽 후 열리는 새로운 시대에 대한 유토피아적 메시지이다. 지금 세상에서 많이 쓰는 상생이라는 말도 증산사상으로부터 나온 말이다.

치 영도가 도교의 본산인 것 같은 생각이 들며, 중구의 영주동(瀛州洞) 등도 그 좋은 예이다. 그래서 부산을 감히 신선들의 도시라고 자부해도 좋을 듯하다.

---

13) 청학(靑鶴)은 중국의 문헌에 나오는 "태평시절과 태평한 땅에서만 나타나고 또 운다."는 전설의 새이다. 그래서 옛 사람들은 태평성대의 이상향을 청학동이라 불렀다. 현재 지리산에 청학동이라고 불리는 곳은 현재의 청학동 말고도 여러 군데가 있다. 불일폭포 부근, 세석평전, 청학이골(악양면 등촌리 위쪽), 상덕평마을(선비샘 아래) 등이다. 말하자면 지리산 곳곳이 청학동인 셈이다.

14) 신선동(新仙洞)은 부산광역시 영도구의 행정동이다. 법정동으로는 신선동1~3가가 있다. 새로운 선계라는 뜻으로 도가적 색채가 짙다.

15) 섬 가운데 우뚝 솟은 봉래산(蓬萊山, 395m)은 절해고도라 불렸던 옛 표현처럼 깎아지른 절벽도 있다. 이런 신비한 지형이 예부터 이곳에 많은 신선 설화를 낳은 배경이 되었다. 봉황이 날아드는 산이란 뜻의 봉래산 등 영도의 지명에는 신선과 관련된 것이 많다. 그밖에 영선동(瀛仙洞), 신선동(新仙洞), 청학동(靑鶴洞), 영주동(瀛州洞) 등이 모두 도가적인 지명이다.

도가의학의 양생법과 건강관리

『동의보감』은 도교를 근본으로 하고 한의학을 가지로 보는 도본의말의 입장에 바탕해서 구성됐으므로 도교의 양생사상이 그 속에 융합했다.

건강과 장수를 바라는 마음은 누구에게나 있지만 도교적 문화현상 가운데에는 이러한 정서가 특히 강하게 작용하고 있다. 건강에 대한 관심이 구체적인 양생법의 발달로 반영되어 있는 분야가 도교의학 분야이다.

도가의학의 카테고리는 크게 세 가지로 분류할 수 있다. 그 처음은 현재의 중국 전통의학과 거의 같은 내용으로서 의약, 침구 등이 포함되는 부분이다. 도교의 전통의학이 가장 근접한 부분이다.

둘째,도인(導引)[1] · 조식(調息)[2] · 내단(內丹)[3] · 벽곡(辟穀)[4] · 내관(內

---

1) 도가(道家)에서 선인(仙人)이 되기 위한 양생법의 하나다.
2) 도가에서 호흡을 조절하여 건강을 증진시키고 유지하는 방법이다.
3) 수련을 통하여 오래 묵은 기(氣)를 내뱉고 신선한 기를 들이마시는 방법을 말하는 도가(道家)에서의 양생법이다.
4) 벽곡(辟穀)은 모든 곡물(穀物), 즉 오곡(五穀 : 稻·黍·稷·麥·豆)을 먹지 않는 것으로 도교의 수행법 중 하나이다. 벽곡은 단곡(斷穀)이라고도

觀)[5]·방중(房中)[6]이라고 불리는 소위 양생술에 가까운 부분으로 자력적 면이 강하다. 현재의 호흡, 운동, 정신 심리요법, 성과학(性科學) 등에 해당한다.

셋째, 가장 주술적인 요소가 많은 것으로서 부(符)[7]·점(占)[8]·록(籙)[9]·주(呪)[10]·재(齋)[11]·기도(祈禱)[12]·금기(禁忌)[13] 등 다분히 심리치료법에 해당하는 분야이다. 이들은 계율적·윤리적인 면을 포함하는데 부록파(符籙派), 적선파(積善派), 점험파(占驗派)가 이에 속한다.

이 내용 중 첫째는 한의학의 영역과 중첩되며, 셋째는 주술적 측면에서 언급할 기회에 이야기하고, 여기서는 둘째 양생술에 관해서만 말하고자 한다.

도가는 한의학과 밀접한 관련을 맺으며 각종 양생술을 발전시켰는

한다.

5) 마음을 고요히 하여 내심(內心)을 관찰하는 것이다.

6) 도가에서 단전(丹田)안의 정기를 수련하는 불로불사(不老不死)의 정신 수련법이다.

7) 미래를 예측하는 예언서나 증표이다.

8) 고대 무당이 하는 일은 네 가지였다. 相(상), 數(수), 醫(의), 占(점)이 그것입니다. 相(상)은 관상, 수상과 같이 모양을 살피는 것을 말하고, 數(수)는 사주팔자처럼 숫자를 보고 점을 치는 것이며, 醫(의)는 의료를 말하고, 占(점)은 쉽게 말한다면 주사위 등을 던져서 길흉을 점치는 것이다. 옛날에는 이 모든 것을 전부 한 명이 도맡아서 처리를 하였지만 진시황제가 무당 겸업금지법을 발효시키는 바람에 4가지 전문 분야가 각각 분업하여 발전을 한다.

9) 예언서를 말한다.

10) 주문(呪文)이란, 일종의 글(文)을 읽어 그 글의 주신(呪神)이나, 내용의 기운(氣運)을 빌어서 받는다는 것이다.

11) 재(齋)는 몸과 마음을 깨끗이 한다는 뜻이다.

12) 신이나 초월적 존재와 소통을 목적으로 행하는 종교의례로 자신의 삶의 정황으로부터 연유하는 청원·신뢰·감동·결단 등이 기도를 통하여 표출된다.

13) 일상생활이나 종교 의례에서 어떤 대상에 대한 접촉이나 언행을 제한하는 관습을 가리키는 종교용어로 구기(拘忌)라고도 한다.

데 발전과정에서 각종 민간요법을 수용했으므로 자연 토속적 성격을 지닌다고 말할 수 있다.

고려시대의 경우는 도교적 양생법이 민간에 어느 정도 확산되었는지 알기 어려우나, 조선시대의 경우는 의서의 보급과 사대부들의 계몽활동에 힘입어 상당한 정도로 확산됐다. 신선사상 자체에 대해서는 비판적인 지식인들도 양생법은 긍정적으로 받아들이고 관심을 보였다. 율곡 이이가 의약책(醫藥策)을 짓고, 퇴계 이황이 활인심방(活人心房)이란 양생법을 실천하려 한 것은 그 중 한 예에 불과하다.

그 후 한국적 의서인 『동의보감(東醫寶鑑)』[14]의 출현으로 도교적 양생법은 민간의 삶에 직접 간접으로 크게 영향을 미쳤다. 『동의보감』은 도교를 근본으로 하고 한의학을 가지로 보는 도본의말(道本醫末)[15]의 입장에 바탕해서 구성됐으므로 도교의 양생사상이 그 속에 융합했다.

조선 후기에 접어들어 실학자들이 양생법을 정리해서 민간에 보급하려는 움직임이 활발했다. 이들의 내용에는 물론 도교적 양생법이 주된 부분을 차지했다. 이들 중 홍만선(1643~1715)은 『산림경제(山林經濟)』[16]란 책을 남기고 있는데 그 속에서 섭생편(攝生篇)을 지어

---

14) 조선시대 의관 허준이 중국과 조선의 의서를 집대성하여 1610년(광해군 2)에 완성한 의학서로, 25권 25책으로 구성되어 있다. 1613년 내의원에서 개주갑인자(改鑄甲寅字) 목활자로 첫 간행된 조선 최고의 의학서적이다.

15) 허준의 동의보감이 도본의말(道本醫末: 道가 근본이며 醫術은 끝부분 해당)이라 하여 도교 사상을 바탕으로 한 의학 체계를 정리한 것으로 평가된다.

16) 조선후기 실학자 홍만선이 농업기술과 일상생활에 관한 사항을 서술한 농업서, 가정생활서로 4권 4책으로 구성되어 있으며, 간행을 보지 못하고 수사본으로만 전해 내려오고 있다.

양생사상을 전개하고 있다. 그 내용은 심성을 기름, 색욕을 참음, 음식의 절제, 신체의 보호, 기거 등으로 구성됐다. 손으로 귓바퀴를 마찰하는 것 등의 도인법(導引法)과 호흡을 고르는 조식법(調息法)을 들고 있다. 대단히 간단해서 저자가 가난한 농민들을 위한 건강법으로 제시했음을 알 수 있다.

서유구(1764~1845)의 『보양지(葆養志)』[17]는 향촌생활에 필요한 양생서로 전통적인 한의학을 기초로 하고 있으며 도가적 수양법이 대폭 수용됐다. 서유구에게 양생의 기본개념은 인간이 자신의 생을 어떤 손상도 받지 않고 끝까지 마치는 것이다. 그의 양생사상에는 신체적인 양생, 정신적인 양생, 사회적인 양생 등이 모두 포함됐다. 이는 소극적으로는 무엇이든 적고 작게 행하는 것이다. 여기에는 보정(保精)[18], 조기(調氣)[19], 색신(嗇神)[20]을 아낌이 그 중심을 이룬다. 적극적 양생법은 도인이라고 부르는 것으로서 다양한 방법을 소개하고 있다. 이 모두는 약이 없는 향촌에서 필요한 양생법으로 도인법의 대중화를 위한 서유구의 실학사상을 반영했다.

---

17) 서유구(徐有榘 1764년~1845년)가 지은 8권의 책으로 건강의 문제를 다룬 보양지에서는 섭생법, 섹스법, 호흡법, 마음조절법 등을 소개했다.

18) '보정'은 조선시대 서당에서 가르치던 성교육으로 전해지고 있다. '보정'은 바로 배울 수 있는 것이 아니라 천자문, 동몽선습, 사서삼경, 논어 등을 깨우친 뒤에 배울 수 있었고, '보정'은 '인간의 본성을 지킨다.'라는 뜻으로 실전의 내용을 다루기도 했지만 아이를 가지기 위한 과정으로 사랑을 나눌 때에도, 평소 생활습관에서도 탐욕스럽고 욕구만을 채우기 위한 행위가 아니라 절제되고 건강한 성생활을 가르치기 위한 교재였다고 한다.

19) 조기법은 '숨이 있는 듯 없는 듯 가늘고 길게 행하여야 한다.' 라고 말하고 있다. 도덕경의 이 해석을 검토하여 보면 황제내경소문(皇帝內經素問)의 기론(氣論)을 바닥에 깔고 있는 것이 주목된다. 이와 같은 호흡법은 「장자」에서도 유명한 심재(心齋)에도 보인다.

20) 신을 아끼는 행위를 통해서 마음을 아끼는 것을 말한다.

이와 같은 도교를 익힌 유학자들 가운데 일부 상류계급에서는 가전비법으로서 은밀하게 실시되고 있었으며 실학을 중시한 실학파에서는 일반민중, 특히 농민들을 위한 도인법을 남기고 있다. 도가의 신선술이 실행하기 어려운 내용으로 되어 있음과 달리 도인법은 실행하기 쉬워 널리 전파된 것으로 보인다. 그 영향은 지금까지 남아 있어 얼굴마찰, 고치(叩齒)[21] 등은 보편적으로 사용되고 있다. 어떤 면에서는 신비적인 면이 강하다 보니 집집마다 조금씩 다른 양생법이 전승되기도 했다. 이미 조선 전기에도 두발의 빗질, 고치, 용천혈의 마찰, 양신(兩腎)[22]의 마찰 등 도교적 양생법이 민간에 두루 유통됐다.

요컨대 건강과 장수를 지향하는 양생에 관련된 생활습속은 도교적 양생법에 연원한 것이 많았다. 오늘날 계층을 막론하고 폭넓게 부각되는 단전호흡, 기공에 대한 관심도 도교적 양생법에 대한 관심의 연장선상에서 말할 수 있다. 이러한 도교적 양생법은 쉽게 실천할 수 있는 부분이 많아서 건강을 위해서 한 번 시도해 보는 것도 좋으리라 생각한다.

---

21) 윗니와 아랫니를 서로 마주치는 것을 말한다.

22) 기화신을 이룬 수련자가 하늘의 빛인 도광신력을 백회로 받고 있게 되면 하단전 부근의 둥근 빛인 여의주를 찾게 되고 여의주가 천변만화의 조화를 부릴 때 마음을 빼기지 말고 관조하듯이 바라보게 되면 도광신력의 힘으로 여의주 안으로 들어가게 되어 종국에는 수련자 자신의 가부좌를 튼 형상을 보게 되는데 그것이 곧 빛으로 만들어진 도체를 양신이라 한다.

도교적 제신(諸神) 신앙

옥황상제란 엄밀히 말해 도교 최고의 신이라고는 볼 수 없으나 인간의 길흉화복을 관장한다는 면에서 대중성을 지니게 됐다. 우리나라의 경우는 옥황상제를 거의 최고신과 같은 위치로 숭배한 것 같다.

중국의 경우 도교는 민간신앙의 많은 요소를 수용했기 때문에 민간신앙과 도교의 신격이 뚜렷하게 구별되지 않는다. 우리나라의 경우도 이와 유사하다. 도교교단이 형성되지 않을 만큼 도교적 제신이 오히려 무속 등의 민간신앙에 거의 수용되어 있다고 말할 수 있다. 도교적 제신이 우리나라에 전승된 것은 고구려말 오두미도(五斗米道)의 전승으로 소급된다. 그때 도교의 최고신인 원시천존(元始天尊)[1]에 대한 신앙도 함께 전래됐다. 그러나 원시천존에 대한 신앙은

1) 도교(道敎)에서 숭상하는 최고의 신으로, 도교의 경전(經典) 『운급칠첨(雲笈七籤)』에 보면, 태초에 세상에는 아무것도 존재하지 않은 공허한 상태였으나 불·보살(佛菩薩)이 수적(垂蹟), 즉 중생의 제도를 위하여 변신하여 여러 곳에 나타나 묘일(妙一)이 되고, 묘일이 삼원(三元)으로 나뉘어져 삼기(三棄)·삼재(三才: 天·地·人)가 발생하게 되었고, 거기에서 만물이 생겨났다고 말한다. 이 삼원을 혼동태무원(混同太無元)·적혼태무원(赤混太無元)·명적현통원(冥寂玄通元)이라 하는데, 혼동태무원에서는 '천보군(天寶君)'이 화생(化生)하였고, 적혼태무원에서는 '영보군(靈寶君)'이, 명적현통원에서

일반화되지 못했다. 그 당시 도교적 의식을 따라 산천에 제사를 드렸다는 기록이 있는 것으로 보아 중국도교에서 형성된 산신(山神), 수신(水神)에 대한 신앙이 함께 전래됐을 가능성이 있다.

도교적 제신에 대한 신앙이 우리나라에 본격적으로 소개된 것은 고려시대로, 왕실에서 도교식 제사를 올리면서부터이다. 이때 태일(太一), 칠성(七星), 노인성(老人星) 등 다양한 신격이 소개됐다. 조선조에 접어들어서도 소격서(昭格署)에서 도교식 제초의식(齋醮儀式)을 다수 거행했는데 이때 찾아볼 수 있는 신격(神格)은 옥황상제(玉皇上帝), 태상노군(太上老君), 보화천존(普化天尊), 칠성(七星), 북극성(北極星) 등이다. 조선 중기 이후 소격서가 혁파되면서 이들의 신격이 무속 등 민간신앙에 흡수된 것으로 보인다. 그래서 도교가 무교에 흡수됐기 때문에 따로 도교가 형성될 필요가 없었다.

이들 가운데 옥황상제란 호칭은 중국 도교에서 주로 송대(宋代) 이후 널리 유포된 명칭으로 그 호칭은 중국 고대의 제, 또는 상제에서 유래된 명칭이다. 옥황상제[2]란 엄밀히 말해 도교 최고의 신이라고

는 '신보군(神寶君)'이 화생하였다 하며, 이들 삼보군(三寶君)을 도교의 최고신인 원시천존이라 부른다. 삼보군을 '삼청(三淸)'이라고도 하는데, 이는 바로 불교의 삼신설(三身說: 法身·報身·應身)에서 비롯된 착상으로 보인다.

2) 도교는 다른 종교와 달리 최고신이나 유일신의 위치가 절대적이 아니라, 시대 상황이나 필요에 따라 최고신의 개념이 바뀌기도 하는 독특한 종교다. 예를 들면, 5세기경에는 태상노군(=노자)이 최고신이었지만, 6세기에 접어들면서부터는 원시천존이 최고의 대접을 받았다. 옥황상제가 등장한 것은 원시천존이 최고신이던 6세기 무렵으로, 송(宋)나라 진종(眞宗, 968~1022)이 다스리던 시대에 최고신의 반열에 올라섰다. 진종은 옥황상제의 열렬한 신자였기 때문에 신하는 물론 백성들까지 이 신을 최고신으로 숭배하였던 것이다. 그 결과, 오늘날에도 도사는 원시천존을, 서민은 옥황상제를 최고신으로 믿게 되었다. 옥황상제는 『서유기』를 비롯한 여러 소설에도 자주 등장하여 서민들에게 인기가 아주 높아 확고부동한 최고신으로 자리 잡았다.

는 볼 수 없으나 인간의 길흉화복을 관장한다는 면에서 대중성을 지니게 됐다. 우리나라의 경우는 옥황상제를 거의 최고신과 같은 위치로 숭배한 것 같다.

옥황상제 외에 민간신앙에서 가장 흔히 찾을 수 있는 도교적 신격은 성황(城隍)[3]·칠성(七星)[4]·조왕(竈王)[5]의 세 가지이다. 세 가지 신의 신앙이 한국 어디를 가나 흔히 발견되는 보편적인 민간신앙 형태여서, 도교가 한국인의 정신적 기층 속에 얼마나 깊이 자리 잡고 있는가를 측정할 수 있는 한 요소다.

외형상의 명칭이 도교의 신이라고 해도 민간신앙에서 도교의 신을 변화 없이 그대로 받아들이지는 않은 것으로 보이나 그 영향관계는 부인하기 어렵다. 성황당(城隍堂: 서낭당)[6]은 국내 어디를 가나 마을 입구 또는 고개 마루 길옆에 자리 잡고 있는 보편적인 신당신앙(神堂信仰)[7]이고, 칠성 역시 민간에서 누구나 수명장수신(壽命長壽神)[8]으로 신앙하는 신이며, 조왕(竈王) 역시 민가의 부엌 부뚜막 뒤에 자리 잡고 있으면서 주부들의 소망을 성취시켜 주는 신이라고 믿어, 주부들이 매일 아침 정화수를 바치며 소망을 빌었다.

---

3) 도교의 제신 중의 하나의 신이다. 현대 국어 '성황'의 옛말인 '셩황'은 18세기 문헌에서부터 나타난다. 이 단어는 근대 국어 후기에 'ㅅ' 뒤에서 이중 모음 'ㅑ, ㅕ, ㅛ, ㅠ' 등이 반모음 탈락으로 단모음화하는 현상에 따라 '셩'이 '성'으로 바뀌어 현재의 어형이 정착되었다.

4) 북두칠성을 가리키는 말로, 도교에서는 칠성이 인간의 길흉화복을 주재한다고 하며, 이에 따라 칠성여래 또는 칠원성군이라도 한다.

5) 부엌을 맡는다는 신, 늘 부엌에 있으면서 모든 길흉을 판단한다고 한다.

6) 성황당은 성황신(서낭신)을 모신 집을 말한다.

7) 초자연적인 절대자, 창조자 및 종교 대상에 대한 신령을 모셔 놓는 집을 말한다.

8) 사람이 건강하고 편안하게 살다가 자연스럽게 삶을 마치고 다음 단계로 접어들게 한다는 신을 말한다.

성황이 도교에서 신앙되는 것은 중국의 민간신앙에서 신앙되는 성황이 중국도교와 습합되어 도교의 한국 전래와 함께 들어왔을 가능성이 있다. 성황신앙은 중국 북제(北齊)때로부터 시작되어 송대 이후에 널리 퍼진 것으로서 팔사(八蜡)[9]의 7번째 신인 수용(水庸)[10]을 방호(防護)의 수호적 의미로 제사하기 시작한 데서 신격으로 숭배된 것인데, 이와 같은 중국의 성황신앙이 한국으로 들어온 것은 고려 문종(文宗) 때로 보인다. 이 성황신앙은 재래의 '서낭'신앙의 마을 수호 기능과 기능상으로 유사한 데다 신앙형태가 같고 '서낭'과 '성황'의 발음이 또한 서로 유사해 명칭상의 혼선을 가져와 '서낭'과 '성황'으로 불리거나 표기된 것이라는 견해가 있다.

조왕신앙은 중국에서 도교와 민간신앙의 조왕신앙이 습합되어 도교의 한국 전래와 함께 들어왔을 가능성이 있다. 그러나 한국의 재래 민간신앙 속에 불(火)신앙이 있어서 화신(火神)이 무속에서 신앙되고 또 불이 제의(祭儀)에서 물과 함께 주요한 구실을 하고 있는 것을 보면 화신으로 부엌에 모셔지는 조왕신앙은 한국에서도 원래부터 불을 사용하는 부엌에 있었던 재래 민간신앙의 형태라 생각된다.

옥황상제 · 칠성 · 성황 · 조왕 외에도 북극성(北極星) · 태을성(太乙星) · 자미성(紫微星) · 남극노인성(南極老人星) · 견우직녀성(牽牛織

---

9) 국가 제사의 대상이자 장수의 상징인 고양이에게 제사지내는 것을 말한다. 임금이 직접 주관한다고 해서 납향제(臘享祭)라는 이름으로 불렸으며 납평제(臘平祭), 팔사(八蜡), 사(蜡), 자(禮)라고 불리기 했으며 납일(臘日)에 사직단과 종묘에서 지내는 국가 제사였다. 이 납향은 『예기(禮記)』「교특생(교특생(郊特牲)」에 기록된 '천자대사팔(天子大蜡八)' 즉 천자가 여덟 신에게 제사 지낸다는 일에서 유래한다고 전해진다.

10) 수용은 재수와 부락을 지키는 신을 제사하기 시작한 데서부터 비롯되었다.

女星) 등의 성신신앙을 비롯해서 삼신(三神)[11] · 용왕(龍王)[12] 등의 신앙도 민간에 널리 유포됐다. 그 외에도 임진왜란 이후로 널리 확산된 도교적 신앙현상으로서 주목할 만한 것은 관제신앙(關帝信仰)[13]이다. 관제란 촉한의 명장 관운장의 신격화된 명칭으로 그가 설했다는 『각세진경(覺世眞經)』[14]이란 경이 성립될 정도로 널리 믿었다.

도교적 신앙의 중요한 특징은 일신(一神)과 다신(多神)이 복합된 가운데 최고신보다는 많은 다신들을 숭배하는 점이다. 본래 도교적 신론 자체가 민간 신앙을 수용하면서 성립된 데 연유한 탓으로 보인다. 오히려 최고신은 논리적 전제로 요청된 느낌이 강하다. 우리나라의 민간신앙에서 발견되는 도교적 신격도 그러한 맥락 속에서

11) 우리나라 삼신사상에는 두 가지 종류가 있다. 첫째는 환인, 환웅, 단군의 세분을 말하는 것이고, 둘째는 자식을 점지하여, 낳아주고, 길러주는 세분의 삼신(三神, 産神) 즉 해산(解産)을 주관하는 신을 말한다. 민가에서는 삼신할머니로 알려져 있으며, 우리나라 민속의 가신(家神) 중에 성주(城主)신 다음으로 2위 신이다.

12) 용신은 재래의 수신과 불교와 도교의 용신이 습합되어 형성된 국가 수호신으로서, 그리고 왕실의 조상신으로서 국가적 차원의 제향이 대상이 되었고, 농경을 보호하는 강우의 신으로서, 풍파를 주재하는 바다의 신으로 수천 년간 농어민의 폭넓은 숭앙을 받아왔다. 용신은 본래 물을 관장하는 수신으로서 비 오는 것을 관장하는 기능을 가지고 숭앙되었다.

13) 조선후기에 중국에서 전래된 관성제군을 신앙하는 도교신앙으로, 삼국시대 촉나라 장군 관우(關羽)의 신명(神明)을 숭배하는 것으로 신호(神號)를 관왕(關王) · 관성제군(關聖帝君) · 관제야(關帝爺) · 산서부자(山西夫子) · 개천고불(蓋天古佛) · 협천대제(協天大帝) · 복마대제(伏魔大帝)라고도 한다.

14) 중국 도교(道敎)의 책으로. 원제는 관성제군각세진경(關聖帝君覺世眞經). 선행을 권장하는 이른바 선서(善書)에는 「삼성경(三聖經)」이라는 대표적 경전 3종이 있는데, 『각세진경』은 그 중의 하나이다. 충효인의(忠孝仁義) 등 유교윤리를 실천하면 행복을 얻을 수 있다는 것에 관하여 주로 설명하였다. 삼국시대 촉한(蜀漢)의 무장인 관우(關羽)를 신격화한 관제(關帝)의 말을 담은 책이다.

이해할 수 있을 것이다. 다만 옥황상제의 신앙이 널리 유포된 것은 전통적 경천(敬天) 신앙의 영향으로 보인다. 인간 가운데 뛰어난 인물들이 죽어서 신으로 받들어지는 과정 역시 도교적 신론의 체계와 유사하다. 도교적 신론에서는 수련과정을 거쳐 도달한 신선과 높은 위계의 신들 간의 간격이 모호하며 서로 동일시하는 경향도 보이기 때문이다. 관운장과 같이 역사적으로 뛰어난 인물이 도교적 신에 포함되는 것도 흔히 볼 수 있는 현상이다. 도교와 민간신앙의 밀접한 관계에 관하여 양자가 근본적 사유방식이나 세계관의 측면에서 상통되는 측면을 지닌다고 볼 수 있다.

이처럼 우리민족은 다양한 신앙생활을 통해서 어려움을 극복하고 복을 빌었음을 엿볼 수 있다. 이것은 우리민족의 정신세계가 그만큼 풍부하고 넉넉했음을 알 수 있는 부분이다.

도의 움직임과 쓰임

이는 모든 것이 처음으로 돌아가야 한다는 자연의 이치를 말하고 있으며, 아무리 많이 가지고 있어도 언젠가는 빈손으로 돌아간다는 불교의 공수래 공수거의 가르침과도 일맥상 통한다.

도는 인생을 안전하고 편안하게 사는 지혜로운 방법이자 생활의 지침으로 삼아도 될 듯하다. 이는 오랜 시간동안 동양에서 많은 사람들에 의해서 갈고 닦인 보배로운 생활의 자산이다. 이를테면 덕은 도의 일체(一體)가 된다. 자기가 태어난 근거인 덕에로의 회귀는 곧 『한비자』「해로편」에서 말하는 '체도(體道)'[1]라고 말할 수 있다. 체도란 곧 도의 작용으로써 자신이 처세하는 태도를 형성할 수 있는 것이다. 그래서 상(常)[2]·장(長)[3]·구(久)[4]의 효과를 얻을 수 있다. 다

1) 도를 체득함을 말한다.
2) '항상 변한다.'라는 뜻이다. 그러니까 뭐든 세상에 존재하기 위해서는 매일매일 달라져야 하는 것이다. 그러므로 모든 존재는 살기 위해 끊임없이 변해야만 한다.
3) 장지(長枝)에서 長이 가지는 뜻은 '길다'는 훈을 나타낸다. 오륜의 장유유서(長幼有序)에서의 長이 가지는 뜻은 '어른'이라는 훈을 가진다. 또한 '늘' '항상(恒常)'이라는 뜻도 있다.
4) '오래다' '길다' '변하지 아니하다'라는 말이다.

시 말해 인생을 변함없이 이어지는 상황에서 오래도록 안전한 생활을 영위할 수 있게 만들어 준다는 것이다.

노자가 도의 작용에 대해 한 말을 살펴보면 매우 많지만, 그 중에서도 가장 절실한 말은 '되돌아가는 것은 도의 움직임이고, 약한 것은 도의 쓰임이다.[5]'라는 두 구절이다. 여기서 말하는 반(反)이란 '회귀(回歸)하다', '돌아오다(가다)'는 뜻이다. 도는 만물을 끊임없이 창조 · 생성한다. 그런데도 그 자체는 결코 만물을 따라서 옮겨 흘러 다닐 수 없고, 그 허무한 본성을 영원히 지켜나가야 한다. 그러므로 그것의 움직임은 동시에 그 자체를 위한 돌이킴(反)이다. 반이란 그 허무의 본성으로 되돌아간다는 뜻이다.

허무한 본성을 상실한다는 것은 바로 창조력을 상실한다는 것이다. 도가 그 허무의 본성을 영원토록 지켜나가는 이상 탄생된 만물이 곧바로 물질계 안에서 굳어져 버리는 것을 허락하지 않고 여전히 무로 되돌아가려 하고, 도 자체로 되돌아가려고 한다. 이것이 만물의 반이고 또한 도의 반이다. 그렇지 않으면, 도 자체도 곧 만물의 굳어짐에 따라 굳어진다. 이것이 바로 '늘 존재하는 것들(有)에서 그 요(徼)[6]를 살펴야 한다.'[7]고 했다. 그리고 '만물이 함께 자라는데 나는 그것들이 돌아가는 것을 보며, 대체로 사물은 울창하지만 각기 다시 뿌리로 돌아간다.'[8]는 것을 말하고, '이 세계와 반대로 돌아가는구나'라는 의미이다. 종합해보면 바로 이곳에서 설명하는 '되돌아가는 것은 도의 움직임이다.'라는 것이다.

---

5) "反者道之動 弱者道之用", 노자, 『도덕경』 제40장.

6) 무(無)와 유(有)를 설명할 때 유(有)에 대한 설명을 요(徼)라고 하며, 주로 현상계를 말한다.

7) "常有, 欲以觀其徼", 노자, 『도덕경』 제1장.

8) "萬物竝作 吾以觀其復:夫物芸芸, 各復歸其根", 노자, 「도덕경』 제16장.

도의 움직임이 동시에 되돌아간다는 것인 이상, 만물은 무를 지향해서 발전하고, 또 현존재(現存在)와는 상반된 방향으로 발전해 간다. 현존재의 최고점은 상반된 방향으로 발전하는 전환점이다. 그래서 그는 '천하의 사람들은 모두 아름답다고 하니 아름다운 줄 알고 있지만, 이것은 추악함이다. 천하의 사람들은 모두 좋다고 하니 좋은 줄 알고 있지만, 이것은 좋지 못함이다.'라는 식으로 말을 하는 것이다. '천하의 사람들은 모두 아름답다고 하니 아름다운 줄 알고 있다.'는 것은 아름다움이 정점에 다다른 지점이며, '이것은 추악함이다.'라는 것은 정점이 곧 전환점임을 설명한 것이다.

인생에 위험이 있게 되는 원인은 모두 자기가 점하고 있는 지위라든지 장악한 사물이 마침내 서로 반대되는 방향으로 떨어지려고 하는 전환점으로부터 시작된다. 그리고 이러한 전환점이 일반 사람들이 인식하는 아름다움과 좋은 것에 대한 경쟁적 추종을 가열시키는 것이다. 이렇게 볼 때 아름다움과 좋은 것은 물처럼 뭇 사람이 싫어하는 낮은 곳으로 가는 것만 못하다. 현실적으로 말해 아름다움과 좋은 것을 갖기 위해 다투지 말고 경쟁적으로 부화뇌동 하지 말라는 것이다. 바꿔 말하면, 뭇 사람이 싫어하는 곳(낮게 흘러서 모인 곳)은 덕(德)과 더욱 가까이 있는 곳으로서 자연스럽고 가장 안전한 곳이 된다.

'약한 것은 도의 쓰임이다.'라는 구절에서 쓰임이란 도의 창조 · 생성 작용을 말한다. 『역전』에서는 '하늘의 도는 강건하므로 낳고 또 낳아 쉬지 않는다(生生不息).'[9]고 생각했는데, 『도덕경』에서는 이와

---

9) 생생불식(生生不息)은 중국 도가(道家)의 술어(術語)로, 변화하여 새로운 사물(事物)을 발생시키는 것을 의미(意味)한다, 정지(停止)하지 않고 부단히 생장(生長)한다는 뜻이다. 집단체(集團體)의 변화와 새로운 사물(事物)을 발생하는 일이 정지(停止)하지 않음을 의미한다. 『주역

다르게 도의 작용은 유약하기 때문에 비로소 끝없이 창조·생성할 수 있다고 생각했다. 『도덕경』의 '이어지고 또 이어져 있는 것 같아 아무리 써도 수고롭지 않다.'[10]라는 구절에서, 면면약존(綿綿若存)[11]은 도의 창조·생성 작용이 유약함을 묘사한 것이다. 용지불근(用之不勤)[12]은 도의 작용이 유약하기 때문에 창조하는 데 피로하지 않아서 영원히 창조해 갈 수 있음을 설명한 것이다. 지극히 유약함은 무위(無爲: 인위적으로 조작함이 없음)이다. 이는 지극히 유약하여 만물이 창조된다는 사실을 느끼지 못하게 하고 스스로 생기고 스스로 자라게 하는데, 이것이 이른바 '대개 인위적인 작용을 하지 않아도 늘 스스로 그러한 것이다.'라고 말할 수 있다.

노자는 다시 '약한 것은 도의 쓰임이다.'로부터 처세의 태도를 체득해 내었는데, 약(弱)·유(柔)·하(下)로 대응하는 것을 중심으로 한다. 이 약·유·하 3자의 성질은 완전히 같다. 그러므로 '천하의 가장 부드러운 것이 천하의 가장 단단한 것을 앞질러, 들어가지 않는 곳이 없으니 나는 이로써 유익함을 안다. 말하지 아니하는 가르침, 무위의 이로움은 천하에 미치는 경우가 드물다.'고 했던 것이다.

이는 모든 것이 처음으로 돌아가야 한다는 자연의 이치를 말하고

(周易)』「계사전(繫辭傳)」의 '생생지위역(生生之謂易)'에서 나온 말이라고 한다. 송(宋)나라 때의 주돈희(周敦頤)는 '태극도설(太極圖說)'에서 "이기교감(二氣交感), 화생만물(化生萬物), 만물생생이변화무궁(萬物生生而變化無窮), 유인야득기수이최영(惟人也得其秀而最靈)"이라고 하면서, 만물(萬物)이 낳고 낳아 변화(變化)가 무궁(無窮)하다고 하였다. 청(淸)나라의 대진(戴震)은 "기화유행(气化流行), 생생불식(生生不息), 시고위지도(是故谓之道)" 이라고 하면서 생생불식(生生不息)하는 것이 도(道)라고 하였다.

10) "綿綿若存 用之不勤", 노자, 『도덕경』 제6장.

11) 끊어질 듯 하면서도 이어진다는 의미이다.

12) 써도써도 다할 줄을 모른다는 뜻이다.

있으며, 아무리 많이 가지고 있어도 언젠가는 빈손으로 돌아간다는 불교의 공수래공수거(空手來空手去)[13]의 가르침과 일맥상통한다.

13) 빈손으로 왔다 빈손으로 간다는 뜻으로, 인생의 무상과 허무를 나타내는 말로서, 사람이 이 세상에 태어날 때 아무것도 손에 들고 온 것이 없이 빈손으로 태어나는 것처럼, 죽어갈 때도 일생 동안 내 것인 줄 알고 애써 모아놓은 모든 것을 그대로 버려두고 빈손으로 죽어간다는 의미이다. 재물이나 권세나 명예를 지나치게 탐(貪)하지 말고 분수에 맞게 편안하면서 본래의 마음을 찾는 공부에 노력하라는 가르침이다. 그러나 죽어갈 때 꼭 가지고 가야 할 중요한 것은 청정일념(淸靜一念)이다.

도교적 종교의식과 민간유습

조선시대에는 세화의 소재로 십장생인 일 월 산 용 죽 송 구 지 등이 사용되었는데 앞서도 지적된 바와 같이 세화는 장수와 송축 그리고 벽사신앙이 깃들인 한해의 안녕과 행운을 비는 풍습이었음을 알 수 있다.

도교적 현상 가운데 치병(治病)[1] · 해액(解厄)[2] · 기우(祈雨)[3] 등을 목적으로 한 대규모의 의식과 제사를 포함해서 여러 가지 부적이나 주문을 사용해 재액을 피하고 행복한 삶을 보장받으려 하는 분야가 있다. 이들을 일반적으로 부록재초(符籙齋醮)라고 총칭하는데 부록이라는 말은 도교적 주축(呪祝)의 특색 · 기법을 대표하는 용어이고, 재초는 도교식 제사의식을 의미한다. 이중 주물(呪物)[4]은 세계에 광범하게 존재하지만 예서(隷書)[5] 등 한자의 옛 글자체

1) 병으로부터 마음을 떼어놓는 것을 말한다.
2) 가정이나 개인에게 앞으로 닥칠 나쁜 운을 미리 막는 일을 뜻한다.
3) 나라와 민간에서 비오기를 기원하는 제사로, 우리나라는 예로부터 3, 4년에 한 번씩 가뭄 피해를 당했으므로 이 의식이 성행했다. 나라에서는 임금이 직접 몸을 정결히 하고 식음을 폐하며 거처를 초가로 옮기고 죄인을 석방하기도 한다. 민간에서는 산 위나 냇가 등에 제단을 만들고 마을 전체가 공동으로 지내는 제사를 말한다.
4) 점치는 도구를 말한다.

를 조립해서 만드는 것을 중심으로 하는 중국의 부적은 극히 독특한 것이다. 부적은 사용범위도 매우 넓어서 호신의 부적이나 연인의 바람기를 막는 것, 좋아하는 상대를 이끌어 들이는 것 등 수많은 종류가 있다. 이러한 의미를 지닌 부적은 도장(道藏)[6]에 산재하지만 민간에게로 전승되는 경우가 많다.

주문은 부적과 함께 도교의 주술을 형성하는 중요한 요소이다. 주문에는 경문 자체가 주술적 의미를 지닌 것도 있고, 특별한 목적을 위해 초안된 것도 있는데 후자에는 보통 급급여율령(急急如律令)[7]이라는 문구가 첨가되어 있다.

우리나라의 경우도 도교적 부적과 주문이 민간신앙에 폭넓게 영향을 미친 것으로 간주되며 『옥추경』[8]의 경우처럼 부와 주문이 그대

---

5) 전서보다 간략하고 해서에 가까운 한자서체로, 중국의 전국시대부터 진(秦)나라의 국가통일기에 걸쳐, 그때까지의 공식서체였던 전서(篆書)의 자획을 간략화하고, 일상적으로 쓰기에 편리한 서체로서 만들어졌다. 따라서 예서는 소전[小篆: 진(秦)의 이사(李斯)가 대전(大篆)과 주문(籒文)을 정리하여 놓은 서체]에서 2분(分)은 변하고 8분(分)을 남겨 놓았다 하여 이것을 팔분(八分)이라고도 하며 또 고예(古隸)라고도 한다.

6) 도교의 경전류를 모은 책으로 『도장경』이라고도 한다. 현존의 『도장』은 중국 명(明)나라의 정통(正統)연간(1436~1449)에 편찬한 『정통도장(正統道藏)』(50권)과 만력(萬歷)연간(1573~1619)에 편찬한 『속장(續藏)』(180권)을 합한 5,485권본(卷本)으로, 1845년에 중간되었으며, 1926년에는 영인판(影印版)이 간행되었다. 『정통도장』은 3동4보(三洞四輔)로 분류되는데, 3동이란 중심 부분인 동진(洞眞)·동현(洞玄)·동신(洞神)의 3부(部)로, 각각 도교의 대승(大乘)·중승(中乘)·소승(小乘)이라는 3승교법(敎法)을 전하는 것이다.

7) 급급여율령(急急如律令)은 중국 전한 공문서의 서식으로 정해진 용어였는데 후에 도교에서 주문으로 이 어구를 받아들이면서 삿된 것(잡귀, 잡신, 사악한 기운) 등에게 주문의 명령에 빨리 물러나라고 촉구하거나 혹은 천상의 신령에게 주문의 내용대로 빨리 빨리 해달라는 요청의 의미로 쓰였다.

8) 도교 경전의 하나. 남송대인 13세기경에 성립된 것으로, 『도장(道藏)』 동진부(洞眞部)에는 금단도(金丹道)인 전진교(全眞敎)를 대성한 백옥섬(白玉蟾)의 주(註)를 포함한 집주본(集註本)이 수록되어 있다. 보화천존(普化天尊)은 옥청천(玉淸天)에서 시방의 제천제군(諸天帝君)과

로 원용하는 경우도 있다. 『옥추경』은 뇌법(雷法), 뇌의(雷儀) 등을 중심으로 하는 도교 신소파(神霄派)의 중심경전으로서 북송 무렵부터 부각됐다. 우리나라에 전래된 것은 고려 중엽 이후로 추측된다. 그 후 조선 초기부터 재액을 면하려는 목적 하에 맹인들이 독송했다는 기록이 보이며 점차 민간에게 확산된 것으로 보인다.

『옥추경』을 설한 주체는 보화천존(普化天尊)으로서 말세 중생을 구제하려는 큰 서원을 세운 인물로 묘사됐다. 『옥추경』은 경 자체가 지닌 주술적 성격이라든지 경에 첨가된 독특한 부적으로 인해 민간신앙에 널리 영향을 줬으며 보화천존이란 신격도 무속에서 흔히 발견할 수 있다. 도교적 주문과 부에 대한 수용은 특히 동학, 증산과 같이 적극적으로 민간 도교적 요소를 수용한 신종교현상에서 두드러진다.

도교적 부와 주문의 사용 외에 삿된 신이나 기운을 물리치기 위한 도교적 습속이 민간에 끼친 영향도 적지 않다. 그 대표적인 것들로서는 세화(歲畵)[9] · 수경신(守庚申)[10] · 직성해액(直星解厄)[11] · 단

만났을 때 청정심으로 일체중생의 학도(學道) · 소령(召靈) · 해액(解厄) · 구사(求嗣) · 기우(祈雨) · 구사(驅邪) 등을 위해 대원을 발했다고 밝히고, 이 경을 읽는 공덕을 설하고 있다.

9) 세화(年畵)는 중국의 특유한 민간예술로 유구한 역사를 자랑하며 문신(門神)으로부터 기원되었다. 세화는 낭만적인 민간회화 형식으로 중국인의 아름다운 염원을 구현했기에 민간에서 큰 사랑을 받고 있다. 특히 중국인들은 설을 쇨 때 새해의 길함과 행복을 기원하는 세화를 붙이곤 한다. 설날에 붙이는 세화는 그 이듬해 설을 맞을 때에야 새로운 것으로 바뀐다. 이 또한 세화가 연화로 불리우는 이유이기도 하다. 세화는 색채가 뚜렷하고 경사스러운 느낌을 주며 대부분 길함과 즐거움, 기쁨과 아름다움은 주제를 표현한다. 세화에는 간단한 스토리가 담겨 있으며 장식성과 취미성이 크고 사람들의 주관적인 염원을 직접 보여준다.

10) 경신일에 밤을 세워 삼시충(三尸蟲)의 해악을 막는 풍습이다. 수삼시(守三尸)라고도 한다. 사람의 몸 안에 있으면서 여러 가지 해로운 일을 하는 삼시 혹은 삼시충을 제거 또는 약화시켜야 불로장생할 수 있

오절 행사·칠석의 행사 등을 들 수 있다. 세화란 설날에 궁중의 그림을 그리는 관서인 도화서(圖畵署)에서 그림을 그려 임금에게 올리고 서로 선물을 하는 풍습을 말한다. 여기에서 보이는 수성도(壽星圖)[12)]· 선녀도(仙女圖) 등 도교의 신상(神像)은 장수와 송축의 뜻을 나타내고 액(厄)과 나쁜 병을 물리치는 힘으로 사용된 것 같다. 이밖에도 조선시대에는 세화의 소재로 십장생(十長生)인 일(日)·월(月)·산(山)·용(龍)·죽(竹)·송(松)·구(龜)·지(芝) 등이 사용되었는데 앞서도 지적된 바와 같이 세화는 장수와 송축 그리고 벽사신앙(辟邪信仰)[13)]이 깃들인 한해의 안녕과 행운을 비는 풍습이었음을 알 수 있다.

직성(直星)을 제사하는 풍습은 고려시대의 구요제(九曜祭)[14)]에서

다는 도교의 신앙에서 비롯되었다. 도교에서는 사람이 백곡(百穀)을 먹게 되어 사마(邪魔)가 생겨났다고 보는데, 삼시충도 이때 나타났다고 한다. 3마리의 이 벌레는 60일마다 돌아오는 경신일 밤에 인체를 빠져나가 그동안 사람이 저지른 죄를 상제에게 보고하여 수명을 단축시킨다고 여겨졌다.

11) 직성해액은 사람이 나이에 따라 그의 운명을 맡아 본다는 별을 가리켜 직성이라고 한다. 이를 통해서 액운을 멀리한다는 말이다. 직성의 차례는 제웅직성, 토직성, 수직성, 금직성, 일직성, 화직성, 계도직성, 월직성, 목직성의 아홉직성이 있다.

12) 인간의 수명을 관장하는 별자리인 남극성을 신선처럼 인격화한 도석인물화로, 수노인도·수성노인도·노인성도·남극성도가 있다. 수성도는 장수 및 수성신앙과 결부되어 전개되었다. 중국 진·한대(秦漢代)부터 노인성(老人星)을 국가의 번창과 군주의 장수를 기원하는 별로 신봉했으며, 도교의 성립과 더불어 노인성이 통괄하는 남극성을 개인의 수명을 관장하는 별자리로 믿으면서 민간 신앙으로 확산되었다.

13) 벽사신앙(辟邪信仰)은 고대인들이 추구했던 장생사상(長生思想)과 기복신앙의 필수적인 요소였으며, 귀면(鬼面)이 등장하게 된 배경이 된다. 주로 고분, 궁궐이나 사원 등의 건축물에 쓰인 기와, 문고리, 주술적(呪術的)인 제기(祭器)의 장식에서 상징적인 의미의 신앙이 되는 것을 말한다.

14) 구요는 아홉의 행성을 뜻한다. 태양과 달, 그리고 화성, 수성, 목성, 금성, 토성 등의 각 행성들을 신격화한 것인데, 여기에 두 개의 가상적인 별들, 즉 라후(Rahu)와 케투(Ketu)를 포함시킨 아홉의 별들을

시작한 것으로 본명초례(本命醮禮)[15]를 올리는 뜻에서 나온 도교적 행사이다. 이날 액을 쫓는 행위를 제웅치기라 하는데, 제웅치기[16]란 자라나는 아이들이나 가족들을 위한 지난날의 어버이들의 걱정이 반영된 풍속이었던 것으로 보는 이도 있다. 제웅에 대한 명칭도 추령(芻靈)[17], 방언으로 처용(處容), 제웅이라고 하고 제용이라고도 하는데 같은 의미이다. 우리가 흔히 쓰는 '직성이 풀린다.'는 말도 이에 관련된 것으로서 소원이 이루어져서 마음이 후련하고 흡족하다는 뜻이 된다고 했다.

수경신은 수삼시(守三尸)라고도 하는데 도교의 장생법(長生法)과 사과신(司過神)의 신앙에서 출발된 행사로 경신일(庚申日)에 밤을 새워 자신을 지키는 것을 말한다.[18] 이는 사람은 태어날 때 체내에 삼시충(三尸虫)이라는 것이 들어 있어 사람의 행위를 지켜보았다가

제사하는 것을 말한다.

15) 우리나라에서 고려 때부터 행해져왔다는 본명초례(本命醮禮)는 도교와 불교에서 주관하는 행사로 법단(法壇)을 만들어 그 사람의 본명성에 식재(息災)와 연명(延命)을 비는 제의이다.

16) 정월 열나흗날 밤에 행하는 액막이 풍속의 하나. 제웅치기는 직성(直星)의 액(厄)을 쫓고 화를 면하는 술법을 말한다. 제웅치기의 이칭으로 허수아비버리기(강원)·허두새비버리기(전남)·도채비방쉬(제주) 등이 있으며, 지역에 따라 제용만들기·삼재맥이한다고도 불린다.

17) 풀을 묶어서 만든 허수아비 인형으로, 순사자(殉死者)의 대신으로 쓰이거나, 액막이를 위한 목적으로 만들어졌다.

18) 이 풍습은 바로 '수경신(守庚申)' 신앙. 도교(道敎)의 장생법(長生法)에 유래한다. 사람의 몸에는 세 마리의 벌레가 있으니 이름은 팽거(彭倨), 팽질(彭質), 팽교(彭矯) 이른바 삼시충(三尸蟲)이 있다고 한다. 그들의 역할 역시 기생하고 있는 주인의 악행을 상제에게 고해바치는 일이었다. 그 보고일은 60일마다 돌아오는 경신일(庚申日)이었고 결국 일 년에 6번의 정례 보고가 있었다. 그러나 삼시충은 그 주인이 잠이 들어야 몸에서 벗어날 수 있었기에 그 벌레들의 준동을 막기 위해서는 아예 그 날 24시간 내내 잠을 자지 않아야 했는데 그것을 '수경신' 즉 경신일을 지킨다고 했다. 말하자면 고자질을 원천봉쇄하는 작전이었다.

경신일에 사람이 잠이 들면 저지른 악행을 옥황상제에게 보고하며 상제는 정해진 수명에서 악행에 해당하는 수명을 단축시킨다는 믿음에 근거한다. 수경신이란 경신일의 야반(夜半)에 인체 내에 있는 삼시충이 체내로부터 빠져나가지 않도록 지키는 것을 말한다. 삼시충의 보고를 막기 위하여 부(符)·도인(導引)·주축(呪祝)·복기(服氣)·복약(服藥) 등의 방법을 사용하기도 했으나 실행이 힘들게 되자 경신일 밤에 삼시충이 체외로 빠져나지 못하게 하는 지혜가 생기게 된 것이다.

이와 관련된 풍습으로서 음력 선달 그믐날 저녁을 밤새우는 풍습이 있다. 수세(守歲)에 대해서 『동국세시기(東國歲時記)』[19]에도 수경신의 유습이라고 보았다. 이와 같이 불을 밝히고 밤을 새우는 것은 잡귀의 출입을 막는데 그 목적이 있었던 것이고 불을 숭상한 것이라 할 수 있다. 이 밖에도 가택행사로서 집을 옮길 때나 건물을 신축할 때 보이는 안택행사(安宅行事)[20]에서도 도교적 습속을 볼 수 있고, 오늘날에도 비슷한 유풍이 남아 있는 것 같다.

---

19) 조선시대에 전승된 세시풍속을 홍석모(洪錫謨, 1781~1857)가 정리한 풍속지이다. 『동국세시기』는 조선시대에 저술된 가장 방대한 세시기로서 왕실에서 사대부, 서민층에 이르기까지 폭넓게 다루었다. 99개 대항목에 240개 소주제를 다루고 있으며, 중국과 우리나라의 각종 문헌을 시대를 초월하여 인용하고 있다. 주로 양나라 때 종름(宗懍)의 『형초세시기』를 모본으로 삼았으나 이를 뛰어넘는 풍속지로 평가받고 있다.

20) 안택[安宅行事]이란 집안을 보호하는 수호신의 역할을 하는 가택 신들에게 집안의 우환이나 가족의 안녕을 기원하고 발원하는 의식이다. 안택치성, 안택고사, 안택맞이, 안택풀이 등으로 불린다. 안택을 하는 시기는 정월달에 신년운세를 보고 집안에 액운이나 액살이 많을 때 의식을 하는 경우와 가을상달(음력8월~10월)에 고마움의 표시로 들이는 경우가 많다.

도교와 예언적 방술(方術)

풍수신앙이란 '땅이 지닌 생기를 찾아
그 곳에 정주 공간을 정함으로써 자연과 조화를 이루려는 논리의 신앙체계'라고 규정할 수 있다.

도교는 우리생활 곳곳에 영향을 미치며 삶의 희노애락을 함께 해온 친숙한 문화라고 말할 수 있다. 그 대표적인 것으로서 도교적 방술의 영역에 국한시키기는 어려우나 도교적 사유와 깊은 친화력을 지닌 것에 풍수사상과 사주명리학(四柱命理學)을 중심으로 한 예측술이 있다. 『한서예문지(漢書藝文志)』[1)]「수술략(數術略)」의 분류에는 천문(天文)·역보(曆譜)·오행(五行)·시귀(蓍龜)·잡점(雜占)·형법(刑法) 등의 육종이 포함되어 있다. 후에는 이들이 도교문화에

---

1) 『한서예문지(漢書藝文志)』는 반고(班固)가 지은 한서(漢書)의 총 100권 가운데 30권에 속하는 것으로 그가 『한서예문지』의 서문에서 "지금 그 대략을 간추려 편적(篇籍)을 갖춘다."고 하였다. 따라서 이 『한서예문지』는 유향(劉向)과 함께 비서(祕書)를 관장하면서, 유향 아들인 유흠(劉歆)의 저작인 『칠략(七略)』을 그대로 인용한 것인데, 그 『칠략』의 내용인 집략(輯略), 육예략(六藝略), 제자략(諸子略), 시부략(詩賦略), 병서략(兵書略), 수술략(數術略), 방기략(方技略)으로 구성하였다. 이 때문에 반고에 의해 한대 학술의 개략과 그 저자와 저서를 알도록 편집한 것이다.

흡수돼 도교적 양생술과 함께 도교술수를 형성해서 산(山)·의(醫)·명(命)·복(卜)·상(相)이란 오대술수로 일컬어지게 됐다. 산은 풍수를 가리키며 명은 사주명리학(四柱命理學: 推命學, 算命術 등으로도 불린다)을 가리킨다. 복(卜)은 주역의 원리에 바탕해서 발달한 점술이며 상(相)은 형법(刑法)에서 유래한 것으로서 인상법을 의미한다. 이중 우리나라에 가장 널리 유포된 것은 풍수와 사주명리학으로 천문이 그 바탕에 깔려 있다. 풍수와 명리학은 음양오행론에 기반한 기철학적 세계관을 바탕으로 개인과 사회의 운명을 예언하는 이론인데, 전통적 고대천문학과 연결되어 천·지·인 삼재를 하나로 보는 특유의 사유구조가 작용하고 있었다. 풍수와 명리학은 그 자체를 도교적 형상이라고 국한시키기는 어려우나 중국 한대(漢代)의 도교가 각종 방술과 참위사상[2])을 수용하였으므로 넓은 의미의 도교적 현상이라고 볼 수도 있다. 『도장(道藏)』에도 참(讖)·부(符)·풍수(風水)·일력(日曆)·둔갑술(遁甲術)[3])·천문점(天文占)·점험술(占驗術)[4])에 관한 많은 자료가 수록되어 있음을 보면 이들이 폭넓게 도교에 수용되었음을 알 수 있다.

우리나라의 경우 이러한 것들은 보통 좌방도가(左方道家)라고 불리

---

2) 진(秦)대에서 비롯한 일종의 예언학으로, 음양오행설에 바탕을 두어 일식, 월식, 지진 등의 천재(天災) 지이(地異)나 은어(隱語)로써 인간 사회의 길흉, 화복을 예언하는 학설이다. 한대, 특히 후한 시대에 유행하였는데, 뒤에 그 폐해가 극심하여 금하였다.

3) 귀신을 부려 변신하는 술법을 가리키는 도교용어로서, 음양의 변화에 따라 몸을 숨기고 길흉을 택하는 용병술이다. 하도(河圖)·낙서(洛書)의 수(數) 배열원리 및 이를 이용한 『주역』 건착도(乾鑿度)의 구궁(九宮)의 법이 그 원형이다. 기문둔갑(奇門遁甲)으로 불리기도 하며 하도·낙서를 병진(兵陣)에 응용한 것이라고 볼 수 있다.

4) 거북의 등딱지를 불에 태워서 그 갈라지는 틈을 보고 길흉을 판단하는 점이나, 골패(骨牌)로 거북패를 지어 길흉을 판단하는 점을 경험하여 미래를 예측하는 술수류를 말한다.

어지는 인사들에 의해 유지, 전승되었다고 전해진다. 우방도가가 전통적 심신수련에 치중한 수련계통이라면 좌방도가란 다양한 재야의 방술에 치중하는 계통을 말한다. 좌방도가는 무예, 차력을 비롯한 몸의 단련이라든지 역학 · 풍수 · 천문 · 복서 · 비기 등의 다양한 영역에 대해 관심을 둔 것이 특징이다. 조선조 양난(병자호란, 정묘왜란)이후에는 도참(圖讖)[5]과 비기(秘記)[6] 등의 예언 형식을 빌려 조선왕조의 몰락과 새로운 세계의 도래를 주창하는 사상이 본격적으로 제기 되었는데, 이 역시 좌방도가의 사상적 흐름과 밀접한 관련이 있다.

풍수와 명리학은 무속과 함께 민간신앙을 대표한다고 말할 수 있듯이 그 영향이 매우 크다고 할 수 있다. 이중 풍수신앙이란 '땅이 지닌 생기를 찾아 그 곳에 정주(定住)공간을 정함으로써 자연과 조화를 이루려는 논리의 신앙체계'라고 규정할 수 있다. 풍수설의 유래에 관해서는 다양한 학설이 있으나 고려시대 이후 유포된 이론에 중국의 풍수설이 유력하게 작용한 것은 부인하기 어렵다. 고려시대의 풍수는 특히 도참과 결합하여 풍수신앙이라는 표현으로 불리어졌는데 민간이나 지배계층을 막론하고 광범하게 유행하였다. 오늘날에는 도참과 연결된 풍수보다는 지덕의 생기를 존중하는 풍수사상이, 그 가운데서도 음택(陰宅)보다는 양택(陽宅)이 부각되는 추세이

5) 신비로운 문자나 도형 등을 통하여 미래를 예측하고 길흉화복을 점치는 것을 말한다. 도참(圖讖) 또는 참위(讖緯)는 내용 · 형식에 관계 없이 미래에 일어날 일에 대한 예언 혹은 징조를 통칭하는 낱말로, 특히 인간 생활의 길흉화복 또는 성쇠득실(盛衰得失)에 대한 예언 혹은 징조를 가리키는 말이다.

6) 인간의 길흉화복이나 국가의 장래에 관하여 도참사상 및 음양오행설에 의해 예언한 기록으로, 공공연하게 발표할 수는 없는 비밀스런 기록이라는 뜻에서 '비기'라고 한다. 대체로 천문·역산(曆算)·음양·점후(占候) 등에 관한 내용이 중심이다.

다.

사주명리학은 각 개인의 태어난 시기를 바탕으로 일생의 운명을 예측하는 것으로서 결혼이나 각종 중요한 행사의 날짜를 결정하는 택일과 결합하여 민간에 큰 영향을 끼쳤다. 명리학 외에도 태을(太乙)[7]·기문(奇門)[8]·육임(六壬)[9]·육효(六爻)[10] 등의 예측술이 다양하게 발달했는데, 일 년의 운세를 예측한다는 토정비결(土亭秘訣)[11]도 널리 유행했다. 이들은 무속·풍수 등과 직접, 간접으로 밀접한 관련을 맺으며 전승됐다.

최근에는 이들 술수들이 중국, 일본을 비롯한 동양권뿐만 아니라,

---

7) 1. 별자리 이름. 자미원(紫微垣)에 속하는 태일(太一)의 딴 이름으로, 도교(道敎)에서는 천제(天帝)가 머문다고 믿는 태일성(太一星:북극성)을 말하는데, 병란(兵亂)과 재화(災禍) 및 생사(生死)를 관장한다고 한다. 2. 북극(北極), 즉 천극(天極)의 신(神)을 가리키는 말로, 천지만물의 출현 또는 성립의 근원인 우주의 본체를 인격화한 천제(天帝)•천황대제(天皇大帝)를 뜻하기도 한다. 3. 구궁법(九宮法)에서 길흉을 점칠 때, 배치하는 구성(九星)의 하나로, 음양도(陰陽道)에서는 해와 달은 1년에 열두 번 서로 만나며 그 중 7월에 만나는 곳이 태을로 사방위(巳方位)에 해당한다.

8) 기문은 기문둔갑이라고도 한다. 기문은 방위술로, 구궁도에 입각해 계절과 천지를 조화한 입체적인 고차원 점술이다. 존신 갑이 백호 경을 기이하게 피하려 둔갑하여 방위를 정하는 개념이다. 각각의 시간에 따라 무수히 변화하는 각 방위상의 기운을 다스려 목적한 것에 대한 운을 최대한 상승시켜 주는 방법이다.

9) 십이신(十二辰)의 천반(天盤)의 분야와 지반(地盤)의 방위와의 배합관계로서 4괘(卦) 3전(傳)의 법을 써서 길흉을 점치는 것이다.

10) 육효는 괘(卦)의 음양(陰陽)을 나타내는 최소 단위의 부호(符號)로, 역(易)의 괘(卦)는 괘의 1획(一劃)을 1효(一爻)라 하므로 1괘는 6효로 이루어진다. 占卦의 6가지 획수(劃數)를 말한다.

11) 조선시대 중기에 토정 이지함이 쓴 책이라고 알려져 있는 작자 미상의 도참서다. 이지함이 썼다고 알려져 있지만 학계에서는 전혀 연관성이 없다고 본다. 이지함이 죽고 나서 한참 후에 토정비결이 등장했기 때문에 상관성이 있을 수가 없기 때문이다. '토정'비결이라고 농사와 관련된 책이라고 오해하는 경우도 있지만 사주 중 생년월일과 육십갑자를 이용해 한 해 동안의 운을 점치는 일종의 점치는 책이다.

미국과 영국에서도 학문적으로 접근되어 인류.문화적 측면에서, 또는 환경적 측면에서 연구되고 있는 추세다. 우리도 이들 술수들이 미신이나 버려야 할 폐습으로 생각하지 말고 소중한 문화적 가치가 있는 유산으로 여기며 보존하고 발굴해서 유지할 의무가 있다. 나아가 이를 갈고 닦아서 빛나는 전통으로 만들어야 한다. 전통은 오늘의 우리를 있게 만든 문화유전자이며 이를 창조적으로 발전시켜서 후손에게 잘 물려줄 수 있도록 해야 할 것이다.

민간도교의 적덕사상(積德思想)

태상감응편은 태상노군이 선악행위에 따른 복과 화의 보응에 관해 밝히는 형식이다.
감응편이라 부르는 것은 인간의 행위에 대한 보응이
몸의 그림자가 비치듯 감응이 엄밀하다는 의미를 지닌다.

민간도교의 흐름 가운데 특히 조선중엽부터 민간의 도덕관념에 영향을 미친 것은 '권선서(勸善書)'를 중심으로 한 소박한 적덕신앙이었다. 권선서(또는 선서라고도 약칭됨)란 악행을 금하고 선행을 권장하는 내용을 담은 도교경전을 의미하는데 권선서류의 도교경전이 우리나라에 전래된 것은 기록에 의하면 조선 초기 태종 때로 소급된다. 태종 17년(1417)에 명(明)의 성조(成祖)가 선음즐서(善陰騭書)[1]

1) 선음즐서는 유 · 불 · 도 3교의 사상이 융합한, 선행을 권장하는 내용의 책들로 선서(善書)로 약칭되기도 한다. 명대 이후 중국에서 대단히 많이 만들어졌다. 권선징악이라는 사회교육적인 의의를 높이 샀으리라고 생각되지만, 이러한 선서들이 조선 초기부터 한말에 이르기까지 계속하여 널리 읽혀졌고, 각종 선서의 번각과 언해가 나왔다. 주요한 선서로는 『옥황보훈(玉皇寶訓)』 · 『주생연사묘응진경(注生延嗣妙應眞經)』 · 『경신록(敬信錄)』과 그 언해본, 『삼성훈경(三聖訓經)』 · 『과화존신(過化存神)』 · 『감응편도설(感應篇圖說)』 · 『공과격찬요(功過格纂要)』 등을 들 수 있다. 이 가운데서 『삼성훈경』은 촉한(蜀漢)의 명장 관우(關羽), 진(晉)의 장아(張亞),

6백부를 보내왔다는 기록이 그것이다. 그러나 그 후 조선후기에 이르도록 선서류가 어떻게 유통됐는가에 관해서는 자료가 없어 파악하기 어렵다. 조야(朝野)에 널리 유통된 『명심보감(明心寶鑑)』도 유교적 윤리를 포함하긴 하지만 도교적 성격이 강하게 함축된 도교적 선서의 일종이라고 볼 수 있다.

그 후 여러 종류의 권선서를 종합한 『경신록(敬信錄)』의 언해본이 1796년 경기도 양주군에 있는 불암사(佛巖寺)에서 간행된 사실이 발견된다. 언해본이 간행됐음은 그 이전에 한문원전이 이미 유통된 것을 전제로 하기 때문에 18세기 말에는 상당한 정도로 유포됐다고 추측한다. 이어 19세기에는 많은 종류의 언해본이 발간됐다. 그 때 간행된 대표적인 것은 『경신록』으로써 『태상감응편(太上感應編)』, 『문청제군음즐문(文昌帝君陰騭文)』 등 10여 종의 경문이 실렸다.

선서류가 중국에서 언제 성립됐는지는 분명히 알기 어려우나 남송 중엽 『태상감응편』이 성립된 것이 효시로 여겨진다. 그 저자는 이창령(李昌齡)이라는 견해가 있으나 확실치 않다. 그 후 명대에 『공과격(功過格)』, 『음즐문(陰騭文)』 등이 출현했다. 이상 몇 가지 중 『태상감응편』, 『공과격』, 『음즐문』을 보통 3대선서(三大善書)라 부른다. 『태상감응편』은 태상노군(太上老君)이 선악행위에 따른 복과 화의 보응에 관해 밝히는 형식이다. 감응편이라 부르는 것은 인간의 행위에 대한 보응이 몸의 그림자가 비치듯 감응이 엄밀하다는 의미를 지닌다. 『태상감응편』에서는 그러한 전제하에 적극적으로 선행실

당(唐)의 여동빈(呂洞賓)을 숭봉하는 내용으로 이루어져 있다. 생전의 공덕으로 천궁에 올라 관우는 관성제군(關聖帝君)으로, 장아는 문창제군(文昌帝君)으로, 여동빈은 부우제군(孚佑帝君)으로 각각 제군의 지위를 차지하게 되어 인간의 선악을 감시하고 그것에 따라 화복을 내리는 일을 하는 것으로 되어 있다.

천을 권면하고 소극적으로는 악행의 금지를 강조한다. 그 글에서 제시하는 선행의 종류는 충·효·신 등의 유교적 덕목뿐만 아니라 자비, 보시 등 불교적 덕목도 포함하고 있다. 그런데 이러한 선행 또는 악행이 하나하나 각 개인의 수명과 밀접한 관련을 지닌다는 데서 도교적 특징이 드러난다.

이를 보충하기 위해 각 선행과 악행에 점수를 배당해서 제시한 것이 『공과격』이다. 이 기준에 의해 매일매일 선행과 악행의 점수를 계산함으로써 공과를 측정하자는 것이다. 한편 『음즐문』은 인간의 모든 운명이 문창제군(文昌帝君)의 보이지 않는 관장하에 있으므로 꾸준히 선행을 쌓으면 복록을 받는다는 내용을 싣고 있다. 그러나 『음즐문』에서는 선행실천과 신선사상을 직결시키지는 않는다.

조선후기에 간행된 여러 종류의 선서에도 『태상감응편』, 『공과격』, 『음즐문』 등 3대선서가 중요한 위치를 차지하고 있으며 관성제군신앙 계통의 선서류도 적지 않다. 그런데 19세기말에 이르면 중국에서 간행된 선서의 보급에 그치지 않고 독자적인 선서가 형성된 사실도 보인다. 『각세신편팔감(覺世新編八鑑)』[2], 『공과신격(功過新格)』이 그것이다. 선서류의 내용을 보면 일상생활에 관한 구체적 조목을 도덕적으로 평가하면서 덕의 실천을 권하는 것을 알 수 있다. 여기에는 인·의·충·효 등의 덕목을 비롯해 함부로 나뭇가지를 꺾지 말라는 등 생명에 대한 사랑이라든지 북쪽을 향해 소리를 지르거나 함

2) 권선서의 성행에는 임진왜란 이후 소격서의 폐지로 인한 관방도교의 쇠퇴, 명으로부터 전파된 관제(關帝) 신앙, 국왕인 고종의 장려 등의 요인이 작용하였다. 조선 후기 권선서의 유행은 결국 중국 선서의 단순한 보급에 머물지 않고 독자적인 선서 편집 및 주해의 경지에 이르렀는데 1856년에 간행된 『각세신편팔감(覺世新編八鑑)』이 그러한 노력의 산물이다. 이 책은 『태상감응편』, 『문창제군음즐문』, 『관제보훈(關帝寶訓)』 등의 주요권선서에 대한 주석과 보충설명으로 구성되어 있다.

부로 소변을 보지 말라는 등 민간신앙에 관련된 금기도 포함하고 있다. 그 동안 종교적으로 해석되는 습속에 관한 부분도 도덕적으로 재구성했다고 말할 수 있다. 이밖에도 『공과신격(功過新格)』에서는 우물을 헐거나 더럽히지 말 것, 거름이나 쓰레기를 버리지 말 것, 오물을 우물에 던지지 말 것 등 구체적인 실천요목을 제시하고 있다.

이들의 내용은 명심보감과 함께 공을 쌓아야 건강장수하고 복을 받는다는 믿음을 형성해서 민간의 도덕관념에 영향을 미쳐왔다. 난해하지 않은 현세적이고 실천가능한 권선서는 민간대중에게 환영을 받아 조선후기 민간도교의 새로운 국면을 열었다. 이는 조선 후기에 일시 개화한 것이긴 하지만 유구한 역사를 통해 우리민족의 내면에 잠재됐던 권선징악적 윤리관념이 건강과 장수를 추구하는 도교적 정서와 결합해 표출된 것이라 말할 수 있다.

우리나라 역사에 끼친 도교의 영향

도교는 이들에게 지배이념에 대한 안티테제로 작용했다.
독선, 일방의 문화로 약해질 수 있는
한국문화의 건강성을 유지하는 데 일익을 담당했다.

도교가 우리나라의 역사 속에서 민생에 끼친 영향은 실로 크다. 도교는 주변성을 무기로 사상, 문학, 민간신앙, 양생법 등 다양한 차원으로 이 땅의 지식인들과 민중 속에 스며들었다.

도교는 이들에게 지배이념에 대한 안티테제(Antithese)[1]로 작용했다.

---

1) 반대 의견, 반대편, 반대 주장, 반정립, 반대 명제 등을 뜻하는 말이다. 정반합의 '반(反)'에 해당한다. 주로 변증법에서 논지를 전개시킬 때 이용되는 말로 일반적인 의미로 사용 될 때는 대상의 모순을 드러내기 위한 해당 명제의 역(逆)을 의미한다. 반대된다는 이유로 이를 단순히 현재 정해지지 않은 일에 대한 물음이나 추측, 자기나 상대편의 의사를 묻는 종결의미로 받아들이기 쉽지만, 그렇게 단순히 볼 수는 없는 개념이다. 좀 더 구체적, 철학적으로 얘기하자면, A라는 명제가 존재하는데 이것은 그냥 Thesis, 테제이다. 이 상황에서는 내재된 모순을 자각하지 못하는 상태인데, 안티테제는 이 모순을 드러내는 역할이다. 대상을 역으로 뒤집어 공격함으로서 그 내재하는 모순을 드러나게 해주는 것이다. 이것은 진테제(Synthese/Synthesis), 종합을 위한 과정으로서, 상호 충돌하면서 서로를 보완하는 것이다.

독선, 일방의 문화로 약해질 수 있는 한국문화의 건강성을 유지하는 데 일익을 담당했다.

다양한 도교적 현상의 공통된 중심 테마는 신선에 이르러 선계에서 자재(自在)하는 것이다. 이러한 신선과 선계에 대한 동경의식은 중국에서 도교가 전래하기 이전부터 우리 민족의 마음속에 깃들어 있다가 중국에서 신선사상이 전래한 후 융합된 것으로 보인다. 신선설화[2]는 지식층의 문학작품뿐 아니라 민간의 설화에 중요한 소재로 등장했다. 불로장생하고 조화력을 갖춘 신선이나 도사와 모든 차별과 원한이 해소된 평등한 선계는 민중들이 지향하는 이상사회의 모델로 작용했다.

도교는 생명력이 충일한 신선에 이르기 위해 다양한 양생법을 개발했다. 도교적 양생법은 한의학과 표리 관계를 이루며 건강을 지키기 위한 지혜의 역할을 담당했다. 이는 일상적 기거.진퇴의 요법과 섭생, 성생활, 각종 도인법[3] 등이 구체적 내용을 이루며 각종 민간

---

2) 신선(神仙)과 방사(方士) · 은사(隱士) 혹은 이와 관련된 방술(方術)에 관한 이야기다. 신선 사상은 본래 중국에서 발전된 장생불사(長生不死)의 사상으로, 중국에서는 겸선천하(兼善天下)의 유학사상과 독선기신(獨善其身)의 노장사상(老莊思想) 두 계통이 발달해 왔다. 이 가운데 신선사상은 노장사상에서 장생불사의 일면만을 강조하여 민간으로 전승됨에 따라 설화와 밀접한 관계를 갖게 되었다. 이 사상은 한말(漢末)에 이르러 여러 가지 의식을 갖추고 도교(道敎)로 발전되었으며, 외래 종교인 불교와 더불어 중국의 종교를 대표하였다. 우리나라에 신선사상이 전래된 것은 아주 오랜 옛날이며, 불교보다도 먼저 한문화(漢文化)와 함께 유입된 것으로 보인다. 중국에서는 신선을 이루는 도교가 하나의 종교로서, 도관(道觀)과 도사(道士)를 갖추어 불교와 양립할 수 있었다. 반면, 우리나라에서는 완벽한 종교 의식을 갖춘 불교에 흡수되어 종교로서의 도교의 기능은 발휘하지 못하였다. 오직 민간의 토속 신앙과 무격사상(巫覡思想) 속에 스며들어 혼합되었고, 따라서 민간 설화가 이 사상을 전승 발전시키는 데 중요한 구실을 하게 되었다.

3) 도인술이라고도 한다. 인간 활력의 근원은 체내의 기(氣)에 있다고 말

요법도 직접, 간접으로 도교적 양생법의 영향을 받았다.

도교적 신격에 대한 신앙은 무속을 비롯한 민간신앙에 큰 영향을 끼쳤다. 중국의 도교는 성립과정에서 민간신앙을 받아들였으므로 민간신앙은 대부분 도교에 수용됐다. 그러나 우리나라는 도교 교단이 성립하지 않았으므로 도교적 제신에 대한 신앙이 불교 및 민간신앙과 융합한 상태로 존재해 왔다. 이중 중요한 것으로는 옥황상제, 칠성, 조왕신앙, 관제신앙이 있다.

도교는 선신(善神)[4]에게 축원을 올리거나 삿된 신을 물리치기 위한 수많은 종교적 기법을 모색했다. 이중 특히 부적과 주문은 우리나라의 민간신앙에 많은 영향을 끼쳤다. 도교적 부적, 주문과 아울러 액을 면하고 삿된 신의 침범을 막는 도교적 습속도 다양하게 민속에 영향을 끼쳤다. 이중 가장 널리 확산된 것은 수경신(守庚申)으로 복과 장수를 비는 도교적 모티브를 잘 함축하고 있다.

하는 것이 도교의 근본 요체인데, 기가 없어지면 죽기 때문에 기의 확보가 강조된다. 도인법이란, 어떻게 하면 기를 몸 전체의 구석구석에까지 스며들게 하는가에 대한 수양법인데, 경혈마찰(經穴摩擦)·이기(理氣:호흡법)·조체단련(操體鍛鍊)·섭식(攝食) 등 사람의 일상생활에서의 언행·동작·식이(食餌)에 이르기까지 모두가 그 방법의 범주에 속한다. 그렇다고 아무렇게나 흉내만 낸다고 하여서 되는 것은 아니며, 어디까지나 심신의 수행(修行)이 따라야 한다. 그리고 이같은 수행방법에서는 의학적인 요소도 찾아볼 수 있다. 예컨대, 유정(遺精)을 다스리는 도인법으로는 한손으로 음두(陰頭)를 움켜쥐고 또 한손으로 배꼽의 좌우를 마찰하면 설정(泄精)을 멎게 하고, 하원(下元)을 보(補)한다고 말한다. 이 밖에도 도인에서 파생된 팔단금법(八段錦法)이 있고, 짐승의 동작을 본뜬 오금희(五禽戲) 등이 있다.

4) 선신은 인간의 입장에서 볼 때 도움을 주는 신이고 악신은 그 반대로 해를 주는 쪽이라 할 수 있다. 천국에 사는 신은 선신이고 지옥에 사는 신은 악신이며 지표상에는 양쪽 다 같이 살고 있다. 그러나 선과 악은 서로 상대적이지 절대적인 구별은 아니다. 때에 따라, 상대에 따라 선과 악이 바뀔 수도 있다. 대체로 선신들은 몸이 가볍고 이동이 자유로우며 자연의 색깔을 가지고 있다. 악신들은 몸속이 검은색이며 무겁고 따라서 이동과 자유스럽지 못한 경우가 많다.

도교가 민간의 삶에 영향을 끼친 분야로는 도교적 방술도 중요하다. 도교적 방술은 천지인 삼재(三才)가 유기적 관련성이 있다는 전제하에 천문, 풍수, 명리 등이 중요한 내용을 이룬다. 이들은 도교적 술수학이라고 볼 수도 있는데 무속과 함께 민간신앙의 큰 줄기를 형성하고 있다. 오늘날에는 기복적 동기에 가려진 합리적 요소를 적극적으로 재해석하려는 경향이 있어 결과가 주목된다.

권선서는 민간에 영향을 끼친 도교적 윤리관념을 파악하는데 요긴한 자료다. 선을 행하고 공을 쌓으면 장수와 행복을 얻는다는 소박한 믿음을 반영한 권선서는 인간의 죄복을 하늘에 고하지 못하게 하는 행사인 수경신 신앙과 밀접한 관련이 있다. 도교의 이상 인격인 신선은 보통 사람이 접근하기 어려운 목표이지만 권선서에서는 누구나 선행을 하면 가능하다고 말함으로써 또 다른 의미에서 신선사상의 대중화를 모색했다.

이외에도 도교가 민간의 삶에 끼친 영역은 다양하다. 그러나 독립적인 신앙이나 문화가 아니라 민간의 삶에 스며들어 있기 때문에 뚜렷한 모습을 찾기는 어려움이 있다. 특히 민속예술이나 전통과학에 끼친 도교적 영향도 상당할 것이나 잘 드러나지 않는다. 그럼에도 생활과 애환을 함께 해 왔다는 점은 부인하기 어렵다. 현세적이고 실천가능한 도교적 관념은 일상생활에서 많이 활용될 수 있다. 여러 영역에 남아 있는 구체적인 자취를 찾기 보다는 문화나 신앙의 한 요소로 발전시킨다면 각 분야에서 발전의 기폭제가 될 수 있을 것이다.

노자의 정치사상

노자는 '백성을 다스리기 어려운 것은 그 지혜가 많기 때문이다'라고 했는데
'지혜가 많다'는 것은 욕심이 많다는 것이며,
욕심이 많으면 다투게 되어 서로 위험에 빠지게 된다고 생각했다.

노자의 정치사상은 간단히 말해서 허무(虛無)[1]를 근간으로 임금이 도(道)의 정치를 펼쳐야 한다는 것이다. 허무를 통한 정치라는 것은 욕심이 없고 자연스럽게 이뤄지는 것을 말한다. 도의 정치를 하게 되면 임금이 덕(德)으로 회귀하게 되고, 민중들도 덕으로 회귀하도록 이끌게 된다는 것이다. 비록 내용은 유가의 효와 충과는 같지 않을지라도 사상을 구성하는 형식에 있어서는 결코 차이가 없다.

도를 체득하는 방법에서 노자는 '도는 늘 인위적인 작용을 거치지 않고 가공되지 않은 통나무와 같이 자연 상태의 순수 그대로이다(守樸).'라고 했다. 또한 '하나의 도를 얻을(得一) 때에는 자연스러

1) 노자 제23장 허무(虛無)에 나오는 말로 허무라 함은 영원한 무(無)가 처함을 말하는 것으로 논리적 상충하도 없으므로 생각의 틀이 있을 수 없으며, 무궁하고 지극한 우주적 기운이 현묘(玄妙)한 기운이 있을 뿐이라는 말이다.

워야 하고, 하늘은 그 도를 얻어 청명하고 땅은 편안하다.'고 했다. 여기서 '수박(守樸)'과 '득일(得一)'은 실제로 무욕(無慾)을 의미하는 것이다. 무는 무위(無爲)를 말함인데, 이를 통하여 민중들은 정치적인 간섭을 받지 않고 자신들의 문제를 스스로 해결할 수 있는 능력을 갖게 된다고 했다. 스스로 교화하고(自化), 스스로 바르게 되며(自正), 스스로 부유해지고(自富), 곧 스스로 모든 생활이 자연스럽게 이루어져야 한다는 것이다(自然). 정치사상에서 스스로 이룬다는 것은 오늘날 '스스로 다스려진다는 것(自治)'과 같은 의미다. 통치자가 인위적으로 다스림이 없고(無爲), 스스로 고요하기를 좋아하며(好靜), 문제의 발생이 없고(無事), 지나친 욕심을 부리지 않으면(無慾), '만물이 그렇게 되도록 돕게 돼 스스로 이뤄진다.'는 것이다. 이것은 당시의 자연스럽지 못한 통치가 민중들의 생명력을 위축시키고 능력을 발휘할 수 없게 하자 반작용으로 발생한 사상이라 추측한다.

그런데 노자가 말한 자연스러운 성질의 자치(自治)는 민중들이 스스로 문제 상황을 해결할 수 있도록 요구한다. 만일 민중들이 스스로 안락한 삶을 영위할 수 있는 능력을 갖지 못하면 떠나게 되고, 욕심을 다스리지 못하여 다투게 되고 허상을 좇게 되면 정치적 역량은 아무 쓸모가 없게 된다. 이것을 바로 잡기 위해 민중들이 자신의 덕으로 자연스럽게 되돌아가도록 돕는 것이 노자의 정치신념이다.

노자는 '도를 잘 실천하는 것은 도로 백성을 영악하게 만들지 않고 오히려 도로써 어리석게 만드는 것이다.'라고 했다. 수많은 사람들이 이를 두고 노자는 우민정책을 써서 민중들을 경시하고 조롱했다고 잘못 생각하기도 했다. 그러나 이것은 민중들이 지각은 부족하지만 욕심이 없는 것으로서 도를 체득하게 하고 그를 통하여 안전함을 획득하도록 한 것이다. 노자는 스스로 '어리석은 사람(愚人)'을 이상적인 경지로 삼았으며, 이것으로 백성들의 이상적인 생활의 본보기로 삼았다. 이것은 어리석은 민중(愚民)에게 자신이 수양하는 덕을 전사시킨 것이다. 이것은 민중을 자신처럼 여기고 조금이라도 그들을 경시하는 마음이 결코 없었다는 것이므로 백성을 오히려 존중했다는 뜻이다.

노자는 '백성을 다스리기 어려운 것은 그 지혜가 많기 때문이다.' 라고 했는데, '지혜가 많다'는 것은 욕심이 많다는 것이며, 욕심이 많으면 다투게 되어 서로 위험에 빠지게 된다고 생각했다. 그는 민중들이 나빠지게 되는 것은 모두 통치자의 나쁜 영향을 받은 결과이며 지혜가 많은 것 또한 통치자들의 나쁜 영향을 받은 결과라고 생각했다. 그래서 '지혜로써 나라를 다스리는 것은 나라를 망치는 일이요, 지혜로써 나라를 다스리지 않는 것은 그 나라의 복이다.'라고 했다. 지혜로써 나라를 다스리지 않는 것은 덕으로 다스린다는 것이며 민중들이 덕으로 되돌아가도록 돕는 것으로 '만물(物)의 근본으로 돌아간다(與物反矣).'고 했다. 근본으로 돌아간다는 것은 덕으로 돌아가는 것을 말한다.

노자는 '성인은 한결같은 마음으로 백성들의 뜻을 잘 살펴 헤아려야 한다.'고 했다. 착한 사람을 착하다 하고, 착하지 못한 사람이라도 착하게 만들어 칭찬해주는 것이 노자가 말하는 덕이다. 믿음이 있는 사람을 믿어 주고, 믿음이 없는 사람조차 믿어주는 것은 곧 덕이다.

백성들이 모두 정치에 관심을 가질 때 성인은 그들을 모두 순수함을 지닌 어린아이로 만든다고 했다. 성인의 무지(無知)는 곧 자기 자신을 드러내고 싶은 욕심이 없음(無己)이고 따라서 인위적으로 무엇을 이루려고 하는 마음이 없는 것이다(無常心). 자아를 중심으로 하는 인위적인 마음이 없기 때문에 백성의 마음을 자신의 마음으로 삼을 수 있다.

노자가 주장한 무지라는 것은 결코 흙덩이나 돌덩이 같이 무감각한 것이 아니다. 자아를 중심의 지각을 없앰으로써 자아와 백성간의 통로를 소통시켜 자기가 백성과 현묘하게 합일(玄同)하는 것이다.

통치자는 권세의 전횡으로 백성들을 압박하고 항상 허황된 말로 선행을 상주고 악행을 벌한다. 그러나 예로부터 지금까지 통치자의 입과 손에서 나오는 도덕 기준은 실제로 백성들의 입장에서 벗어난 통치자의 욕망에서 비롯된 좋고 나쁨일 뿐이어서 온갖 악의 근원이 되어 왔다.

오늘날 횡횡하는 국민을 무시하는 정치행태는 노자의 도의 정치사상을 통해서 바로잡으면 어떨까 생각해본다.

도교의 몸수련과 마음수련

도교수행의 가장 대표적 특징은 몸과 마음을 아울러 수행 한다는 입장, 즉 성명쌍수론 이라고 말할 수 있다.
이는 몸과 마음을 분리될 수 없는 전체로 보는 인간관에 바탕하고 있다.

현대사회는 산업사회에서 정보사회로 이행하면서 예측하기 어려운 불확실한 변화를 겪고 있다. 새로운 변화에 직면하여 이를 바르게 해석하면서 삶의 방향을 바르게 찾기 위해 세계관이나 문명의 새로운 틀을 모색하려는 움직임이 다양하게 일어나고 있다. 그 과정에서 동양적 세계관이나 가치관 등을 새롭게 검토하고 재인식하는 분위기도 보인다. 특히 도가사상은 유기체적 세계관, 자연주의적 삶의 태도, 정신적 자유의 추구, 개방적인 사유방식, 여성존중의 입장 등 다양한 측면에서 그 의미가 긍정적으로 부각될 만하다. 이는 현대사회의 병폐를 치료하고 바람직한 사회를 지향하는 데에 많은 부분 예지를 제공할 수 있다는 의미에서다.

도가사상에 대한 이러한 평가는 상당부분 도교수행에도 적용될 수 있으나 도교수행은 그와 다른 면도 있다. 도교수행에서 다양한 갈래가 있으나 공통된 지향방향을 중심으로 살펴보자.

도교수행은 기론적(氣論的) 세계관[1]이나 청정 무위의 삶과 태도 등 기본적 측면에서는 도가사상의 영향을 받았으나 독자적 측면도 포함하고 있다. 불사(不死)의 추구, 적극적 운명관, 구체적인 실천방법의 중시 등이 그것이다. 또한 도교수행은 그 성립과정에서 유교, 불교와의 사상적 교섭을 거치면서 유교적인 덕의 실천, 불교적 마음수행 등의 영향을 받았으므로 유교, 불교와 중첩된 부분이 있다. 따라서 도교수행의 전모를 말하려면 도가사상적 바탕뿐만 아니라 유교 및 불교와 공통된 부분까지 살펴봐야 하겠으나 여기서는 주로 도교수행의 고유한 특징적 측면에 대해서 생각해보기로 하겠다.

도교수행의 가장 대표적 특징은 몸과 마음을 아울러 수행한다는 입장, 즉 성명쌍수론(性命雙修論)[2]이라고 말할 수 있다. 이는 몸과 마음을 분리될 수 없는 전체로 보는 인간관에 바탕하고 있다. 도교

---

1) 중국 고대 <시경(詩經)> <서경(書經)> <역경(易經)> 등에서 단편적으로 나타나는 유물사상(唯物思想) 및 음양 5행(陰陽五行)에 바탕을 둔 기론적(氣論的) 세계관의 전통을 집대성한 자로서, 황종희(黃宗羲)·고염무(顧炎武)와 함께 명말 청초의 3대학자로 꼽힌다. 이(理)와 기(氣)의 관계에서 '이(理)가 있은 후에 기(氣)가 있다'라는 정주학파(程朱學派)의 사상을 비판하고 기(氣)를 세계의 실체로 보았다.
도(道)와 기(器)의 관계에서는 '천하는 오로지 기(器)임(天下惟器)'을 내세워 세계에는 구체적인 사물만이 존재함을 강조했다. 즉 도(道: 규율)는 기(器)의 도일 뿐, 기(器)가 도의 기(器)라고 할 수는 없다는 것이다. 이로써 규율이 사물을 초월한다고 본 정주학파의 유심주의 관점을 배척했다. 지행(知行)의 문제에서는 주희(朱熹)·육구연(陸九淵)의 지선행후설(知先行後說)을 비판하고, 지와 행은 서로 의지하며 각자 구별이 있음을 주장했다. 그는 행은 지를 포함하나, 지는 행을 대체할 수 없다고 했다. 또한 행은 지의 효과를 얻을 수 있으나, 지는 행의 효과를 얻을 수 없다고 하여 행은 지의 기초가 된다고 보았다.
2) 성명쌍수론은 송대 이후에 형성된 도교사상으로 정신적인 성(性)과 육체적인 명(命)을 함께 닦자는 주장이다. 그동안 선불교는 성 공부에 치우친 나머지 명 공부를 외명하는 경향이 있었고, 반대로 도교는 명 공부에 치우쳐 성 공부를 소홀히 한 경향이 있었다.

수행의 기본구도가 형성된 한대(漢代)에는 원기(元氣)의 작용에 의해 우주만물이 생성된다는 관점이 일반적이었다. 원기론적 세계관[3]에 의하면 인간의 몸과 마음은 모두 원기의 작용에 의한 산물로 설명된다.

인간을 몸과 마음으로 나눌 경우 이에 대비되는 도교적 개념은 형신(形神)이며 후에는 명(命)과 성(性)이란 개념으로 발전했다. 형과 신의 관계에 대한 관점이 정립되지 않은 초기에는 형과 신의 두 요소로 인간이 구성됐다는 견해만 보인다. 점차 원기론적(元氣論的) 세계관이 체계화되면서 기에 의해 양자의 관계를 설명하게 된다. 이에 의하면 형은 기가 모여 응결된 것으로 파악된다.

기가 모여 형을 이루면 각각의 형에 적합한 일정한 정신작용이나 기능을 발휘한다. 이를 보통 신(神)이라 부른다. 인간의 정신작용은 인간이란 형태에서 유래된 특수한 작용, 또는 기능이라고 말할 수 있다. 인간이 만물의 영장으로서 다른 존재와 달리 명철한 지혜와 능력을 지니는 것은 인간을 이루는 기가 가장 탁월하기 때문이다. 인간과는 다른 존재들은 치우치고 부족한 기를 받았다면 인간은 천지의 중화지기(中和之氣)[4]를 받았다고 보는 것이다.

인간이 형신(形神: 몸과 마음)의 통합체이기 때문에 형과 신이 분리되지 않도록 통합성을 유지하는 것이 실천수행에서 긴요하다. 이

3) 도교수행의 기본구도가 형성된 한대(漢代)에는 원기(元氣)의 작용에 의해 우주만물이 생성된다는 관점이 일반화되어 있었다. 원기론적 세계관에 의하면 인간의 몸과 마음은 모두 원기의 작용에 의한 산물로 설명된다. 인간이 형신(形神: 즉 몸과 마음)의 통합체이기 때문에 형과 신이 분리되지 않도록 통합성을 유지하는 것이 실천수행에서 긴요하다. 이에 초기도교에서는 육체적 생명의 보전(養形)과 마음의 보전(養神)이 아울러 이루어져야 한다고 강조하였다.

4) 德成(덕성)이 바르고 곧아 過不及(과불급)이 없는, 아주 和平(화평)한 氣象(기상)를 말한다.

에 초기 도교에서는 육체적 생명의 보전(養形)과 마음의 보전(養神)이 아울러 이뤄져야 한다고 강조했다. 당말(唐末) 이후부터는 형의 측면을 명(命), 신의 측면을 성(性)이라 하여 양자를 아울러 닦는다는 의미에서 성명쌍수(性命雙修)라는 개념이 대두됐다. 성명쌍수론은 특히 명심견성(明心見性)을 강조하는 불교적 심성수양을 상당 부분 수용해서 성립됐다. 성명쌍수론에 의하면 정신적 수련(性功)만 치중하고 몸의 단련(命功)이 없으면 관념적 초월에 그쳐 진정한 조화력을 얻을 수 없고 몸의 단련에만 치우치고 정신의 각성이 없으면 참된 해탈을 이룰 수 없다고 한다. 이중 명공은 인체 내의 수화이기(水火二氣: 陰陽二氣)[5]를 단련해서 몸 안에 금단(金丹)을 형성하는 것을 의미하고, 성공(性功)은 명심견성의 공부를 통한 정신의 수양을 말한다. 두 측면은 선후를 논할 수 없으나 편의상 어느 것에 먼저 중점을 두느냐에 따라 방법론상의 차이는 있을 수 있다.

그러나 몸과 마음 자체가 전혀 다른 차원의 존재가 아닌 만큼 연속적인 체계를 통해 파악할 수도 있다. 이 경우 인간의 생명요소를

---

5) 주역 팔괘에서 감괘나 리괘는 인체내의 수화이기를 상징하므로, 도교적 수행을 대표하는 것은 역시 내단사상으로서 이중에서도 몸안의 수화이기(水火二氣)의 만남을 통해 금단을 제련한다는 『참동계(參同契)』류와 체내신(體內神)에 대한 내적 존사법(存思法)을 통해 정기를 보존하는 『황정경(黃庭經)』류로 구분된다. 두 가지 역시 송대 이후에는 종합되는 경향도 있는 등 명확한 흐름을 파악하기가 쉽지 않다. 이중에서 우리에게 알려진 주류는 참동계류로서 송대 장백단(張伯端, 987~1082))의 『오진편(悟眞篇)』에서 이를 환기시켜 수련방법을 정비한 후로 오늘에 이르고 있다. 장백단류의 내단사상에서는 도로부터 음양이 분화되고 선천에서 후천으로 변화하는 과정이 '순(順)'이며 음양으로부터 도를 찾으며 후천에서 선천으로 소급하여 돌아가는 것이 '역(逆)'의 과정이라고 본다. 내단수련은 유한한 후천에서 선천으로 돌이키는 도이므로 선천대도(先天大道)라고 말한다.

정(精)·기(氣)·신(神)이라는 세 가지 양태로 구분해 정을 단련해서 기로 변화시킴(煉精化氣)[6]이라는 단계로 설명하는 것이 가장 일반적이다.

'연정화기', '연기화신', '연신환허'의 삼관(三關)을 통해 인체의 조잡한 기를 정묘한 기로 변화시켜 도와의 합일을 실현한다. 이 삼자는 서로 융통하면서 상호 전화(轉化)가 가능하다고 그 과정을 집약할 수 있다. 이중 연정과 연기의 과정은 주로 몸의 수련에, 연신 이후의 과정은 마음의 수련에 중점이 두어져 있다. 이 과정을 통해 보통의 몸을 새로운 몸으로 탈바꿈하고 이에 상응해서 선천의 본성을 함양하자는 것이다. 수련을 통해 몸과 마음 모두 근본적 변화를 이룬다는 것이 도교수행의 특징이다.

---

6) 정신과 육체의 조화 있는 수련은 기공에서도 극히 필요하며, 정이 축적되면 기가 발생된다. 그리고 기가 쌓이면 의식의 집중으로 기를 운행시켜서 계속되는 의식 단련으로 몸 안 구석구석을 운기하여 허를 모두 없애는 체계가 바로 명과 성에 해당되는 것이다. 정(精)은 선천정(先天精)과 후천정(後天精)으로 나뉜다. 선천정은 태어나기 이전에 보유한 것, 후천정은 태어난 후에 새로이 생성된 것이다. 그러므로 선수련의 첫 시작이 이러한 정(精)을 단련함[煉精化氣]에 있고, 그 시작을 위한 준비작업으로서 우선 정(精)을 충분히 생산·확보해야 하는 것이다.

도교의 주체적 운명관

인간의 운명, 그 중에서도 삶과 죽음이 하늘에 달려 있지 않고
인간에 달려 있다는 관점도 도교수행을 뒷받침하는 중요한 신념이다.

인간의 운명, 그 중에서도 삶과 죽음이 하늘에 달려있지 않고 인간에 달려있다는 관점도 도교수행을 뒷받침하는 중요한 신념이다. 이러한 관점은 '생사에 천명이 있고 부귀가 하늘에 달려 있다.'는 유가적 시각과 대비된다. 유가에서는 죽음을 피할 수 없는 천명으로 받아들인다. 성인도 어찌할 수 없는 객관적 제약에 대해서는 이를 달게 받고 도덕적 의리의 실현을 통해 이를 주체적으로 극복하라는 입장을(樂天知命)을 권한다. 그러나 도교사상에서는 생사에 관련된 수명에 관해서 어떤 주재자의 개입을 인정하지 않고 인간의 능동적 가능성을 높이 평가하는 것이다.

이러한 적극적인 관점은 신선사상을 이론적으로 집대성한 갈홍(葛洪, 283~363)의 『포박자(抱朴子)』[1], 「황백편(黃白篇)」에서 '나의 수명

1) 포박자는 내외 편(內外 篇)으로 구분되는데, 내편은 20권으로 신선술

은 나에게 달린 것이며 천지에 달려 있지 않으니 금단을 제조하면 억만년을 누릴 수 있다.'라고 한 것이다. 또한 인간은 명철한 지혜를 지니고 있으므로 그 능력을 제대로 발휘한다면 하늘도 어찌할 수 없다고 강조한다.

초기 도교의 중용경전인 『태평경(太平經)』에서도 '인명이 가까이 너 자신에게 달려있는데 어찌 가슴을 두드리며 하늘에 호소하는가?' 라고 말한다. 사람들은 보통 질병이나 죽음을 하늘의 뜻으로 파악하고 그 책임을 하늘로 돌리지만 이것은 옳지 못한 태도로 보는 것이다. 질병과 죽음은 인간이 스스로의 몸을 제대로 관리하지 못한데서 초래된 결과일 뿐이다. 스스로 바르게 몸을 기르지 못하면서 하늘에 기도하거나 원망하는 것은 바람직하지 못하다는 것이다. 이와 관련하여 사람이 도를 지키지 못한 것일 뿐 도가 사람을 버린 것은 아니라는 언급도 보인다.

이러한 적극적 운명관은 『음부경(陰符經)』[2]의 '하늘의 도를 파악하여 그에 따르는 행위를 하면 구경의 경지이며 오행이 마음에 있으므로 이를 하늘에 베풀어 행하면 우주가 손안에 있고 모든 조화가 몸에 갖춰진다.'라는 내용에서도 발견된다. 여기서 하늘의 도는 보통 음양오행의 도로 풀이된다. 오행의 도가 마음에 달려 있으므로

에 대한 체계적인 이론을 세워 도교를 종교로 성립시키는데 가장 중요한 저서가 되고, 외편은 52권으로 인간생활에 대한 광범위한 언급을 한 것으로 보아 오히려 유가 이론에 가깝다.

2) 『황제음부경(黃帝陰符經)』이라고도 하며, 황제가 지은 것으로 되어 있으나 사실은 그렇지 않은 것이 정설이다. 도교의 확립자 북위(北魏) 때 구겸지(寇謙之)가 지어 후세에 전했던 것을 당대의 이전(李筌)이 숭산(崇山)의 석실에서 발견했다고도 하나 이에 대한 확실한 증거도 없다. 전반적인 내용은 음양오행 등 도가사상을 위주로 하면서도 종횡가(縱橫家) 및 병가(兵家)의 사상도 나타나고 있다. 문장은 간결하며 깊은 뜻이 담겨 있어서 이해하기 어렵다.

이를 우주에 베풀어 활용하면 무궁한 묘용이 나온다는 것이다. 『음부경』에서는 또 사람이 우주의 법칙을 파악하여 능동적으로 자신의 운명을 개척해 나가는 것을 '훔친다(盜)'라고 인상적으로 표현한다. 이 또한 인간이 만물을 주체적으로 활용할 수 있다는 의미이다. 이러한 태도에 대해 '인간이 자연과 신성의 구속을 벗어나 천지와 나란히 하고 만물과 하나가 되는 기개'라고 평가하는 견해가 있다.

이처럼 주체적 입장을 견지하기 때문에 민간도교의 기복적 경향을 제외하면 도교수행은 대체로 자력적 수행의 경향을 지닌다. 주문, 부적, 기도, 약물 등 인체 외의 타력적(他力的)[3] 힘을 빌리더라도 이는 보조적 수단일 뿐 궁극적으로는 내부의 원기를 회복하는 자력적 수행이 긴요하게 된다. 외부의 힘을 빌리는 주술적 방법을 쓰더라도 인간이 이를 주체적으로 활용하는 데에 중점을 두고 있다.

이는 소급해 올라가면 순자(荀子, B.C.325~238)의 인본주의적 관점과 적극적 운명론으로 연결된다. 인간은 하늘의 도를 주체적으로 활용할 능력이 있으며 운명을 개척할 수 있다는 것이다. 순자는 인문세계의 건설과 장수(長壽)의 가능성 등 여러 영역에서 그 가능성을 열어놓으면서도 유학적 입장에서 문화세계의 건설에 역점을 뒀다. 대신 도교사상은 장수와 죽음의 극복에 더 무게를 두어 적극적 수행론으로 발전시킨 것이다.

현대를 표현하는 여러 가지 개념 중에는 합리주의와 이성적 도구

3) 타력적 방법은 자신의 의지에 관계없이 신명에 의해 이루어진다. '사람마다 그 닦은 바의 기국(器局)에 따라 그 사람의 임무를 감당할 신명의 호위를 받는다. 신명은 수행하는 사람의 체질과 성격을 고쳐, 약자(弱者)는 강자(强者)로, 병든 자는 건강한 자로, 가난한 자는 부자(富者)로, 천(賤)한 자는 귀(貴)한 자로, 어리석은 자는 지혜로운 자로 개조할 수 있다는 수행의 수단을 말한다.

화가 있다. 그러나 고도로 발달된 문명권 안에 있는 현대인들은 문명이 발달할수록 인간의 가치와 인권이 상실된다고 느끼고 있다. 인격의 주체인 개인은 거대한 사회의 한 일원으로 소외되고 만다. 이 현상은 기계처럼 돌아가는 사회구조 속에 인간은 한낱 부품에 지나지 않는다는 자괴감이 들게 하였다. 현대인들은 탈출을 꾀하지만 결과는 실패의 연속이다. 일탈현상은 탈출에 성공하지 못한 자들의 자기 구원적 방법의 표현이다. 그러므로 판타지는 쉬지 않고 사람들 속에서 새롭게 변형된다. 이미지가 점점 과격하게 되고, 신비적인 경향을 띠는 것은 그만큼 현대인들의 내적 공허감이 크다는 것을 일러준다.

브로허(T. Brocher)[4]는 이러한 현상을 '실망'이라고 설명한다. 즉 현대인들이 주술적 경향에 속수무책으로 빨려드는 이유는 기술적이고 과학적인 시대에 바랐던 기대감이 붕괴되었기 때문이라는 것이다. 그러나 이럴 때일수록 자신의 신념과 주체적 운명관을 가지고 이를 극복하기 위해 노력한다면 자신의 인생을 개척할 수 있다는 도교의 주체적 운명관이 주목받고 있는 시대임을 새삼 느끼게 된다.

---

4) Kernberg, O. Severe personnality disorder, New Haven: Yale University, 1984, p.45.

노자의 통치철학

'좋은 사람은 좋지 못한 사람의 스승이며, 좋지 못한 사람은 좋은 사람의 거울이다'라고 했는데, 여기서 '사'와 '자' 두 글자는 사실 같은 뜻이다

노자는 그의 통치철학에서 도 · 덕 · 선을 강조했다. 그가 말한 덕선(德善)[1]은 덕으로 절묘하게 동화된 선을 뜻하고, 덕신(德信)은 덕에 의해 절묘하게 합일된 신을 뜻한다. 다시 말해서 일체 민중의 생활 형태에 대해 모두 덕의 표현이라고 인정하고, 평등하다고 긍정한 것임을 뜻한다. 이와 같은즉 형벌과 상을 베푸는 것이 없고 통치

---

1) "聖人無常心以百姓之心爲心 善者吾善之 不善者吾亦善之 德善矣 信者吾信之 不信者吾亦信之 德信矣 聖人在天下 歙歙焉爲天下渾其心 百姓皆注其耳目 聖人皆孩之성인은 어떠한 신념 따위도 갖지 않고 백성의 마음을 위해서 자기의 마음으로 삼는다. 그래서 선한 것은 성인을 선하게 하고 선하지 않은 것도 성인을 또한 선하게 한다. 이것이 덕의 신이다. 그리고 다시 신실한 것은 성인을 신실하게 하고, 신실하지 못한 것은 역시 성인을 신실하게 한다. 이것이 덕의 신실함이다. 성인이 천하에 있으면, 성인은 아무것도 가지려고 하지 않는 마음으로 천하를 위하여 그 마음을 다 쏟아 붓는다. 그래서 백성은 모두 성인의 이목을 주시하게 되고, 성인은 모든 백성을 어린아이와 같이 순수하고 맑게 한다.", 노자, 『도덕경』 제49장.

자들의 해독은 뿌리까지도 뽑아 버릴 수 있다.

그런데 여기서 하나의 전제 조건, 즉 백성은 응당 덕으로부터 부여된 자연 속에 있어야지 자연을 돌파하거나 서로 경쟁하고 상해를 입혀서는 안 된다는 조건이 있다. 백성들이 자연을 돌파한다는 것은 그들 스스로 눈과 귀의 밝음을 사용하는 것이기 때문에 '백성이 모두 귀와 눈을 곤두세울 때 성인은 그들을 모두 어린아이로 만든다'고 하였다. 이른바 어린아이로 만든다는 것은 그들로 하여금 삶의 본질인 덕을 받은 상태로 돌아가게 하는 것인데, 이와 같으면 민중들의 생활은 다만 형태의 차이만 있을 뿐 근본적으로 이른바 선(善)·불선(不善)·신(信)·불신(不信)의 다름은 없다.

성인이 모두 그들을 어린아이로 만드는 방법은 역시 성인 스스로 하나를 안고(抱一) 자연 그대로를 지켜(守樸) 백성들에게 근심을 주지 않는 것, 즉 지어서 함이 없이(無爲) 다스리는 것뿐이다.

그러나 성인이 통치자의 지위에 있게 되어 비록 무위함으로써 최상의 규칙으로 삼을지라도 사실 전혀 아무 일도 하지 않고 지낼 수는 없다. 이른바 무위를 행한다는 것은 행하기는 하지만 지어서 하지는 않는다는 뜻이다. 그것은 백성들이 스스로 그것을 하지만 일찍이 자기의 의지로 하는 것은 아니다. 이것은 천하를 다스릴 때 자기의 의지를 힘껏 제거하고 자기의 의지가 뻗어 나가 주(主)가 되지 못하게 하는 것을 묘사한 것으로 마치 사람들이 화를 안으로 가라앉혀 들이는 것과 같다. 이런 무위를 행함(爲無爲)의 행함(爲)을 노자는 또 부득이한 경우일 뿐이다(不得已)라고 묘사했다.

성인이 부득이한 상황에서 작위(作爲)해야 될 때 이것이 '만물의 스스로 그러함을 돕는다(輔萬物之自然).'의 도움이다. 왜냐하면 성인은 이미 백성과 절묘한 동화가 됐으므로 스스로 백성보다 위로 초월해 나오려고 생각할 리는 결코 없기 때문이다. 그러나 실제적인 면에 있어서는 성인이 백성보다 자각의 과정이 많아서 백성보다 뛰어날 수 있는데, 왜냐하면 성인이 백성들에 대해 무위로 다스리는 것은 백성들에 대해 배려하지 않는 것과는 결코 같지 않고, 그래서 여전히 백성의 부족한 점을 도우려 하기 때문이다. 도움은 곧 구조의 구(救)이다. 그러나 성인이 백성을 구조하는 것은 다만 백성의 덕에 기인하여 그 덕을 이루는 것일 뿐 작위하는 것으로써 백성의 덕을 대신해 갈 필요는 없다.

사람들은 모두 그 덕을 갖고 있어 모두 그 덕을 이룰 수 있고 달리 버릴 만한 사람은 하나도 없다. 그러므로 성인은 늘 사람을 잘 구제하고 따라서 아무도 버리지 않으며, 늘 사물을 잘 살려 쓰고 아무것도 버리지 않으니 이것을 일컬어 습명(襲明)[2]이라고 한다. 습은 인습이고, 습명은 습덕(襲德)[3]과 같은데, 그 덕의 밝은 바에 의해 그것을 밝게 하고 그를 대신하여 표준을 세우지 않고 재능에 맞게 배치하기에 사람들은 각기 그 덕을 만족해 할 수 있고 각기 그 하는 바를 얻을 수 있게 된다.

선(善)과 불선(不善)은 노자철학의 상대적인 개념이다. '좋은 사람은 좋지 못한 사람의 스승(師)이며, 좋지 못한 사람은 좋은 사람의 거울(資)이다.'라고 했는데, 여기서 '사'와 '자' 두 글자는 사실 같은 뜻이다. 이 두 구는 단지 세속에서 말하는 좋은 사람이나 좋지 못한 사람은 결코 절대적인 표준이 아니라 서로서로 스승과 거울이 될 수 있음을 말했을 뿐이며, 서로서로 스승과 거울이 된즉 평등으로

2) 밝음을 간직한다는 의미이다.
3) 덕을 간직한다는 의미로, 덕을 실천한다는 의미를 포함하고 있다.

귀결된다. 이것은 노자의 통치 사상 중 모두 가장 근본이 되는 사상이다. 노자와 유가는 똑같이 인성(人性, 노자는 이것을 덕이라 함)에 대한 신뢰에 기초하고, 그로써 정치적인 면에 확대하여 민중에 대한 신뢰를 삼았으므로 양가의 정치사상은 모두 민중을 주체로 했음을 알 수 있다.

도덕경에는 비록 성이라는 글자가 없고, 더욱이 성선(性善) 관념[4]이 없지만, 그가 말한 덕은 이미 후에 말하는 성과 같다. 그리고 덕은 도와 일체여서, 그는 실제로도 인간의 본성은 선하다고 인정한 것이다. 그가 말한 도와 덕의 내용은 유가, 더 나아가서는 춘추시대 일반의 현명한 사대부들이 말한 도와 덕의 내용과는 같지 않기 때문에 그가 말한 선 또한 일반인들이 말한 것과 같지 않다. 그는 이 같지 않은 점을 나타내기 위해서 춘추 시대에 유행된 상(上)에 의거해서 그 자신의 것을 '상선(上善)', 또는 '상덕(上德)'이라 칭했다. 그러나 내용은 비록 다를지라도 결코 노자의 이른바 도, 덕, 선 등을 일컬어 악이라고 할 수 있을 정도로 다르지는 않다.

동시에 유가·도가 양가가 그들 스스로 믿는 본성(性)·덕의 선을 민중들에게 확대시킬 수 있었던 원인은 모두 진정한 자애(慈)와 인(仁)을 그 추진력을 삼았기 때문이다. 도덕경 78장에서 '나라의 더러움(垢)을 한 몸에 지녀야 그 땅과 곡식의 주인(社稷)이라 이른다.'고 했는데, 자애롭고(慈) 어진(仁) 마음을 갖지 않고서 누가 나라의 더

---

4) 성선설은 맹자가 주장한 도덕설의 중심이념을 이루는 것으로, 성(性)은 선한 것이며, 그러기 때문에 측은(惻隱), 수오(羞惡), 사양(辭讓), 시비(是非) 등의 마음을 지니고 있다. 이것은 각각 인(仁), 의(義), 예(禮), 지(智의 사단(四端)인 것이며 사람은 사단을 가지고 있는 것이다. 단(端)이라 함은 선이 발생할 가능성을 가진 시초를 말하는 것이다. 그러나 맹자는 이에 대하여 상세하고 논리적인 설명을 하지 않았으며 또 악의 기원에 대한 설명을 하지 못하였다.

러움을 한 몸에 지닐 수 있겠는가? '한 개의 털을 뽑아 천하를 이롭게 한다 하더라도 하지 않겠다.'는 양자(楊子)[5]의 위아(爲我)[6]는 사실 노자의 가르침을 진정으로 전승할 수 없었고 샛길로 빠진 것이라고 단언할 수 있다.

한비(韓非)[7]는 비록 대부분 노자의 말을 많이 이끌어 장식해서 자신의 이론을 세웠지만, 이것 또한 많은 전제주의자들이 늘 공자의 말을 이끌어 장식해서 자신들의 이론을 세운 것과 같은 것으로 실제 노자와는 본질적으로 구분된다. 사마천(司馬遷)은 노자한비열전(老子韓非列傳)에서 '한비자는 엄격한 법률로 마치 먹줄을 치듯이 실제 상황에 꼭 맞추어 옳고 그름을 분명히 할 것을 주장했다. 궁극적으로는 참혹하고 은혜로움이 적었으며, 모두 도덕의 정신에 근원을 두고 있다.'고 칭찬했다. 서한 초기 황노(黃老)의 문인(學徒)과 법가(法家)가 상호·부합했던 정치 국면이어서 양가의 근본적인 이론까지는 탐구할 수 없었던 것이다.

---

5) 전국시대 초기 도가의 인물로, 본명이 양주(楊朱)이고 자는 자거(자거(子居)인데 위나라 사람이다. 양자는 극단적인 이기주의와 쾌락주의를 주장하였다. "털 한 올을 뽑아 천하가 이롭게 된다 하더라도 나를 위한 것이 아니라면 그렇게 하지 않겠다(拔一毛而利天下不爲)."라는 그의 주장을 맹자의 성선설, 순자의 성악설에 비유해 '위아설(爲我設)'이라고 한다.

6) 위아(爲我)자기 (自己)의 이익(利益)만을 생각하여 행동(行動)함을 말한다.

7) 한비(韓, B.C.280?~B.C.233)는 법가(法家)의 사상을 집대성한 중국 전국시대 말기의 정치사상가이다. 진의 시황제는 한비의 고분(孤憤), 오두의 논설을 보고 "이 사람과 교유할 수 있다면 죽어도 한이 없겠다."고까지 감탄하기도 했다. 남긴 저서에 『한비자(韓非子)』가 있다.

장자의 만물관

장자에게는 만물과 내가 하나가 되는 것이 '질적'으로 나와 하나가 되는 것이었다.
만물을 널리 사랑하라고 하지 않았지만 자연스럽게
만물과 함께 호흡하므로 사랑하지 않으려 해도
사랑하게 되는 것이다.

도가에서 노자와 더불어 빼놓을 수 없는 인물이 장자다. 장자는 노자의 견해를 더욱 발전시켰지만 두 사람의 견해는 닮은 점도 많지만 다른 점도 있다. 장자의 견해와 노자의 견해를 구분해 보면 첫째, 노자의 우주론은 인간이 살아가는 행위와 태도의 모범을 세우기 위해 구성하고 건립된 것이다. 그가 언급한 '도(道)'·'무(無)'·'천(天)'·'유(有)' 등의 관념은 주로 형이상학적(形而上學的)[1]이고,

---

1) 모든 학문의 기초를 다진 아리스토텔레스가 "제1의 철학"이라 일컬은 학문 장르의 강의록 노트를 편집하여 간행한 것이 「형이상학」(전 4세기)이다. 노트 편집에 즈음하여 자연학(phisica) 뒤(meta)에 놓였기 때문에 표제가 '메타피지카(metaphisica)'가 되었고, 동양의 한자권에서 '형이상학'으로 번역되었다. 한자권에서 '형이상학(形而上學)'이라 일컫는 이유는 '메타'라는 낱말에 '형체가 있는 모든 것을 초월하였다'는 의미가 있기 때문이다. 중국 「역경(易經)」에 "형이하는 그릇(물질)을 가리키는 반면, 형이상은 이를 도(道)라 일컫는다."는 구절이 있다.

객관적 존재라고 하는 편이 좋다. 사람들은 오직 자기의 이러한 객관적 존재를 향한 관조와 관찰을 통해서만 생활하는 행위와 태도의 근거를 얻는다. 이것은 아래서 위로 향하는 외재적인 연결이다.

그러나 장자에 이르러서는 우주론적 의의가 점점 아래로 내려오고 안으로 수렴돼 인생의 내재적인 정신 경지를 이루는 것이 두드러지게 나타난다. 위에서 아래로 내려오고, 밖에서 안으로 수렴되는 것은 중국 사상 발전의 거의 일반적인 성격이다. 유가가 그렇고 훗날의 불교도 그렇다. 바꾸어 말해서, 중국 사상은 철저히 인간을 중심으로 발전됐으니, 반드시 모든 것을 사람의 신체로 해소하고 귀납시키며(消納) 다시 인간의 신체로부터 밖으로, 위로 전개해 나간다.

둘째, 노자의 목적은 변화(變)하며 움직이면서 하나의 영구불변한 도(常道)를 찾아내서 인생의 안전한 입각점을 삼는 것이었다. 변화는 항상 거리를 유지하는 것을 안전을 기하는(策) 방법으로 여겼다. 변화는 어떤 상황이 절정(高峯)까지 발전했을 때의 필연적인 결과로 나타나므로 노자는 항상 절정에서 뒤로 물러나서 절정을 따라 굴러 떨어지는 것을 예방했다. '남성의 강함을 쓸 수 있으면서도 여성적인 유약함을 지키고(知其雄 守其雌)', '밝게 알면서도 혼돈적인 유현함을 지키며(知其白 守其黑)', '현세의 영예를 누릴 수 있으면서도 도리어 굴욕됨을 지킨다(知其榮 守其辱).' 등은 모두 이런 뜻이다. 생활면에서 이를 구체화하면, '잘 성취된 것은 덜된 것 같고 가장 알찬 것은 마치 빈 것 같으며 가장 곧은 것은 마치 굽은 것 같고, 최대의 기교는 마치 졸렬한 것 같고, 최고의 웅변은 마치 말더듬이 같다'[2)]라는 태도를 굳게 지켜 나간다.

2) "大成若缺 大盈若沖 大直若屈 大巧若拙 大辯若訥", 노자, 『도덕경』 제45장.

노자의 이런 태도는 여전히 일정한 바른 궤도가 있어 좇을 수 있다. 그러나 장자가 생존하던 시대에는 세상이 더욱 극렬하게 변했기 때문에, 사람들의 자연과 인생에 대한 관찰과 체득도 노자가 살던 시대보다 더 깊이가 있었다. 장자는 일체의 모든 것이 시시각각으로 '변화하고(變)' 있다고 느꼈는데, 그의 이런 느낌은 '움직여서 변화하지 않는 것이 없고, 일순간이라도 옮겨가지 않는 것이 없다.'[3]라는 구절에서 엿볼 수 있다. 그래서 장자는 변화와 거리를 유지하는 노자의 방법은 철저하지 못하거나 불가능하다고 여겼으며, 온갖 변화의 흐름에 몸을 맡겨 변화와 서로 깊이 합일함으로서 심신의 큰 자유와 큰 안락함(自在)을 얻게 된다고 주장했다.

장자는 이로부터 노자가 일찍이 이르지 못한 인생의 경지, 가령 '망(忘)'[4]·'물화(物化)'[5]·'독화(獨化:독은 절대 자유의 정신 경지)'[6] 등의 개념으로 표징된 경지를 제시하며 '드넓게 활짝 열어 놓고 깊숙이 시원스레 뻗어 나간다.'[7]는 사상 구조를 구성했다. 그러므로 「천하편」에서 장자의 사상을 서술할 때, 먼저 '황홀하고 적

---

3) "無動而不變 無時而不移", 장자, 『장자』 외편, 추수편 8절.

4) 망각의 긍정적 역할이며, 다른 하나는 몸·생사·세계 변화를 일기(一氣)의 운행으로 통찰함으로써 운명에 긍정적으로 대처하는 '기 통하는 인간'의 가능성이다.

5) 물화는 나를 잃어 대상과 하나가 되는 것이다. 이는 꿈과 같이 허망한 나의 생각을 고집하지 않고 상대의 생각을 따르니 다툼 없이 평화롭고, 상대를 유익하게 하니 상대가 나에게 귀의하고 나를 존경하여 드높이는 것이다.

6) 독은 절대 자유의 정신 경지로, 홀로 신을 이룬다는 것은 불안전함에 대한 정면 도전이다. 모든 존재는 암컷이든 수컷이든 그 자체로서 원래 완전하며, 따라서 자신 안에 이미 양과 음이 모두 갖추어져 있다는 선언이 '독화'였던 것이다. 즉 자기 안에 갖추어진 양과 음의 하나 됨을 통해 자신을 보다 새로운 존재로 거듭날 수 있다는 것이 독화였으며 이것은 인류 역사상 가장 위대한 자아 혁명이었던 것이다. 이는 초월 신으로서 존재자체(무, 도, 허, 공)를 넘어선다는 의미다.

7) "宏大而辟 深閎而肆", 장자, 『장자』 「천하편」.

막해서 형체가 없고, 물과 함께 변화하면서 일정한 모습이 없다.'[8] 는 말을 했다. 그러나 그의 사상의 출발점과 골간은 역시 노자의 사상에서 나온 것이다. 그러므로 장자의 사상이 노자의 사상을 진일보해서 발전시킨 것이라는 점이 분명히 밝혀지지 않으면 장자 사상의 진위를 파악할 수 없을 것이다.

또한 어떤 사람들은 「천하편」에서 전병(田駢)[9]과 신도(愼到)[10]는 '만물을 같은 것이라고 보면서 차별하지 않음을 첫째로 한다(齊萬物以爲首).' 및 '지혜를 버리고 자기를 떠난다(棄知去己).'라고 한 말에 근거해서, 현존하는 『장자(壯者)』 책의 많은 부분, 특히 그 중 '제물론(齊物論)'은 대부분 신도 무리의 사상이거나 작품이라고 생각했다. 이것은 글자 모양만 보고 제멋대로 의미를 풀어내는 논증방식이다. 실제로 그들의 사상적인 내용과는 천양지차다.

장자와 같은 시대 사람으로 그와 두터운 우정을 나누고 많은 변론을 한 이로는 단연 혜시(惠施)[11]를 꼽을 수 있다. 그 당시 변론가들은 크게 '합동이(合同異)'와 '이견백(離堅白)'[12] 두 파로 나뉜

---

8) "物漠無形 變化無常", 『장자』 「천하편」.

9) 전병(田駢)은 제(齊)나라 사람으로 귀제설(貴齊說: 만물평등)을 주장하였다.

10) 신도(기원전, 395?~315?)는 조(趙)나라 사람으로 법(法)은 물론 세(勢), 즉 권세를 중시하여 절대 권력의 필요성을 주장했다.

11) 전국시대戰國時代 송宋나라의 사상가 혜시(惠施: 기원전 370?~309?)는 명가(名家)에 속하는 학자로서, 명가 중 궤변이 가장 뛰어났다고 하나 형식과 현실과의 관계를 명확하게 하고 치세(治)의 이상상(理想像)을 설파하였다. 혜시의 사상은 장자의 사상과 유사한데, 만물의 본질적 차이를 부정하고 천지일체(天地一體)를 주장하고 있다.

12) 물(物)의 동(同)과 이(異)를 조화시키거나 돌의 견(堅)과 백(白)을 변별시킴. '合同異'는 다른 것을 합해서 하나로 조화하는 궤변술(詭辯術)이고 '離堅白(이견백)'은 같은 것을 변별해서 다르다고 하는 궤변술인데, 예를 들어, "단단하고 흰 돌(堅白石)]은 하나가 아니고 둘이다."라고 하는 것이 견(堅)과 백(白)을 분리시키는 궤변이다. 『장자(莊子)』 가운데서 동이(同異)와 견백(堅白)이 함께 언급되고 있는 곳은

다.

이견백 일파는 순수 감각주의로 감각으로부터 얻은 자료를 모두 독립된 것으로 간주했다. 장자의 사상과는 당연히 큰 차이가 있다. 장자를 변론한 혜시가 속한 합동이는 모두 무한(無限)관념으로 합해지고 같아져 끝내는 '천지가 하나 됨(天地一體)'에 이르게 된다고 했다. 이런 생각은 장자의 사상과 유사하다.

그래서 풍우란(馮友蘭)[13]은 장자를 원용해서 「천하편」에 서술된 혜시의 십사(十事)를 풀이했다. 하지만 혜시가 동이를 합함(合同異)으로써 천지가 하나 됨(天地一體)에 이른 것은 지식을 통한 해석으로 얻은 결론이다. 즉 무한관념으로써 유한 속에 있는 물의 분별상(分別相)[14]을 타파하는 것이다. 예를 들면 '해는 중천에 떠오름과 동시

「騈拇」편 제1장·「胠篋」편 제4장과 「天下」편이고, 堅白만은 「齊物論」편 제1장 · 「德充符」편 제6장 · 「天地」편 제9장에 보이고, 合異는 「漁父」편에도 보인다. 합동이(合同異)는 주로 혜시파(惠施派)의 설(說)이고 이견백(離堅白)은 주로 공손룡파(公孫龍派)의 설(說)이라고 하는 것은 풍우란(馮友蘭)의 『中國哲學史』에서 나타나고 있다.

13) 풍우란(1895~1990)은 초기에는 육왕(陸王)의 심학(心學)과 미국 존 듀이의 실용주의 철학의 영향을 받았으나, 중년 이후에는 정주리학(程朱理學)과 영국의 루소의 철학으로 전향하였다. 1930년대에는 『중국철학사』를 발표하였는데, 이것은 헤겔의 방법론을 채용하여 중국철학사를 연구한 것이다. 이후에는 중국철학사에 흥미를 느끼고 중국철학으로 전향하여 자신의 철학체계인 신리학(新理學) 체계를 확립하였다. 그는 중국철학의 전통이 공자(孔子)와 맹자(孟子)로부터 시작되어 선진(先秦)의 도가(道家), 위진(魏晋) 현학(玄學), 당대(唐代)의 선종(禪宗)을 거쳐 송대의 정주(程朱)의 도학(道學:理學)에 이르러 집대성되었다고 생각하였다. 그의 신리학 철학 체계는 바로 이 도학을 기초로 새로운 계통을 건립하고자 한 것이며, 서양의 현대철학의 논리 분석 방법을 직접 흡수하여 유가의 본체론 철학을 중건하고자 한 것이었다. 그는 1920년대 인생관논쟁(人生觀論爭)이 일어나자 실용주의(實用主義: Pragmatism)의 영향 아래, 『인생철학(人生哲學)』을 저술하여 중도철학(中道哲學)을 제창하였으며, 1930년대 초기에는 사회적 요인에 대한 고찰을 통해서 중국사상의 발전을 체계적으로 논술한 저서 『중국철학사』를 지었다.

14) 온갖 분별로써 마음속으로 지어낸 허구적인 대상. 온갖 분별로 채색

에 기울고 있다(日方中方睨)'는 '양(量)'의 전이와 비교한 것이다.

이와는 달리 장자의 '천지와 나는 더불어 살아가고, 만물과 나는 하나가 된다(天地與我並生 萬物與我爲一).'[15]는 주장은 지식적 해석을 초월해서 도와 심오한 합일(冥合)을 통해 얻은 인생의 경지다.

혜시에게 천지와 하나 됨은 '양적(量的)'으로 일체가 되는 것이며, '만물을 널리 사랑하는 것[16]'은 오직 외관만을 유지하기 위한 것이다. 양적으로 천지와 하나가 되는 것은 아무 연관도 없다. 그는 오직 남과 다른 이론을 세우는 것이 목표였다.

장자에게는 만물과 내가 하나가 되는 것이 '질적(質的)'으로 나와 하나가 되는 것이었다. 만물을 널리 사랑하라고 하지 않았지만 자연스럽게 만물과 함께 호흡하므로 사랑하지 않으려 해도 사랑하게 되는 것이다.

장자와 혜시의 변론은 모두 혜시에게 밖에서 안으로, 양에서 질로, 언어개념에서 생활경지로 전환하게 했다. 이런 본질적인 차이를 오늘날 이해하기란 쉽지 않은 일이다.

된 허구적인 차별상을 말한다. 동의어로는 허망분별상(虛妄分別相), 편계소집성(遍計所執性), 변계소집상(遍計所執相), 망계자성(妄計自性), 망분별성(妄分別性), 망상분별성(妄想分別性), 망상자성(妄想自性), 분별상(分別相), 분별성(分別性), 분별성상(分別性相) 등이 있다.

15) "天地與我並生 萬物與我爲一", 장자, 『장자 · 내편』「천하편」.

16) "泛愛萬物", 장자, 『장자 · 내편』「천하편」

장자의 도(道)·천(天)·덕(德)

장자가 자신의 사상을 표현한 방식은 지나치게 다양해서 파악하기 어렵다. 『장자』 원전에 나타난 명사들의 상호연관성을 분석해서 장자에게 중요한 관념을 비교적 분명한 윤곽으로 구분하면, 『장자』 「외편」과 「내편」에서 도(道)라는 용어를 들 수 있다. 그것은 다음과 같이 나타난다.

'대체로 도에는 정기가 있고, 그것이 존재한다는 증거가 있으나 행위도 없고 형상도 없다. 마음으로 전할 수는 있으나 물건처럼 손으로 받을 수는 없으며, 취할 수는 있으나 볼 수는 없다. 그것은 스스로 모든 존재의 근본이 된다. 천지가 생겨나기 이전부터 굳건하게 존재하고 있다. 귀신과 상제(上帝)를 신령스럽게 한다. 귀신과 상제는 도에 의해 신령한 것이다. 하늘을 낳고 땅을 낳았다. 도란 만물의 근원이다(道者萬物之所由也).'라는 것이다. 장자는 도를 통해서 만물이 존재하는 근거가 된다고 했다. 모든 면에서 장자는 노자를 계승해서 사상의 출발지점으로 삼았다.

그러나 장자와 노자의 차이점은 뚜렷하다. 장자는 늘 '천(天)'이라는 글자로 원래 도의 의미를 대신했다. 아울러 노자는 도와 덕을 구분했지만 장자는 양자를 연결해 '도덕'이라고 일컬었다. 실제로는 덕에 편중한 것이다. 다시 말해 항상 인간과 물(物) 자체에 밀착시켜 도덕이라고 했다. 그래서 어떤 때는 도의 등급이 천 밑에 놓이기도 한다. '하늘이 하는 일을 아는 이는 하늘같이 자연그대로 산다.'[1]고 했다. 그러므로 '진인에게는 좋아하는 것도 하나의 입장이고 좋아하지 않는 것도 하나의 입장이다. 그 하나로 하늘의 무리가 되고 하나가 아니라는 것으로 사람의 무리가 된다.'[2] '하늘로부터 받은 것은 온전하게 한다.'[3] '새삼 아무 일도 하지 않으면서 무엇인가 하는 것을 하늘이라고 하고, 말도 하지 않으면서 무엇인가 말하는 것을 덕이라고 한다.'[4] '자기를 잊은 사람이라야 하늘의 경지에 들어간 사람이라 한다.'[5] '마음을 텅 비게 하고 조용히 담담하게 하므로 비로소 하늘의 덕과 합일되는 것이다.'[6]

이상의 인용문에서 천은 자연으로 해석했다. 또 자연의 의미는 노자와 장자의 차이가 있지만 천을 자연으로 삼는 것은 대체로 일치한다. 그리고 여기서 자연이란 『노자』 중 '도는 스스로 그러함을 따른다(道法自然).'는 구절의 스스로 그러함(自然)이다. 즉 도인 것

1) 장자, 『장자』「대종사편」.
2) 장자, 『장자』「대종사편」.
3) 장자, 『장자』「응제왕편」.
4) 장자, 『장자』「천지편」.
5) 장자, 『장자』「천지편」.
6) 장자, 『장자』「각의편」.

이다. 장자가 천을 써서 도를 대신한 이유는 천으로 자연의 관념을 표명하는 것이 도로 자연을 표명하는 것보다 일반인들이 파악하기가 쉬웠기 때문일 것이다.

덧붙여 『노자』에서 말하는 '일(一)'은 엄격한 의미에서 '없는 것(無)'이다. 즉 도의 다음 단계이므로 비로소 노자는 '도는 하나(一)를 낳는다(道生一).'고 했다. 하지만 광의적 의미로 말하면, 일은 도의 나누고 차별함이 없는 모습을 나타낸 것이기 때문에 일은 곧 도다.

『장자』에 일은 광의적 의미가 많다. 즉 일이 바로 도다. 과거 중국은 추상적인 시공(時空) 관념이 결핍된 듯하다. 그래서 늘 하나의 시간의 기점(起點)을 가정해서 도의 기점으로 삼았다. 그러므로 『장자』에서 말한 '시(始)', '초(初)'도 대부분 도의 의미이다. 도가 만물을 태어나게 하는 것은 나무의 잎과 가지가 나무라고 하는 근본에서 나오는 것과 같은 것으로 『장자』에서 말한 '근(根)', '본(本)' 또한 도의 의미이다.

『장자』에서 덕에 대해 가장 뚜렷하게 정의를 내린 것은 '만물은 얻어 생겨나는데 그것을 덕이라고 한다.'[7]는 구절이다. '만물은 얻어 생겨난다.'[8]라는 말은 '만물은 도를 얻어서 생겨난다(物得道以生).'[9]는 뜻이다. 도란 객관적인 존재인데, 이론적으로 말해 만물이 존재하기 전, 아무것도 없는 곳에서는 도라는 존재만 있었다.

도가 분화·응축해서 만물이 되고, 초월적 도의 한 부분은 만물 속에 내재하는데, 이것을 장자는 덕이라고 칭한 것이다. 이 또한 노자

7) "物得以生謂之德", 장자, 『장자』「천지편」.
8) "物得以生", 장자, 『장자』「천지편」.
9) "物得道以生", 만물을 비로소 도를 얻어야 생겨난다는 말이다. 도가 만물의 근원이라는 뜻을 말한다.

의 '도는 덕을 낳고, 덕은 기른다.'[10]는 관념을 계승한 것이다.

『장자』「내편」일곱 편에는 '성(性)'이 하나도 없지만 『노자』와 마찬가지로 그 속의 덕이 실제로 성임을 이해하기는 어렵지 않다. 왜냐하면 덕은 도가 분화돼 사람과 물(物) 속에 내재해 있는 것이고 실제로 도이기 때문이며, 이로 이해 '천지에 통하는 것이 덕이다.'[11]라고 한다. 도는 물마다 속에 내재해 있기 때문에 '만물에서 행해지는 것은 도이다.'[12]

결론적으로 장자가 말하는 천이란 곧 도이고, 그가 말한 덕은 만물 속에 내재하는 도이다. 장자의 도와 천은 항상 덕과 하나이다.

---

10) "道生之 德畜之", 노자, 『도덕경』 제51장.
11) "通於天地者德也", 장자, 『장자』「천지편」.
12) "行於萬物者道也", 장자, 『장자』「천지편」.

장자의 정(情)·성(性)·덕(德)

그는 모든 것을 자연에 맡길 뿐, 그런 것조차 의식하지 못하는 것을 도라 한다.

장자는 옳고 그름(是非)은 정(情)에서 나오는 것, 다시 말해 지(知)로 정을 삼았는데, 지를 제거하며 시비를 소멸시킨다는 것은 장자의 일관된 주장이다.

장자는 좋아하고 미워함(好惡)을 정으로 삼았다. 좋아하고 미워하는 것은 안으로는 그 자신을 상하게 할 수 있어서 당연히 정이 없어야 되는데, 정이 없다는 것은 곧 좋아하고 미워함이 없는 것이다. 일반적으로 말하는 정욕(情欲)[1]은 모든 사람들에게 그들의 본성을 잃게 하므로 당연히 좋지 않은 것이다. 여기서 지적하고자 하는 것은 노자와 장자를 중심으로 하는 도가는 근본적으로 감정에 맡기고 욕망대로 하는 사상이 아니라는 점이다.

---

1) 마음속에 일어나는 여러 가지 욕구(欲求)를 말한다. 이익이나 물건을 탐내고 집착하는 마음도 정욕이라고 한다.

『장자』 중 「외편(外篇)」과 「잡편(雜篇)」은 성(性)이라는 글자를 계속적으로 언급한다. 「내편(內篇)」에서는 덕이 실제로 성이라고 말했다. 그러나 「외편(外篇)」과 「잡편(雜篇)」에서는 오히려 항상 성과 덕을 대립적으로 제시한다. 이것은 한편으로 장자나 그의 후학들이 성이 유행하던 때의 영향을 받았으며, 다른 한편으로는 관념적으로 진일보한 해명임을 나타내는 것이다. 만일 구태여 성과 덕을 구분한다면, 사람과 물건자체에 내재한 도가 추상적인 도의 방면에 근접해서 말할 때는 덕이고, 구체적인 형태의 방면에 근접해서 말할 때는 성이다. 그래서 장자는 '성이란 생의 본질'[2]이라고 했다. 여기서 생의 본질은 생명의 본질을 말한다. 생명의 본질은 형체를 떠나지 못하지만, 단지 형체인 것만은 아니다. 만일 형체만이라면 이 질(質)이라는 글자는 아무런 뜻도 없게 된다.

성은 만물을 완성한 이후에 여전히 만물의 형체 안에 보유하고 있는 씨앗이다. 장자는 근본적으로 덕과 성은 하나의 것이었을 뿐만 아니라, 문자상으로도 하나의 단계에서 상용했고 호용할 수 있었다. 성은 마치 도가 사람의 형체 속에 파견한 대표와 같다. 그 때문에 성은 곧 도이다. 도는 무이고 무위이며 분별상(分別相)이 없는 일인 것이다. 따라서 성 또한 무이고, 또한 무위이며, 또한 분별상이 없는 일이다. 인체에 더욱 적합하게 말해 보면 허(虛)[3]이고, 정(靜: 고요함)[4]이다. 바꿔 말해서 형체 속에서 도의 정신 상태를 유지하고 있다. 대개 후천적으로 많아지고 번성해 온 것은 모두 성이 아니

2) "性者生之質也", 장자, 『장자』 「경상초편」.
3) 비다, 없다, 헛되다 등의 뜻으로 공허함으로 종합할 수 있다.
4) 정은 고요함을 말하는 것으로, 허(虛)하면 장애가 없어지고 정(靜)하면 욕심이 없어지니 허가 극에 도달하고 정이 돈독하게 되면 변화를 살펴 회복할 줄 알게 된다.

거나, 성이 발전하는 데 장애가 된다.

장자가 말하는 명(命)은 결코 운명과 천명의 구별이 없다. 그는 현명함과 어리석음을 명에 귀속시키고, 유가에서 인력(人力)의 범위에 귀속시킨 것을 명의 범위 안으로 넣었다. 따라서 장자의 명은 그가 말하는 덕, 그가 말하는 성과 동일한 범위에 속한다. 덕을 구체화하는 중에 드러낸 '일의 변화(事之變)'이며, 장수와 요절, 빈곤함과 부유함 등과 같은 인생이나 인사(人事) 중에 나타난 다양한 현상으로, 장자는 그것을 명이라 일컫는다.

장자는 명령하면 마땅히 복종해야 되는 것이므로 바꿀 수 없다는 뜻이라고 설명한다. 이렇게 볼 때 장자가 중시한 명은 인생 가운데 일들의 변화를 덕과 성의 방면에 안배한 것이다. 이런 일들의 변화에 안주함이 덕에 안주하는 것이요, 성에 안주하는 것이다. 그러므로 그는 거듭 '어쩔 수 없음을 알고 그것을 명이라고 편안히 여기는 것은 덕의 극치가 된다.'라고 했다. 장자의 명에 대한 관념은 인간의 삶 속에서 덕 · 성의 부족한 점을 보충하고, 아울러 인간 생활 속에서의 덕 · 성의 결정성(決定性)[5]을 강화한다. 그가 명을 강조한 것은 사람들이 '인위로 천을 훼멸시키지 말고, 생활습관으로 명을 훼멸시키지 말라.'고 요구한 것이다.

우리는 장자의 명이 본질적으로 덕 · 성과 구별되지 않는다는 사실

---

5) 있지만 없고, 없지만 있는 것이지만 동시에 있지도 없지도 않는, 변할 것도 없고 멸하지도 않으며, 영원히 존재하는 그것의 본질을 상정하고 믿었던 것이다. 그것의 성질과 바탕을 두고 그는 '자성(自性)' '본성(本性)' '결정성(決定性)' 등 어려운 말들로 표현했다. 그러면서 그것의 상태나 성질에 대해서는 '공적(空寂)하다', '텅 비어있다', '여여(如如)하다' 등의 말로써 표현되었다. 이것들이 하나하나 발현될 때에는 '일정한 질서'에 의해서 나타나게 되는데 바로 그것을 두고 '법(法)'이라 했고, 이것을 아는 것을 '지혜(知慧)'라고 하는 것이다. 그러므로 그 공(空) 안에는 법과 지혜로 가득하다고 인식했던 것이다.

을 알 수 있다. 그는 '모든 것을 자연에 맡길 뿐, 그런 것조차 의식하지 못하는 것을 도라 한다.'고 했다. 도에 대한 규정은 명에 대해 '그러한 까닭을 알지 못하면서 그렇게 하는 것'이라고 규정한 것과 같다. 또 '성인은 만물의 분규를 달관하고 모든 것을 하나로 여기면서도 그런 줄을 모르는 것은 그것이 천성이기 때문이다.', '성은 바꿀 수 없고, 명은 변화시킬 수 없다.'고 했다. 이로부터 장자의 성과 명에 대한 규정이 완전히 같다는 것을 알 수 있다. 따라서 그는 '성명'이라는 명사를 끊임없이 사용했다. 유가에서 성과 명을 함께 연결해 쓰는 경우는 명으로 성의 근원을 설명할 때이며, 장자의 경우는 명으로 성의 결정성을 표명할 때이다.

장자의 형, 심, 정신

보려 하지도 말고 들으려 하지도 말며 정신을 안에 간직한 채
고요히 있으면 육체도 저절로 올바르게 될 것이다.
당신의 정신이 육체를 지키며 육체는 오래 살 것이다.

『장자』에 사용된 '신(身)'과 '생(生)'은 덕(德/性)과 형체(形)의 의미를 겸한다. 이 중 덕에 치우치는 경우가 많다. 장자의 이른바 '전신(全身)'[1] 혹은 '전생(全生)'[2]이라는 낱말은 '전덕(全德)'[3]과 같다. 하지만 그가 사용한 '형(形)'은 항상 외재적인 관능(五官)이나 몸뚱이(百體)로 표현하는 동작만을 가리킨다. 그는 이때의 형을 덕이나 심과는 다른 것으로 간주하여 대립적으로 열거했다.

예를 들어 '겉으로는 그를 따르는 게 좋고 마음속도 그와 조화되는

---

1) 몸 전체, 신체의 모든 부분을 말한다.
2) 전생이란 온전하게 죽는 것이다. 죽는다는 것은 삶을 다했을 때만이 비로소 있는 것이다. 삶을 다하지 못한 사람은 온전히 죽지도 못하며, 스스로를 죽이며, 또 타에 의하여 죽어간다. 삶을 다하려하지 않고 살려고만 몸부림치면서, 자신을 죽이고 있는 사람이 많다는 것을, 스스로 인식해야 한다. 전생이란 스스로 자연스럽게 죽는 것을 의미한다.
3) 온전한 덕성을 말하는 것으로, 마음으로부터 우러나와 드러난 것이다. 이는 실천이 수반되어야 전덕이 된다.

것이 좋다.'[4]라는 구절에서도 형과 심을 대립적으로 사용하고 있다. 『장자』「덕충부」[5]에서는 불완전한 육체의 수많은 사람들을 가정해서 덕이란 형보다 귀한 것이며, 불완전한 형은 결코 손상된 덕과는 같지 않다고 말한다.

그의 형과 덕에 대한 구분은 자신과 양주(楊朱)의 가장 분명한 구분인 것이다. 장자는 비록 육체가 덕에 의해 생겨나지만 육체가 생겨난 이후 그것을 생기게 한 덕과는 여전히 거리가 있다고 했다. 따라서 그가 주장하는 생명이 유리한 도로 되돌아가려면 여전히 자각을 통해야 하며, 자각에서 나온 공부를 통해서야 비로소 육체의 제한을 돌파하여 그 목적에 도달할 수 있다고 설명한다.

장자가 표면적으로 방임하고 답습한 문구만으로는 진정으로 그를 이해할 수 없다. 장자의 형에 대한 관념은 노자가 말한 '나의 큰 근심은 나에게 몸이 있다는 것이다.'는 구절의 '신(身)'에서 나온다. 그리고 장자의 '신(身)'[6]과 '생(生)'[7] 관념은 노자의 '장생(長生)'의 '생(生)' 관념에서 발전했다. 노자에게 이미 신(身)은 덕으로부터 생겨났지만 생겨난 후에는 신(身/形)과 덕 사이에 간격이 있게 된다는 사상이 있었다. 장자에 이르러 노자의 이러한 사상이 더욱 성숙되고 뚜렷하게 발전했다. 장자는 덕과 형을 서로 상대로 두고, 육체를 기르는 것이 덕을 기르는 것과는 결코 같지 않다는 견해가 있었다.

---

4) 장자, 『장자』「인간세편」.
5) 인간의 덕(德) 혹은 도(道)에 관한 이야기를 실은 내용의 편이다.
6) 신(身)이라는 것은 단순히 이루어진 것이 아니라 물질과의 관계속에서 모두 몸체와 같이 성취되는 것을 말한다.
7) 자연의 섭리를 따라 분수대로 살면서 무위자연에 맡기는 길만이 참된 달생(達生)의 길이라는 것이다.

그러면 장자는 형에 대해 어떠한 태도를 취했는가? 그가 가진 태도는 후에 나온 신선가(神仙家)[8]들이 주장한 오래 사는 것이 아니다. 일반 종교가들처럼 적대적인 태도를 취하지도 않고 '망형(忘形)'[9]을 주장한다. 그리고 다시 구체화한 것은 '그 형체에 자리 잡지 않는다.'[10]는 것이다. 즉 육체에 구속되지 않고 생활하면서 육체가 주도권을 잡지 못하게 하는 것이다. 다시 나아가 자기의 덕으로 자신의 육체를 길러 육체가 덕을 합해서 하나로 만들어 그것이 '하늘에서 받은 것을 다할 수 있게 한다.'[11]는 것이다. 그래서 그는 '보려 하지도 말고 들으려 하지도 말며 정신(神)을 안에 간직한 채 고요히 있으면 육체도 저절로 올바르게 될 것이다…… 당신의 정신이 육체를 지키며 육체는 오래 살 것이다.'[12]라고 했던 것이다. 여기서 신(神)이란 도요, 덕이요, 성인 것이다. 그리고 장생이란 '그의 천수를 다한다.', '그가 하늘에서 받은 것을 다한다.'이니 후에 나온 신선가들의 이른바 장생과는 혼동될 수 없다. 이점에 있어서 덕의 내용이 유가와 다르다는 것을 제외하면 덕과 형의 관계에서는 오히려

---

8) 중국춘추전국시대에 숲속에 살며 일반인들에게 건강술을 가르친 '신선가(神仙家)'라는 직업을 가진 이들도 있었다고 한다. 이들은 침과 뜸, 그리고 각종 의술을 습득한 건강 전문가 그룹으로 장생불사(長生不死)를 추구한 술사들이었다고 전해진다. 여기서 신선가라는 것은 일반적으로 장생불사를 위해서 각종 신선술을 가르치거나 처방하는 사람들을 일컫는다.

9) 망형(忘形)은 자신의 몸을 잊는 것이다. 자식이 부모를 섬기는 데 자기 몸을 사리지 않는 것이 부모님의 은혜에 크게 보답하는 것이다. 단지 이것을 알기만 하고 자기 몸을 잊지 못하면 도리어 자기의 몸을 사리는 것이 된다. 극진한 효자는 마땅히 자기 몸을 사리지 않고 부모를 섬기다가 돌아가신 뒤에야 비로소 자기 몸을 생각하게 된다. 기본은 하루아침에 이루어지지 않고 순간순간, 하루하루, 꾸준히 정성을 다할 때 그 틀이 다져진다.

10) 장자, 『장자』「추수편」.

11) 장자, 『장자』「응제왕편」.

12) 장자, 『장자』「재유편」.

유가와 일치한다. 이것은 노자의 '삶에 안달하지 않는다.'는 관념이 발전한 것이다.

인간들이 심(心)에 대해 관심을 갖게 된 것은 오랜 역사를 갖고 있다. 공자에 이르러서는 심에 대해 확실하게 파악하지 못했던 것 같다. 이 점은 맹자가 그의 '들어가고 나감에는 때가 없고, 그 고향을 알지 못하니 그 마음을 말한 것이다.'라는 말을 인용한 것으로부터 알 수 있다. 심에 인생 도덕의 토대를 설정하는 데에 유가는 맹자에 이르러서야 비로소 이런 발전을 이뤘다. 공자는 특히 심에 대해 두드러질 정도로 경계를 했는데, 그렇게 한 중요한 원인은 '지각(知)'의 작용은 심에서 나온다고 생각했기 때문이다. 그런데 지각의 작용은 한편으로는 자기를 혼란스럽게 해서 양생(養生)[13]의 도와 합쳐지지 않으며, 한편으로는 사회를 소란스럽게 해서 큰 혼란의 근원이 된다. 그러므로 장자는 '마음의 지각을 벗어날 것'을 요구한다. 심이 있으면 지각이 있고, 지각이 있으면 그 본성을 잃게 되는데, 살아 활동하는 사람이 마음의 지각작용을 어떻게 피할 수 있겠는가? 그래서 장자는 심을 피해서 기(氣)에서 활로를 찾았다.

---

13) 양생은 도가의 양생술이 대표적이다. 양생은 그 법의 으뜸으로 중요하게 여기는 것은 임독(任督)을 통하는 것인데 임맥(任脈)은 음(陰)에 속하고 독맥(督脈)은 양(陽)에 속하는 것이다. 임맥은 몸 앞에 있고, 독맥은 몸 뒤에 있다. 임맥은 아래치아에서 일어나 단전(丹田)에서 멈추고, 독맥은 단전에서 일어나 위쪽치아에서 멈춘다. 임맥은 아래로 흐르고 독맥은 위로 흐른다. 임맥은 순환기 계통이고, 독맥은 신경계통이다.

장자의 공허

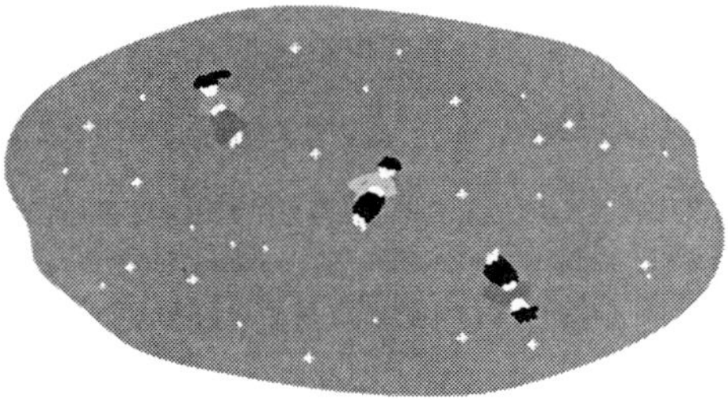

장자는 '자신의 뜻을 한 가지로 하고 귀로 듣지 말고 마음으로 듣도록 하며,
마음으로 듣지 말고 기로 듣도록 하라,
귀는 소리를 들을 뿐이고 마음은 밖에서 들어온 것에 맞출 뿐이다.
기란 공허해서 무엇이나 다 받아들인다. 참된 도는
오직 공허 속에 모이는데 이 공허가 곧 마음의 재계이다'라고 하였다.

장자는 '자신의 뜻을 한 가지로 하고 귀로 듣지 말고 마음으로 듣도록 하며, 마음으로 듣지 말고 기(氣)로 듣도록 하라. 귀는 소리를 들을 뿐이고 마음은 밖에서 들어온 것에 맞출 뿐이다. 기란 공허(空虛)[1)]해서 무엇이나 다 받아들인다. 참된 도는 오직 공허 속에 모이는데 이 공허가 곧 마음의 재계(心齋)[2)]이다.'라고 했다.

---

1) 공허(空虛), 공허감(空虛感), 허무(虛無), 허무감(虛無感), 또는 간단히 공(空)은 인간의 조건으로서 일반화된 지루함, 소외, 무감정의 감정이다.

2) 심재의 핵심은 마음이나 귀로 듣지 말고 기(氣)로 들으라는 것이다. 기는 눈에 보이지도 않고 손에 잡히지도 않고 텅 비어 있어 그 속에 '나'라고 하는 생각이 없다. 기는 모든 존재에 작용하여 분리 독립된 형태로 존재하지 않기 때문이다. 이처럼 '나'라는 생각에서 벗어나 자기 자신을 텅 비워버리는 것, 그것이 바로 재계이다. 재계를 통해 '나'를 잊으면 번거로움이 없어지고 마음이 평안해진다. 그리고 마음이 평안하면 자연의 조화와 더불어 날로 새로워지는 무한한 삶을 얻는다는 것이다.

여기서 귀로 듣지 말라고 한 것은 외부의 사물이 귀 속에 머물러서 소리의 아름다움과 싫어함을 판별하지 못해서다. 기로 듣도록 하라는 것은 귀와 눈의 작용에 따라서 안으로 받아들여 마음의 지각을 벗어난다는 것이며, 외부 사물이 순수하고 객관적으로 들어오게 하고 나가게 해서 주관적인 마음의 지각(心知)[3]을 조금도 더하지 않게 하는 것이다. 귀는 소리를 들을 뿐이라는 것은 유월(俞越)[4]이 '귀는 듣는 것에서 그친다.'로 돼야 한다고 여긴 것이 옳으니 귀는 듣는 것만 할 뿐 아름다움과 추함을 구별하지는 않는다는 뜻이다. 마음은 밖에서 들어온 것에 부응해서 외물과 서로 호응할 뿐이라고 한 것 또한 같은 뜻이다.

이렇게 볼 때 장자는 마음의 지각을 반대하고 기(氣)를 지켜서 사람들이 하나의 순수한 생리적 존재가 되도록 한 것 같다. 그런데 장자는 「천하편」에서 신도(神到)[5]를 비판해서 신도가 말하는 '도란 살아있는 인간이 행하는 것이 아니고 죽은 사람에게나 통용되는 도리'라고 말했다. 이것은 상황과 연결하는 것이 아니고 정신과 관련짓는 것이다. 장자는 이미 형과 덕을 대립시켜 덕이 형과는 다른 것임을 분명히 했으므로 그가 추구한 것은 정신적인 생활이지 생리적인 생활은 아니다. 만일 이러한 생각이 잘못된 것이라고 한다면 그가 추

---

3) '지(知)는 뒤에 나오는 마음의 지각[심지(心知)]'이다. 이 구절은 마음의 작용을 초월하여 '신(神)'으로 알 것을 강조한 것으로, 「양생주(陽生主)」에서 말한, "감각기관의 기능이 멈추고 정신의 작용이 움직이는(官紙止 而神欲行)" 경지에 대한 추구를 말한다.

4) 유월(俞越: 1821~1906년)은 청(淸)대 말기의 관리이자 학자로, 당나라 장계선생이 풍교에서 야박(夜泊)을 하다 한 밤에 들은 종소리는 분명 원종의 소리를 들었을 것이다. 그가 이 종소리를 듣고 쓴 감회의 시가 바로 풍교야박(楓橋夜泊)이다.

5) 중국 전국 시대 조나라의 학자·사상가(?~?). 저서에 『신자(愼子)』 5편이 있다.

구하는 정신생활은 인간의 기 위에 머물 수 없으며 여전히 사람의 심에서 구체화해야 한다. 왜냐하면 기라는 것은 생리적인 작용이고 기에 있어서는 정신적인 경지를 처음부터 개척해 내지 못하며, 인간의 심에 있어서만이 비로소 가능하기 때문이다. 인간의 심에서 구체화 했다면 지각(知)을 굳이 반대할 수 없으며 반드시 어떤 성질의 지각을 인정해야 된다.

장자가 말한 기는 실제 심의 어떤 상태를 비유적으로 나타낸 말로 노자가 말한 순수한 생리의 기와는 같지 않다. 그와 신도가 표면적으로는 같은 입장을 취하고 있으나 본질적으로는 같지 않다는 것이다.

기란 공허해서 무엇이나 받아들인다. 참된 도는 오직 공허 속에 모이는데 이 공허가 곧 마음의 재계(心齋)이다. 공허함 역시 심에서 구체화하고 기에서 구체화할 수는 없다. 스스로 자기 마음을 섬기는 자는 눈앞에 일어나는 어떤 일로 슬픔과 즐거움의 감정이 쉽게 나타나지 않는다. 「곽상주」에서는 '영부(靈府)[6]란 정신의 집이다.'라고 했고, 「성소(成疏)」에서는 '영부가 정신의 집이라는 것은 이른바 마음이다.'라고 했다. 장자는 심을 높여서 영부라고 했던 것이다. 「달생편」과 「경상초(庚桑楚)」에서는 또 심을 영대(靈臺)[7]라고 높였다. 그렇다면 장자는 심이라는 개념을 반드시 막아야만 되는 심과 존중할 만한 가치가 있는 심 두 가지로 구분한 것이 아닌가 생각한다.

장자는 인간의 생활이 '하늘과 더불어 무리를 이루거나', '하늘의 경지로 들어갈' 수 있게 되기를 요구했지만 천은 적막해서 지어서

---

6) 신령한 곳이나 상서러움을 말한다.
7) 영(靈)을 받치는 받침대(뒷머리)의 의미이다. 뒷머리가 대(臺)이다.

함이 없는 것이다. 심의 지각 활동은 이런 적막과 무위를 파괴하기에 충분하므로 특히 경계해야 한다. 그런데 만일 심의 지각이 없다면 인간에게 부여한 적막과 무위(無爲)[8]의 본성이 어떻게 명백해져서 사람들이 자각(自覺)[9]하게 하겠는가?

덕은 이미 인체 속에 내재해 있어 인간은 반드시 심의 작용을 거

---

8) 도가의 중심 사상으로서 무위(無爲)는 비인위적인 자연성을 중시하는 것으로, 인위(人爲) 또는 작위(作爲)에 상대되는 개념으로서 무위자연(無爲自然)을 주장한다. 무위는 인간이 목표로 삼아 추구해야 할 행위의 규범으로, 인위와 조작은 천연의 아름다움에 이르는 장애이므로 일체의 법도를 버려야 한다(無爲)고 보며, 노자는 이 규범을 주로 나라를 다스리는 원리로 활용하였다. "무위를 하면 다스려지지 않음이 없을 것이다(爲無爲, 則無不治)."라고 하였는데, 노자는 법령으로 다스리는 것뿐 아니라 예(禮)로써 다스리는 것도 인위의 다스림으로 보았을 뿐만 아니라, 인의(仁義)로 다스리는 것도 인위(人爲)로 보았다. 노자는 자연에 따라 자유자재로 살아가는 것을 이상시하였는데, 이것은 아무 것도 하지 않고 가만히 있는 것을 말하는 것이 아니라, 사물의 자연스러운 본성에 따르는 것을 말한다. 이처럼 사물이나 사람의 자연스러운 성질이나 성향에 따라 다스린다면 위대한 작품을 이루어낼 수도 있고, 훌륭한 논변이 될 수도 있다. 그래서 노자는 "대단히 솜씨 좋은 것은 서투른 듯 하고(大巧若拙), 위대한 논변은 어눌한 듯하며(大辯若訥), 믿음직한 말은 아름답지 않으며, 아름다운 말은 믿기 어렵다(信言不美, 美言不信)."이라고 상궤에 어긋나는 듯한 역설적 논변을 폈다. 그는 성인(聖人)의 존재를 부정하고(絶聖棄智) 작은 원초와 소박(素朴)을 좋아하였다(小國寡民). 이 같은 원초적 회귀주의 사상은 현대 서구 문명에 대한 반성적 성찰을 제공해주며, 특히 탈 중심적인 포스트모더니즘 사조와는 일정한 상관관계를 갖는다는 점에서 현대에도 주목받는다. 역대로 도가의 무위 또는 좌망(坐忘)의 경지를 주장하거나, 자연에의 합일을 주장하는 문예론은 유가 중심주의에 대하여 일정한 피드백 작용을 해오며 중국 문예 심미에서 가장 높은 경지의 심미 표준으로 여겨져 왔으며, 동시에 폭넓은 영향을 끼쳐 왔다.

9) 자신의 형편이나 환경, 여건, 처지, 본분 따위를 스스로 깨닫는 것을 말한다. 자기 자신이 놓여 있는 일정한 상황을 매개로 하여, 자기의 위치 · 능력 · 가치 · 의무 · 사명, 신념, 관념 등을 스스로 깨닫는 것을 말한다. 자각은 수행하여 자기 스스로 진리를 깨달아 알지 못함이 없는 것 또는 중생이 자신의 미망(迷妄)에서 벗어나 스스로 진리를 깨닫는 것을 말한다. 철학에서 자신의 생각과 언행에 대하여 그것이 진리성과 성실성이 있는지 자신을 반성하는 일이다. 심리학에서 자기 자신을 의식하는 상태를 말한다.

친 후에야 덕과 육체의 상호 대립하는 가운데 덕에 대한 자각이 있을 수 있다. 따라서 덕의 본성 또한 심의 본성이다. 그렇지 않으면 심은 육체 속에서 초탈해 나올 수 없어 육체가 유래한 덕을 파악할 수 없게 된다. 장자가 만약 정말로 심에서 입각하지 않고 기에 낙착했을 뿐이라면 인간은 흙덩이에 불과해 신도(愼到)와 구별이 없어진다. 이른바 덕(德)과 육체(形)의 대립이 없어지는 것이다. 한 걸음 더 나아가면 장자가 만일 심을 승인했다면 지각은 심의 특성이 되고 장자도 굳이 자각을 반대할 수 없다. 장자는 심의 본성은 공허하고 고요하며, 도와 덕과 합체된 것으로 인정하고 있다.

장자의 소요유

소요유 : 속박이나 장애가 없이 마음대로 자유롭게 이리저리 슬슬 거닐며 돌아다님는 장자사상의 전체를 대표 한다고 할 수 있다

소요유(逍遙遊)[1]는 장자사상의 전체를 대표한다. 소요란 아무 속박을 받지 않고 자유롭게 즐기는 것으로 소요유란 마음을 자적의 경지에 노닐게 하는 것이다. 이것은 불교의 무소저(無所著)[2]의 단계요, 유교의 낙천안명(樂天安命)[3]의 경지라 할 수 있다. 그러나 이 경지를 얻기 위해서는 먼저 대소를 초월한 대견식(大見識)[4]을 가지고

---

1) 속박이나 장애가 없이 마음대로, 자유롭게 이리저리 슬슬 거닐며 돌아다니는 것을 말한다.
2) 물질은 본래부터 그 일체가 덧없고 괴로우며, 변하고 바뀌는 법이다. 이것을 인식하게 되면 그 물질로 말미암아 생기는 모든 번뇌의 해로움과 걱정과 번민은 모두 끊어져 사라진다. 그것이 끊어져 없어진 뒤에는 벌써 집착할 것이 없게 된다는 것을 말한다. 집착할 것이 없어진 뒤에는 안락하게 머무르게 된다는 과정의 하나이다.
3) 천명에 따라 분수에 맞게 산다는 인생관이다. 유가철학에 있어서 낙천안명의 인생관은 천인관계의 인식론적 기초 위에 구성되었다.
4) 인식의 단계를 초월한 앎의 경지로 성인이 이룰 수 있는 최고의 인식 단계이다.

절대적이고 광활한 무하유(無何有)[5]의 세계에 소요하며 천지만물 밖에 노닐지 않으면 안 된다. 장자는 이 소요를 대와 소를 우언(寓言)[6]으로 절묘하게 논파했다. 소지 소성을 혐오하여 배척하고 대지 대성을 존상하는 장자가 물고기알(鯤)을 끌어와서 대어의 노릇을 시키는 것은 뼈 속을 스미는 통렬한 풍자일 수 있다. 마음을 비우고 가슴을 너그럽게 해서 천지만물에 순응할 때 크고 작음과 길고 짧음과 희고 검음이 혼연히 하나가 되는 지인(至人)[7]·신인(神人)[8]·성인(聖人)[9]의 초연형탈(超然逈脫)[10]이 경계를 숨기듯이 나타난

---

5) 장자가 도에 대한 설명에서 "도는 진실을 떠나서 존재하지 않으나 그렇다고 해서 어디에 있다고 한정 지을 수도 없다."는 것이다. "참다운 가르침은 어떤 형식에 한정되지 않는 것이다."고 말했다. 무하유의 궁은 만물제동(萬物諸動)의 경지를 얻어 끝이 없는 도의 이치를 따라가면 무위자연에 도달한다는 것이다. 거기에는 허무하고 정적한 가운데도 조화가 가득 차 있는 세계가 펼쳐진다는 것이다. 도와 만물은 경계가 없고, 만물은 생멸을 맡고 있으면서 그 자체는 그것을 초월한 존재 그것이 바로 도인 것이다.

6) 우언(寓言)이란 이솝의 우화처럼 비유적으로 하는 말을 말한다. 비교적 짧은 비유인데 많은 내용이 함축되어 있어서 역시 쉽고도 때로는 어렵다.

7) 도가에서 이상적 인간을 '도인(道人)' 또는 '지인(至人)'이라고 한다. '도'가 천지만물의 공통된 본성이라면, '덕'은 개별적인 존재의 본성이다. 따라서 '덕'을 닦음으로써 '도'에 도달하게 되고, '도인'이 되는 것이다. 수양방법으로서는 '심재(心齋)'와 '좌망(坐忘)'이 있다.

8) 장자는 정치의 단계를 성인(聖人), 덕인(德人), 신인(神人)으로 보았다. 첫째, 성인의 정치는 인사(人事)에 있다고 했다. 정치는 사람을 잘 골라 써야 하는 것이다. 그것은 선택된 리더의 능력 이상으로 정치를 잘 할 수 없다는 것이다. 둘째, 덕인의 정치는 사심(私心) 혹은 탐심(貪心)이 없는 정치를 말한다. 나라 재산이 모두 내 재산 같고, 회사 돈이 모두 내 돈 같아도 손대지 않는 정치를 말한다. 정치를 하는 사람은 내 것이 있어서는 안 된다. 셋째, 신인의 정치는 초심으로 돌아가는 것을 말한다. 정치를 잘해서 나라가 밝게 빛나게 되면 느끼는 공허함을, 장자는 그것을 조광(照曠)이라고 했다. 내 것이 모두 다 소멸되어 최초의 모습으로 돌아가는 것을 혼명(混冥)이라고 했다. 신인의 정치는 조광과 혼명 속에서 나타나는 것이니 이것이야말로 우주 태초의 모습이고, 세상을 만든 조물주의 모습이 아닐 수 없다는 것이다.

다. '지인은 자기가 없고 신인은 공이 업고 성인은 이름이 없다.'는 것이 소요자재(逍遙自在)[11]하게 노니는 기본이다.

장자는 쉽게 동물과 식물을 비유해서 말하길 즐겼다. 공간적으로 크고 작은 것으로는 날개가 몇 천리나 되며 구만 리를 날아오르는 붕새와 쑥대밭에서 파닥거리는 척안(斥鷃)[12]을 비교하고, 시간적으로 길고 짧은 것으로는 팔천 년으로 가을을 삼는 대춘(大椿)[13]과 아침에 났다가 저녁에 죽는 버섯과 비교해서 인간의 덕에도 작은 것과 큰 것이 있음을 비유했다.

그 다음에는 바람을 타고 허공에서 노니는 열자(列子)[14]를 끌어와

---

9) 주희의 격물치지의 목적은 도덕적 수양을 통해 성인이 되는 데 있다. 물격지지는 성인이 되려면 반드시 거쳐야 하는 관문이다. 이러한 입장은 한편으로, 누구나 노력하면 성인이 될 수 있다는 맹자·순자 이래의 유가의 도덕적 수양론의 궁극 목적을 재천명한 것이며, 동시에 당시 송대(宋代)에 도교·불교에 주도된 시대적 사상 분위기가 성인의 경지에 도달하려고 하는 추세였던 만큼 그러한 시대적 요구를 유가 이념에 재흡수한 결과이기도 했다. 여기에는 깨달음을 통해 성인이 된다고 하는 당시의 지적 분위기가 반영되어 있다.

10) 현실을 초월하여 세속 번뇌에서 멀리 벗어나는 것을 말한다.

11) 인간의 삶에 있어서 시간과 공간, 또는 어떤 사물에도 끌리지 않는 자유스러운 모습으로, 도인들의 욕심경계를 넘어선 무위(無爲)와 자유와 독립의 심법과 행동을 가리킨다. '지인(至人)은 물아의 구별이 없고(無己), 신인(神人)은 공을 의식하지 않으며(無功), 성인(聖人)은 명예를 탐하지 않는다(無名)'고 한다.

12) 못의 물가 진펄[斥]에 사는 새로, 메추리의 일종이다.

13) 대춘(大椿)은 중국 고대 전설상의 나무로, 팔천년의 세월을 봄으로 삼는다고 한다.

14) 열자(列子: B.C.450~375)의 이름은 어구(禦寇)이며, 춘추시대 말기에서 전국시대 초기 인물이며, 대강 노자와 거의 같은 시기의 사람이거나 장자보다는 선배로서, 도에 대해서 일가견을 가진 인물이다. 도교의 3대 선인 「태상노군(太上老君) 노자(老子)」, 「남화진인(南華眞人) 장자(莊子)」, 「충허진인(沖虛眞人) 열자(列子)」로 알려져 있다. 열자는 서적 이름도 있는데, 저자에 대해서는 설이 분분하다. 혹자는 춘추시대 열어구(列禦寇)가 사람이 지었다고 하며, 혹자는 후세 사람이 열자의 이름으로 지었다는 설이 팽팽하다.

서 "이것도 오히려 바람과 허공에 의탁해서 노니는 것이다."라고 말하고 아무 의탁함도 없이 천지의 정을 타고 무궁에 노니는 무기한 지인, 무공한 신인, 무명한 성인이 있다는 것을 나타내서 소요유하는 경지를 제시했다.

아지랑이나 티끌은 모든 생물이 불어내는 입김이라고 했고, 하늘이 저렇게 창창한 것은 저 하늘의 본 빛이라고 했으며, 너무 멀어 끝이 없는 까닭이라고 했다.

물이 깊지 못하면 큰 배를 띄우기 어려울 것이다. 그러므로 한 그릇 물을 웅덩이에 부어 놓고 하나의 지푸라기를 띄우면 배처럼 뜨지만 그 곳에 잔을 하나 띄우면 가라앉고 말 것이다. 이는 물은 얕고 배는 크기 때문이다. 이와 마찬가지로 바람이 세지 못하면 저 큰 붕새의 날개를 날리기에 힘이 모자랄 것이다. 그러나 구만 리쯤 올라가면 바람은 그 밑에 있을 것이니 그런 뒤에야 바람을 타고 푸른 하늘을 등에 지고 날 때 아무 것도 그것을 꺾거나 막지 못할 것이다. 그러고야 남쪽바다로 가게 될 것이다.

매미와 산까치는 훌쩍 솟아 날아야 나무덤불에 부딪치지 않을 것이다. 때로는 잘 되지 않아서 땅바닥에 떨어지고 마는데 어떻게 구만 리를 올라가서 남쪽으로 갈 수 있냐고 시기하고 비웃는다. 그것도 그럴 것이 십리쯤 되는 들판을 둘러올 사람은 세 끼만 먹고 돌아와도 배가 든든하겠지마는 백 리쯤 여행을 떠나는 사람은 전날 밤부터 양식을 찧고 천 리의 여행을 떠나는 사람은 석 달 동안의 양식을 준비할 것이니 두 마리 벌레들이 무엇을 안다고 할 수 있겠는가?

대체로 소지는 대지에 미치지 못하고 소년은 대년에 미치지 못하는 것이다. 아침 버섯은 그믐과 초생을 알지 못하고 쓰르라미는 봄과 가을을 알지 못하는 것이다. 이것은 소년이기 때문이다. 초나라 남쪽에 명령(冥靈)[15]이라는 거북은 오백 년을 봄으로 삼고, 오백 년을 가을로 삼으며, 또 아주 옛날에는 춘(椿)[16]이라는 큰 나무가 있어서 팔천 년을 봄으로 삼고, 팔천 년을 가을로 삼았다고 한다. 그런데 지금에 와서 팽조(彭祖)가 특히 오래 살았다고 소문이 나서 모두들 그 정도를 보고 부러워하나, 명령과 춘에 비하면 짧은 기간이므로 이 또한 슬프지 아니한가?

탕(湯)[17]임금이 극(棘)에게 물은 것도 이와 같은 이야기다. 궁발(窮髮)[18]의 북쪽에 명해(冥海)[19]라는 하늘 못이 있다. 거기에 있는 고기는 그 넓이가 수 천리나 되고 그 길이는 아는 이가 없는데 그 이름을 곤(鯤)이라 한다. 또 새가 있어 그 이름을 붕(鵬)이라 하는데 그 등덜미는 태산과 같고 날개는 하늘에 드리운 구름과 같아서 회오리바람을 타고 구만 리를 돌아올라 구름을 벗어나고 하늘에 등을 진 뒤에야 비로소 남쪽바다로 가는 것이다. 그때 뱁새가 이 말을 듣

---

15) 초나라 남쪽에 명령이라는 신령한 거북이 살았는데, 이 거북에게는 봄, 가을이 오백 년씩이었다. 이런 것이 긴 삶이다.

16) 춘(椿)이란 큰 나무는 봄이 8000년, 가을이 8000년이었다고 한다. 그런데 팽조는 수백 년 살았지만 비교할 바가 못 된다고 생각한 것이다.

17) 서경에서 은(殷)나라 탕(湯)임금이 정벌에 나설 때의 이야기다. 당시 탕(湯)임금은 비록 사방 70리의 왕에 불과하였으나 포악한 왕을 제거함으로써 그의 백성들을 구제하게 되었는데, 백성들이 그가 정벌하러 올 것을 기다리고 바라기를, 마치 큰 가뭄에 구름이 생겨 비가 내리기를 기다리고 바라는 것같이 하였다고 한 것을 말한다.

18) 불모(不毛)의 땅을 가리키는 말이다. 땅에 초목(草木)이 덮임은 마치 터럭이 나는 것과 같다는 것이다. 그런데 중국 북쪽의 사막(沙漠)은 몹시 차서 초목이 없고, 그리하여 이러한 북극(北極) 지방의 땅을 궁발(窮髮)이라 하며, 오랑캐를 뜻하기도 한다.

19) 북쪽 불모의 땅에 명해(冥海)라는 바다에 천지(天池)라는 연못이 있었다는 것이다.

고 저들은 어디로 간다고 그러는 것이냐며 비웃는다. 우리들은 뛰어 날아올라도 두어 길을 못 가서 도로 내려와 풀밭 속에서 퍼덕거리는데, 그리고 이것도 나는 것으로서는 극도인데, 저들은 어디로 간다고 그러는 것인가라고 하면서 이를 부럽게 생각하지 않았는가? 세상에 하찮은 일을 하는 것이 많다. 이는 한갓 욕심에서 비롯된 것임을 풍자한다. 한낱 뱁새와 같다고 한 것을 가볍게 넘길 일이 아닌 것 같다.

온 세상이 칭찬해도 더하려고 애쓰지 않고, 온 세상이 그르다고 해도 그만두지 않아서, 안팎의 분수를 정하고 영욕의 경계를 분명히 했으면 그만이다. 그런 사람은 세상에서 그리 흔한 사람이 아니다. 바람을 타고 다녀 시원하고 유쾌해도 보름 만에 돌아오는 사람이다. 세상에서 복을 구하는 사람으로 그만한 사람은 그리 흔하지 않을 것이다. 그러나 열자는 비록 걸어 다니는 어려움은 면했다고 할 수 있지만 그래도 오히려 의지하는 데(바람)가 있는 사람이다. 저 천지의 바른 기운을 타고 육기(六氣)[20]의 변화를 몰아서 무궁에 노니는 사람이야 말로 무엇에 의지할 필요가 없다는 것을 강조하고 있다.

---

20) 육기(六氣)란 한 해를 6등분하여 교차하는 땅(地)의 기운이니, 곧 風, 火, 暑, 濕, 燥, 寒 6가지의 기후이며, 각각 木, 君火, 相火, 土, 金, 水의 五行에 해당된다. 이것이 한 계절씩 순환하는데, 매년 바뀌지 않고 木, (君)火, 土, (相)火, 金, 水의 순서로 진행되는 것을 주기(主氣)라 하고, 매년 해가 바뀜에 따라 五行의 선두가 바뀌는 것을 客氣(객기)라고 한다. 五運을 인체에 적용하면 간, 심, 비, 폐신 오장(五臟)이 되며, 육기(六氣)를 인체에 적용하면 쓸개, 소장, 삼초, 위, 대장, 방광의 육부(六腑)가 된다.

장자의 제일(齊一)

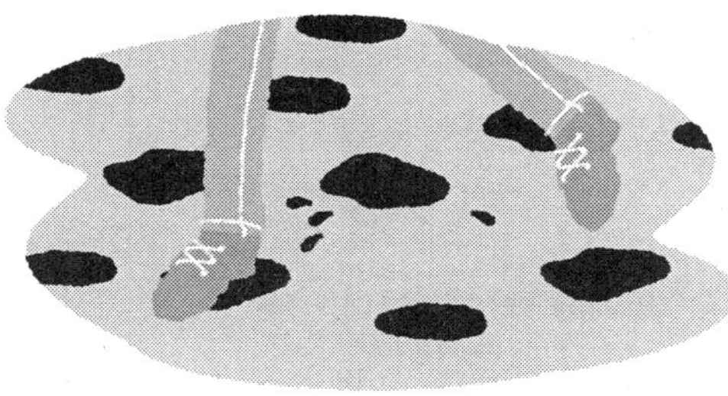

천하에 지극히 분란한 것이 물론인데 시비를 너무 밝히면 마음에 부담이 된다.

장자는 천하의 사물이나 말들을 모두 하나의 가지런한 이치로 봤기 때문에 피차(彼此)나 시비(是非)나 논변(論辯) 할 것이 없고 오직 도(道)만 알면 된다는 것을 강조했다. 천하에 지극히 분란한 것이 물론(勿論)[1]인데 시비를 너무 밝히면 마음에 부담이 된다. 그러므로 천하의 언론을 보기를 바람이 제멋대로 불다가 스스로 그치는 것과 같이 본다. 자연에 맡기고 나와 상관이 없어, 차와 피를 잊고 성(成)과 훼(毁)가 일치하고 물과 아가 평등하며 형(形)과 해(骸)를 벗어나고 생사를 초월하여 진재(眞宰)[2]를 구하고, 본명(本明)[3]

1) 물론(勿論)은 앞의 사실, 인물(사물) 등을 아우르고자 할 때 주로 쓰는 단어이다. 1. 명사로 쓸 때는 '말할 것도 없음(무론)'이고, 2. 부사로 사용할 때는 말할 것도 없이 어떤 사실을 단정적으로 드러낸다는 뜻이다. 혼동하기 쉬운 단어로 막론(莫論)이 있는데 이는 '진행하던 의논, 행동, 생각 따위를 매듭짓고자 할 때' 주로 사용한다.

2) 우주 만물의 주재자(主宰者)로서 우리를 웃고 울게 만드는 참 주인을

으로 비춰 무궁한 경지에 노는 것. 이것이 장자의 가장 미묘한 이상이다. 그러나 제물론에 대한 글은 너무도 다변하고 감정이 격해서 시비를 잊은 자라고 말하기 어렵다. 이 말은 왕선겸(王先謙)[4]의 집해(集解)에서 제물론에 대한 논평에 나타난다.

처음에 나오는 남곽자기(南郭子綦)[5]는 천(天)과 인(人)을 동일하게 보고 피(彼)와 아(我)를 평등으로 봤다. 상대가 없이 짝을 잃은 것 같았고, 형용이 마른 나무 같으며, 마음이 죽은 재(灰)같이 된 것은 모든 감정을 초월해서 자연에 맡겨 시비를 잊은 것이다. 내가 아를 상실했는데 천하의 사물론에 무슨 분별이 있으랴. 온갖 구멍에서 온갖 소리로 부는 바람은 땅피리(地籟)라고 한다. 만 가지로 같지 않게 제멋대로 불다 말다를 반복하게 되는 자연 그것을 하늘피리(天籟)라고 한다.

사람의 크고 작은, 아는 것, 말하는 것, 자고 깨는 것, 마음이 사물

말한다.

3) 원명(元明)이니 본명(本明)이니 하는 것은 근본으로부터 나온 것을 원(원)이라 하고, 당체(當體)를 바로 가리킨 것을 본(本)이라고 한다.

4) 왕선겸(王先謙)은 청대 학자로, 명(明)을 대립하는 시비를 초월한 밝음으로 상정하고, 이 밝음의 작용에 의해 대립한 시비를 지양할 수 있다는 데 주안점을 두고 있다. 즉 시비를 떠난, 밝게 비추는 작용 자체가 가장 뛰어난 행위라고 보는 것이다

5) 제물론 첫 문장에 스승 남곽자기(南郭子綦)가 '나를 잃었다(吾喪我).'는 글이 나온다. 이는 '장자(莊子)'의 핵심 개념이다. 스승 남곽자기와 제자 안성자유(顔成子游)의 대화 내용이다. 말이나 소리는 원래 있는 것이 아니고 대지의 숨결이 구멍을 만나 소리를 내게 되고, 사람의 숨결이 구멍을 만나 말이 되고 소리가 된다고 한다. 내가 옳다고 하는 것, 우리의 판단, 이런 것들은 잠시 바람구멍을 만나 소리를 내는 것뿐이다. 안성자유는 하늘의 퉁소 소리를 들어보지 못했을 것이라고 말한다. 공자가 가르치는 대로 이론에 따라 지적으로 추구하는 한, 퉁소소리를 들을 수 없다. 스스로 잃어버린 경지에 이른 사람만이 가능하다. 이기려고 따져 물었던 작은 앎에서 자신을 비운 사람만이 비로소 마음이 열려 들을 수 있다. 영적인 귀로만 들을 수 있다는 것을 강조하고 있다.

과 가지가지로 교접하는 것, 말하고 침묵하는 것, 희(喜) · 노(怒) · 애(哀) · 락(樂) · 방종(放縱)[6]하는 정욕(情欲)[7] 등은 모두 허한 데서 나오는 소리와 같다. 그것은 모두 자연이다. 무엇이 그렇게 하도록 시키는 것인지 모른다. 반드시 참 주재자(眞宰)가 있을 것인데도 형적(形迹)[8]을 찾을 수는 없다. 형체를 타고 나와 죽을 때까지 자신이 원하는 것이 이뤄지기만 기다리는 인생, 좁은 의견에 사로잡혀 없는 것을 있다고 하며 평생을 허덕이니 안타까운 일이 아닐 수 없다.

사람들이 '말은 바람과 다르다.'고 한다. 그래서 유학이니 묵자학이니 하며 시비[9]가 생긴다. 그러나 시비에 일정한 것이 없으니 시와 비가 서로 교차한다. 온갖 사물이 시가 아닌 것도 없고 비가 아닌 것도 없다. 피도 하나요, 차도 하나인 시비다. 그러므로 성인은 상대적으로 해결하지 않으려 하고 원환(圓環)[10]의 중공(中空)[11]한 것과 같은 도로서 무궁한 시비에 대응한다.

지(指)[12]와 비지(非指),[13] 마(馬)와 비마(非馬)를 말한 뜻은 지

6) 아무 거리낌이 없이 제멋대로 함부로 행동하는 것을 말한다. 제멋대로 행동하여 거리낌이 없는 상태를 말하기도 한다.
7) 마음속에 일어나는 여러 가지 욕구(欲求)를 말한다.
8) 사물의 형상과 자취를 아울러 이르는 말이다. 또는 남은 흔적을 말하기도 한다.
9) 옳음과 그름을 말하거나 옳고 그름을 따지는 말다툼을 뜻한다.
10) 둥글게 생긴 고리나 평면 위에서 두 개의 동심원으로 둘러싸인 부분을 말한다.
11) 속이 비어 있는 것을 말한다. 같은 말로는 하늘의 한가운데라는 중천(中天)을 의미한다. 북한어로 고공(高空)에 미치지 못하고 저공(低空)보다는 높은 하늘 가운데를 의미하기도 한다.
12) 손가락을 나타내는 말이나 붕어 따위의 길이를 재는 단위를 말한다. 또한 어떤 일이 있었던 때로부터 지금까지의 동안을 나타내는 말이다.
13) 가리키는 대상이나 길이를 재는 단위가 없는 상태를 말한다. 따라서 형태가 없음을 말하기도 한다.

와 마는 유형이요, 비지와 비마는 무형이니, 유형으로 무형을 나타낼 수 없다. 유형한 모든 상대를 하나로 통하는 것은 무형한 도라야 한다. 도에는 시비가 없는 것인데, 시비가 드러남은 도를 손상하게 한다. 소씨(昭氏)가 금(琴)을 타는 것은 시비가 있는 것이나, 금을 두고도 타지 않는 것은 시비가 없음이다.

유니 무니 하는 것이 참이 될 수 있는가, 내가 말을 했다면 그것이 과연 말이 되는 것인가? 만물이 나와 일치한데 태산이 크다 할 것은 무엇이며 털끝이 가늘다는 것은 무슨 의미가 있겠는가. 그러므로 대도는 무명(無名)이요, 대변(大辯)[14]은 불언(不言)이다. 무명의 대도와 불언의 대변을 아는 것을 천부(天府)[15]라 한다. 그것은 부을수록 차지 않고 퍼낼수록 마르지 않아 어디서 오는지 모른다.

사람과 원숭이는 거처가 다르다. 사람과 사슴은 입맛이 다르다. 사람이 좋아하는 미녀를 사슴이나 새들도 좋아하는 것은 아니다. 어느 것이 옳고, 옳지 않는 것이라고 말할 수 없다. 인간의 제물론도 각각 좋아하고 적당한 것이 있는데, 이를 하나의 기준으로 시비를 가려내는 것은 가능하지 않다. 이것을 초월한 지인은 이해와 사생에 변함이 없는 것이다. 모든 시비를 비추는 데는 밝음(明)으로 하고 모든 시비를 고르게 하고 조화롭게 하는 데는 「천균(天鈞)」[16]「천예(天倪)」[17]로 한다. 밝음이란 어떤 것인가, 천균 · 천예란 무엇인가를 알면 분분(紛紛)한 물론(物論)은 저절로 제일(齊一)[18]하게 될 것이다.

---

14) 빼어난 말솜씨를 말한다.
15) 땅이 매우 기름져 온갖 산물이 많이 나는 땅을 말한다.
자연적으로 요새를 이룬 땅이나 천자(天子)의 곳집을 말하기도 한다.
16) 옳은 것과 그른 것을 아울러 한가지로 본다는 의미를 말한다.
17) 꾸밈이나 거침이 없이 청정하여 어린이처럼 순진무구한 상태, 즉 자연적인 상태를 말한다.
18) 똑같이 가지런함이나 그 상태를 말한다.

대개 사람이 각각 자기의 이뤄진 마음(도에 맞는 마음)을 따라 그것을 스승 삼는다면 어느 누구에겐들 스승이 없겠는가. 그것은 변천하는 이치를 알아서 마음에 얻은 사람에게만 있는 것이 아니고, 그것을 모르는 어리석은 사람에게도 다 같이 있는 것이다. 마음에 이루지 않고 시비를 가리려 드는 것은 오늘 가면서 어제 도착했다는 것과 다름이 없다. 이것은 아무것도 없는 것을 있다고 하는 것이다.

옛날 사람들은 그 지혜가 지극한 면이 있었다. 그것은 지극해서 다시 더할 수가 없는 상태에 있는 것이다. 그 다음으로는 처음에는 물이 있다고 해도 피·차의 한계(封)가 없다는 것이며, 또 그 다음으로는 피차의 한계는 있어도 시와 비가 없다는 것이다. 시와 비가 나타나게 된 것은 도가 허물어진 까닭이니 도가 허물어졌다는 것은 곧 애(愛)가 이뤄졌다는 것이다.

그러면 이 이뤄짐과 허물어짐은 과연 있는 것인가, 혹은 없는 것인가. 이뤄짐과 허물어짐은 옛날 소씨의 거문고 타는 그것이요, 한 곡조가 이뤄질 때 다른 여러 곡조는 없어진다는 것이고, 이뤄짐과 허물어짐이 없다는 것은 한 곡조도 타지 않아 여러 곡조가 다 살아 있음을 의미한다.

도는 분명하면 곧 도가 되지 못하고 말은 변론하면 곧 미쳐가지 못한다. 인은 항상 드러나면 이뤄지지 못하고 염(廉)[19]은 맑기만 하면 미덥지 못하고, 용(勇)[20]은 객기를 내면 이뤄지지 못한다. 이 다섯 가지는 본래 원만한 것인데 지금은 모가 나서 더욱 가까워진 것이 안타깝다.

---

19) 청렴, 결백, 검소, 곧고 바름을 말하는 것이다.
20) '용'의 특징은 두려워하지 않는 것이다. 이것은 씩씩함과 굳셈을 의미하는 외면적 '용기'와 '과감한 결단'을 의미하기도 한다.

장자의 양생주(養生主)

"기술이 대체 이렇게까지 될 수 있는 것인가?"라고 표현하자,
포정은 "칼을 쓰는 것이 아니라 내가 좋아하는 도를
실천한다는 생각으로 하는 것이며 그것은 기술에 앞서는 것이다"라고 했다.

우리의 생명은 정해져 있으나 우리의 지식(知)[1]은 한정된 것이 없다. 한정이 있는 것으로 한정이 없는 것을 따르는 것은 위험한 일이다. 위험한 줄 알면서 자꾸 욕망을 가지는 것은 더욱 위험한 일이다. 그러므로 자신의 몸을 보호하고 완전한 도리를 얻지 못하면 한평생 허덕이면서 마음이 육체를 따르기에 바쁠 것이다. 그러므로 장자의 양생주[2]는 삶의 온전함을 지키기 위해 자연의 순리를 지키고

---

1) 앎은 단순한 개인 자산이 아니라 다수가 공유해야 하는 공동자산이다. 소크라테스는 "아는 것보다 모르는 것이 많음을 아는 것이 진정한 앎이다."고 말한 바 있다.
2) 생명이 유한한 인간이 무한한 지식을 다 붙잡으려고 헤매지 말라는 것이다. 그것은 삶을 해치고 목숨을 단축시키는 일밖에 되지 않는다. 그러므로 양생의 제일 첫 조건은 지식욕을 줄이라는 것이다. 노자도 무지무욕이란 말을 하지만 장자는 그렇게 극단적인 것은 아니다. 즉 지식의 범위를 한정해서 할 수 있는 범위 안에서 소신껏 연구하라는 말이다. 이것저것 하려고 하지 말고 오직 한 가지 방면에 몰두하는

따르는 것을 강조한 말이다.

선을 행한다고 해도 명예를 가까이 하지 않고, 악을 행한다고 해도 형벌에 가까이 하지 않고 오직 중도를 따라 상도를 삼으면 몸을 보존할 수 있고, 삶(정신생활)을 온전히 할 수 있다. 어버이를 봉양할 수 있고, 타고난 나이를 다할 수 있을 것이다. 여기서 선은 덕의(德義)[3]를 가리킨 것이고, 악은 권세와 이익(勢利)[4]을 말한 것이다. 선을 행하거나 악을 행하더라도 당연의 법칙을 따라 거기에 순응해야 한다.

양생의 도는 특별한 것이 아니다. 육체를 기르는 것은 정신을 수련하는 것만 못하고, 사람에게 맡기는 것은 하늘에 맡기는 것만 못하므로 이해에 흔들리지 않아야 삶으로 그 주인을 보전한다는 것이다. 주인이란 진실로 섬겨야 할 대상이다. 진실하게 주인을 섬기면 한정된 삶이라고 하지라도 그 결실은 유한하지 않고 무한한 가치를 가지기 때문에 성실한 양생이 된다.

것이 양생의 비결이다.

3) 사람으로서 마땅히 지켜야 할 도덕상의 의리를 말한다. 인간이 공동체의 일원으로 사회생활을 하려면 사회가 요구하는 제도 및 제약을 지키며 살아야 한다. 거기에는 질서행위 도덕규범 윤리 법률 등 여러 가지 사회적 준칙들이 요구되는데 이를 한 마디로 공중도덕이라 한다. 노자의 『도덕경』에 이르기를 "천하에 부드럽고 약하기로는 물보다 더한 것이 없으나 굳고 강한 것을 공격하는 데는 능히 이보다 더 나은 것이 없다."고 하였다. 약한 듯하며 부드러운 것이 강하고 굳센 것을 이기는 이치로 병서 삼략에도 부드러움은 덕(德)이고, 굳셈은 도덕(道德)이라고 했다. 약함은 사람을 돕는 것이고 부드러움은 사람을 공격하는 것이라고 했다.

4) 모든 삶의 행동과 노력과 심지어 인간관계마저 권력과 부, 그리고 명예를 추구함에 그 목적을 두고 살아가고 있다고 해도 과언이 아니다. 사회적 동물인 인간이 다른 사람들과 더불어 살아갈 수밖에 없는 상황에서 자신의 안정과 영달을 위해 쉽게 유혹당하는 것이 바로 권력, 재산, 명예, 사치와 같은 것이므로 절제하면서 배려하는 삶이 필요하다.

인생은 제한이 있으나 심지(心知)[5]는 궁극이 없다. 제한이 있는 몸으로 궁극이 없는 심지를 따르는 것은 위험하고 두려운 것이다. 이미 위태한 줄을 알면서도 역력히 심지를 쓰는 것은 참으로 위험하기 짝이 없는 것이다. 그러므로 삶을 가볍게 여기고 의(義)[6]를 따르더라도 이름을 구하지 말아야 한다. 삶을 탐해서 이익을 좇아도 죄에 빠지지 말고 오직 중도를 상도(常道)로 삼아야 한다.

요리의 명인인 포정(庖丁)이 중국 양나라 문혜군(文惠君)[7]을 위하여 소를 잡았다. 그 손놀림이나 어깨로 받치는 것이나 발로 딛는 것이나 무릎을 굽히는 모양이나 또 '쪼록쪼록 싹싹'하는 칼 쓰는 소리라든지 모두 음률에 맞지 않는 것이 없었다. 그래서 그 몸놀림은 상림(桑林)의 춤과 같고 그의 칼 쓰는 소리는 경음의 장단과 같았다. 문혜군은 그것을 보고 감탄했다. "기술이 대체 이렇게까지 될 수 있는 것인가?"라고 표현하자, 포정은 "칼을 쓰는 것이 아니라 내가 좋

---

5) 사물의 이치를 하나하나 철저하게 연구하여 그 끝에 도달하게 되면, 궁극적으로 인식 주체의 지식이 모든 사물의 이(理)에 관통하게 되어 본래 가지고 있었던 심지(心知)를 밝힐 수 있고, 그 작용에 의해 지선(至善)을 이해하고 성의와 정심(正心)을 할 수 있다.

6) 사람으로서 지키고 행하여야 할 바른 도리를 말한다. 사람이 마땅히 지키고 행하여야 할 도덕적 의리를 뜻한다.

7) 전국시대 양나라의 왕 문혜군(文惠君)이 도의 경지에 이른 포정의 소 잡는 모습을 보고 모든 사물에는 결이 있고 그 결을 따르는 것이 바로 천리(天理)임을 깨달는다는 내용이다. 문혜군은 포정이 손과 발, 어깨와 무릎을 적절하게 움직이며 소를 해체할 때 뼈와 근육, 살이 갈라지면서 나는 소리와 칼을 밀어 넣을 때 나는 소리가 음악으로 들렸다. 문혜군은 이런 포정을 보고 "오! 훌륭하도다. 기술이 어떻게 이런 경지에까지 이를 수 있을까"하고 감탄했다. 모든 사물에는 결이 있다. 목수는 나뭇결을 찾아 그 나무를 다스리고 석공은 돌의 결을 찾아 돌을 다루고 옥을 다루는 사람은 그 결을 찾아 옥그릇을 만든다. 모든 결에는 반드시 빈틈이 있다. 그 결속의 빈 공간이 사물의 핵심이란 것이 장자의 생각이다. 천지 만물에는 반드시 결이 있는데 이것이 바로 천리(天理)라는 것이다.

아하는 도를 실천한다는 생각으로 하는 것이며 그것은 기술에 앞서는 것이다."라고 했다. 눈에 보이는 소가 아니라 오직 영감으로 뼈와 살을 가르므로 칼을 상하거나 부러트릴 수 없다는 것이다. 이처럼 백정이 소를 잡아도 칼이 상하지 않는 것처럼 잡다한 사물이 자신의 마음에 쌓이지 않게 하는 것이 양생의 방법이다.

늪에 사는 꿩이 열 걸음에 한 번 먹이를 쪼아 먹고 백 걸음에 한 번 물을 마시면서도 둥우리 안에서 길러지기를 원하지 않는 것은 둥우리 안이 원기(元氣)[8]는 왕성할지 모르나 마음의 즐거움은 없기 때문이다.

노담(老聃, 노자를 말함)이 죽었을 때 진실(秦失, 가공의 인물)이 문상을 가서 그저 세 번 부르고 나와 버렸다. 그 제자가 "그는 당신의 친구가 아닙니까?" 묻자 "맞다"고 했다. "그렇다면 문상을 그렇게 해서 되겠습니까?" 라고 물었더니 진실은 "내가 처음에는 그를 뛰어난 사람이거니 했더니 이제 보니 아니다. 아까 내가 문상하러 들어갔을 때 보니 늙은이는 자기 아들을 잃은 듯이 울고 젊은이는 자기 어머니를 잃은 듯이 울더구나." 라고 했다. 그것은 노담이 그 사람들의 정을 이처럼 모은 까닭은 그가 그 사람들에게 칭찬하는 말을 요구하지 않았지만 그들에게 칭찬하는 말을 하게 하고, 그들에게 울기를 요구하지 않았지만 그들을 울도록 한 것은 사생유명(死生有命)[9]의 이치를 가르치지 않았기 때문이라는 것이다.

이것은 하늘에서 벗어나고 자연의 정을 배반하여 타고난 바를 잊어버린 것이니, 옛날부터 이것을 둔천(遁天)[10]의 형벌을 받는 것이

8) 타고난 기운(氣運)이나 만물(萬物)의 근본(根本)인 힘을 말한다. 타고난 심신(心身)를 뜻하기도 한다.
9) 죽고 사는 것은 하늘이 정한다는 의미이다.
10) 자연의 이치를 떠난다는 의미이다. 죽음을 슬퍼하는 것은 자연을 피

라고 했다. 그가 어쩌다가 이 세상에 온 것은 때가 됐기 때문이요, 그가 어쩌다가 이 세상을 떠난 것은 자연에 순응했기 때문이다. 그가 자연의 이치에 순응하고 그 운명에 맡기면 슬픔과 즐거움이 마음을 흔들지 못하는 것이다. 옛날에는 이것을 제(帝)의 현해(懸解)[11]라고 일컬었다. 섶(薪)의 모습은 볼 수가 있지마는 불(火)이 전하는 것은 모두 알 수 없는 것이다[12]. 이것은 양생주가 자연의 이치를 강조하는 사례로 이에 순응하는 것은 당연한 상도이자 중용의 이치라는 것을 말한다.

하려는 둔천(遁天)의 형벌이다. 천인합일의 도를 얻음으로써 천제(天帝)의 속박(縣解)으로부터 벗어나는 것만 못하다는 것이다. 인간의 상대적인 행복은 본성의 자유로운 발휘로써 얻을 수 있지만 절대적인 행복은 사물의 본질을 통찰함으로써 가능하다는 것이다. 절대적 행복과 절대적 자유는 사물의 필연성을 이해하여 그 영향으로부터 벗어남으로써 추구할 수밖에 없다는 것이다. 그러나 장자에게 있어서 가장 중요한 것은 사물의 필연성을 깨닫는 것이 아니다. 즉 도(道)의 깨달음이 아니라 그것과의 합일(合一)이다. 이것이 바로 장자의 이리화정(以理化情)이다. 도의 이치를 머리로 이해하는 것이 아니라 도와 합일하여 소요할 수 있어야 한다는 것이다. 도를 깨닫는 것은 이론적 차원의 문제가 아니다. 정서적 공감이 뒷받침되지 않으면 안 된다는 것이다. 머리가 아니라 가슴으로 느끼는 경지에 이르러야 한다는 것이다. 머리로 이해하는 것은 엄밀한 의미에서 완전한 이해가 못 된다는 것이다. 정서적 공감이 없다면 그것은 아직 자기 것으로 만들지 못한 상태이다. 장자의 이리화정은 가슴으로 느끼는 단계를 의미하는 것이라 할 수 있다. 사실은 머리보다는 가슴이 먼저 알고 있다는 의미이다.

11) 천제가 준 생사의 고통에서 벗어남을 의미한다.

12) 섶은 육체를 뜻하고 불은 생명을 가리킨다, 곧 생명의 불멸을 비유한 것이다.

장자의 덕충부(德充符)

덕을 갖춰 재능이 완전한 사람은 비방과 칭찬, 주림과 목마름, 추위와 더위 등을 초월한다.

덕충은 주로 덕을 그 몸에 충만하게 한다는 것을 말하고, 이는 덕을 밖으로 활용해서 남에게 베풀어야 하는 것을 말한다. 덕이란 득(得), 곧 얻음이 있음을 말하고, 부는 부합된다는 것이니 덕이 안에 충만할 때에는 그것이 징험(徵驗)[1]으로 느껴지고 나아가 덕이 행동과 마음에 부합하는 것이 되므로 덕충부라 한다.

덕이 있는 사람은 그 형체에 집착하지 않고 그 마음을 덕에 노닐게 한다. 그는 마음이 하늘의 이치에 맞게 자연스러워 사람의 감정에 끌려 다니지 않기 때문이다. 이것은 거짓이 없고 대의를 지키니 천성의 용기이고, 형해(形骸)[2]의 안이므로 발보다 귀중한 것이니 하

---

1) 어떤 징조를 경험하거나 체험함을 뜻한다.
2) 사람이나 동물의 몸과 뼈 질병이나 재화로 인하여 사람의 몸이나 건축물 따위가 앙상한 모습을 비유한 말이다.

는 것은 다 덕을 주해한 것으로서 덕이 충실한 실리를 말한 것이다. 끝까지 덕을 존중하고 형체를 경멸했지만은 이 형체는 원리를 얻기 어려운 것이다. 사람이 형체가 있으면 마음을 덕에 노닐게 해서 하늘로부터 부여받은 이치에 배반됨이 없어야 할 것이다. 마음을 덕에 노닐게 하려면 어떻게 해야 하는가. 육체를 등외시해야 한다. 동일한 것은 사람의 형체요, 서로 다른 것은 사람의 정이다.

세상의 눈으로 보면 공명(功名)과 부귀는 참으로 부러워할 만한 것이지만 깨달은 마음으로 보면 부귀는 뜬 구름과 같다. 마음을 덕에 노닐게 하는 사람은 안으로는 좋고 나쁨의 감정으로 마음을 해치지 않고 밖으로는 시비의 논란으로 덧없는 세상에 흔들리지 않는다. 결국 덕은 형체를 잊어버리는 것을 귀하다고 한다. 그래서 공자는 왕태(王駘)[3]를 다음과 같이 칭찬하였다. "이목에 끌리지 않고 형체를 모두 잊어버려 마음을 덕의 최고의 가치에 노닐게 하며, 만물은 모두 근본이라는 곳에 착안해서 그 상이한 것을 보지 않는다. 형체는 불구지만 성명(性命)[4]의 진리는 잊지 않는다."고 말했다. 덕이 이치를 보전하는 징험은 반드시 밖으로 나타나서 두려워하지 않고 굽히

---

3) 사념[邪念]이 없이 조용하고 맑은 마음 즉 징심[澄心]을 뜻한다. 장자의 덕충부편(德充符篇)에 나오는 고사다. 기원전 5세기경에 魯나라에 왕태(王駘)라는 덕이 높은 학자가 있었는데 당시 공자에 필적할 정도로 학식이 있고 제자들도 따랐다. 이를 좋게 생각하지 않은 공자의 제자 상계(常季)가 공자에게 불평을 했다. "왕태는 불구에다 풍채도 좋지 않고 학문도 선생님보다 못 한데 어떻게 사람들이 많아 모이는지요?"라고 물었다. 공자가 대답하기를 "사람들이 명경대신에 자기를 비춰 보는 물은, 흐르는 물이 아니라 고인물이다. 왕태의 마음도 고인물처럼 조용해서 사람들이 제 얼굴을 비춰 보고자 모이는 것이다." 잘 비추어주는 거울은 지수(止水)라는 데서, 명경지수(明鏡止水)라는 말이 생겼다.

4) 인간 존재의 본질 · 구조 · 존재 근거에 대한 물음에 답하고자 하는 이론을 말한다.

지 않아, 마치 용사(勇士)[5]가 단기필마로 적의 대군에 들어가는 것과 같다. 한 마리 말로 구군(九軍)[6]에 용감하게 진격하는 것은 이름을 구하는데 있다. 이름을 구해서도 그 용기가 이 정도인데 하물며 천지만물을 사역해서 그 직책을 다하고, 형체를 가상의 사물로 봐서 이른바 천지일지(天地一指), 만물일마(萬物一馬)[7]로 봐서 불생불멸하는 신인과 같은 것이다. 사람들이 왕태를 따르는 것도 그 때문이니, 다만 사람이 스스로 따를 뿐 사람이 왕태를 부른 것이 아니다. 세사에 귀중한 것은 덕이 있어 그것을 보전하기 위해서다. 하늘은 덮어 주지 않는 것이 없고, 땅은 실어 주지 않는 것이 없다.

생의 이치는 이미 형모(形貌)[8]로 족하고, 좋고 나쁨의 감정은 삶을 피폐하게 만든다. 모처럼 하늘이 형체를 준 원리를 생각하지 않고 쓸 데 없는 궤변으로 그 정신을 피로하게 한다. 덕을 갖춰 재능이 완전한 사람은 비방과 칭찬, 주림과 목마름, 추위와 더위 등을 초월한다. 이 모든 것은 인사의 변천이며 천명의 행운으로 밤낮 우리 눈앞에서 왔다갔다 한다. 하지만 어떠한 지혜로도 그 유래는 헤아릴 수 없다. 그러므로 재능이 온전한 사람에게는 그런 것들은 그 마음

---

5) 용맹스러운 사람으로, 특히 용맹한 군인을 가리키는 경우가 많다.
6) 구(九)는 가장 큰 수로서 가장 높은 하나님을 구천상제(九天上帝)라고 부르며, 전 세계를 통치하는 황제를 구황(九皇)이라 하고, 황제가 부리는 군대를 구군(九軍)이라 한다.
7) 장자는 '천지일지(天地一指)', '만물일마(萬物一馬)'라고 말하고 있는데, 높은 경지에 있어서는 하나(一)가 그대로 일체(一切: 多)이고, 소(小)가 그대로 대(大)이기 때문에, 천지의 대(大)도 손가락 하나와 마찬가지고, 만물의 다(多)도 일마(一馬)와 다르지 않다. 즉 이것은 대립이 없는 절대의 '일(一)', 무심무아(無心無我)의 경지다. 구지(俱胝)의 손가락 하나는 단순한 손가락 하나가 아니라, 대립분별을 잘라버리는 절대의 세계, 자타불이(自他不二), 사리일치(事理一致)를 보여주고 있다.
8) 용모를 말한다.

의 평화를 어지럽게 할 수도 없고 그 영부(靈符)[9]를 흔들 수도 없다. 평화롭고 유쾌한 기운은 언제나 떠돌아서 마음의 기쁨을 잃지 않으며, 또 그것은 밤낮으로 쉼이 없이 만물과 더불어 봄기운 속에서 놀게 되는 것이다. 다시 말하면 그 사람(才全人)은 모든 사물에 접속해서 그 마음속에 하나의 때(만물생성의 봄)를 만들어 내는 사람이다. 이것이 말하는 것은 재능이 온전하다는 것이다.

장자는 천하에 가장 평온한 것은 물이 완전히 고요하게 있는 상태라는 것이라 했다. 그것은 모든 기준이 되는 것이니, 안으로는 그 본선(맑음)을 보존하고 밖으로는 움직이지 않기 때문이다. 이와 같이 덕이라는 것은 가슴 속의 화기(和氣)를 완전히 닦아 이뤄진 것이다. 그러므로 덕이 드러나지 않는(속으로 충실함) 사람은 아무도 그를 떠나지 못한다. 모든 사람이 친밀감을 느끼고 사랑하기 때문이다.

9) 정신이 사는 집을 말한다.

제2부
도의 대종사

도의 대종사(大宗師)

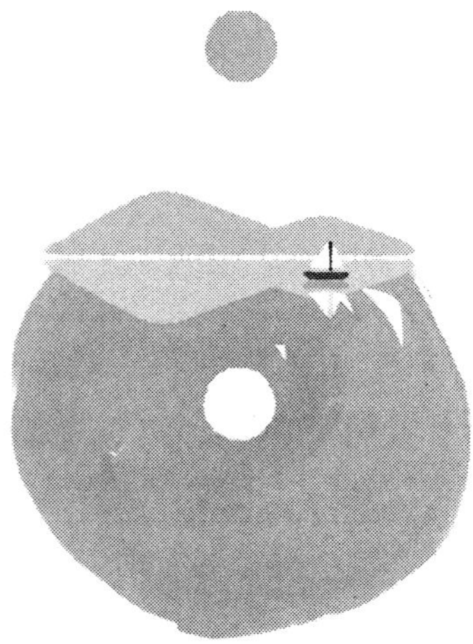

생과 사는 마치 낮과 밤과 같아서 피할 수 없는 운명인 것이다.

대종사는 대도(大道)[1]를 가리킨다. 대도는 가장 높여야 할 스승을 말한다. 성인은 하늘을 본뜨고, 하늘은 도를 본뜨며, 도는 자연을 본뜬 것이다. 대종사는 곧 도를 말한다. 도는 하늘과 사람을 꿰뚫고 삶과 죽음을 초월해 홀로 존재한다. 도를 세우는 것을 탁(卓)[2]이라 하고, 도의 존재를 진(眞)[3]이라 하며, 도로 돌아가는 것을 요천일(寥天一)[4]이라고 한다.

---

1) 큰 길, 사람이 마땅히 지켜야 할 도리를 말하고, 가장 높여야 할 스승을 말하기도 한다.
2) 우뚝하고 높은 경지를 이른다.
3) 진실은 숨겨지지 않고 눈에 보인다는 의미이다. 숨겨짐은 마음 안에 있는 덕과 재주이며 이것은 안에만 있는 것이 아니라 밖으로 발휘하여 많은 사람으로부터 존경을 받고 윗사람으로부터 인정을 받아 자신의 위치가 튼튼하여 진다는 의미이다
4) 휑하게 빈 곳으로 너무 적요하여 하늘과 일반이라는 뜻이다. 장자는 대종사(大宗師)에서 "자연의 질서에 순응하여 변화해 가면서 마침내

사람들은 요천일을 귀하다고 한다. 이것을 얻으려면 반드시 지혜로 알 수 있는 것을 근본으로 해서 지혜로 알 수 없는 것을 발달시킨다. 도로 화(化)[5]하면 늙지도 죽지도 않는 고장으로 들어갈 수 있다. 지혜로 알 수 있는 것이란 무엇인가? 이미 생이 있은 뒤요, 아직 죽음이 있기 전이다. 지혜로 알 수 없는 것이란 무엇인가? 바야흐로 태어날 때요, 또한 죽을 때다. 이미 삶이 진행돼 아직 죽음에 이르기 전에 지혜로 알 수 없는 것을 알려면 반드시 죽을 때를 기다려 징험할 수밖에 없다. 만일 그 시기가 이르지 않으면 하늘이 사람에게 준 진정한 뜻은 아직 결정지을 수 없다. 이것이 지혜로 알기 어려운 점이다.

진인(眞人)[6]이나 진지(眞知)[7]는 서로 견주어 살피거나, 깊이 생각해서 헤아리지(計較思量) 않는다. 진인의 경계에 있는 사람은 궁통, 성패, 득실, 안위 따위 모든 사변(事變)[8]을 마음에 두지 않는다. 그저 마음에 두지 않기 때문에 도, 하늘, 사람도 일(一)이 된다. 마음에 두면 곧 유심(有心)[9]의 폐(弊)[10]가 생긴다. 마음이 잘 잊어버리면 겸

적요한 하늘의 일자(一者)에 동화해 들어간다."라고 하였다.

5) 될 화(化)는 사람 인(人)과 비수 비(匕)로 되어있다. 여기서 비수라는 것은 짧은 단검의 의미도 있고 또 화살촉의 의미도 있다. 될 화(化)는 긍정적인 의미도 있고 부정적인 뜻도 있다. 하지만 사람 인(人)과 비수 비(匕)가 쓰여서 그런 다양한 의미를 갖게 되었다. 먼저 대표 이미지에 해당하는 글자에 사람 인(人)이 가장 먼저 쓰였다는 것은 이 글자가 사람에 대한 글자라는 것이다. 그리고 비수 비(匕)가 더해서 사람이 어떠한 상태가 되다라는 의미가 되는 것이다.

6) 진인(眞人)은 도를 깨달아 당연히 뛰어난 사람을 말한다.

7) 진지(眞知)는 참된 앎으로, 진지의 인식은 자기 자신과 창조의 궁극적인 본성을 파고드는 철저한 통찰력으로, 생각을 넘어서 논리적이고 지적인 추론을 모두 넘어서서 실체를 직접적이고 즉각적으로 인식할 때 가능하다.

8) 사람의 힘으로는 피할 수 없는 천재(天災)나 그 밖의 큰 사건을 말한다. 변스러운 사건, 비상한 사건, 중대한 일 등을 말하기도 한다.

9) 모든 차별 현상은 오직 마음의 작용에 지나지 않는다는 뜻이다. 대상

제(兼濟)[11]의 공이 있은 뒤에야 생사의 이치를 분명히 알 수 있다. 이것이 진인의 진지인 것이다.

생과 사는 마치 낮과 밤과 같아서 피할 수 없는 운명인 것이다. 그것은 사람이 주장할 수 없는 것이요, 지혜로 알 수 없는 것이다. 우리 육체의 생노병사(生老病死)[12]는 누구나 겪는 것이다. 사람은 인체가 겪는 어려움만을 알고 인체가 무궁한 것은 모른다. 천하를 잊어 만물을 잊고, 만물을 잊은 뒤에 삶을 초월하고, 삶을 초월한 뒤에 고금을 초월해서 생사가 없는 경계에 들어간다. 초심을 아직 잊기 전에는 잊기를 구하고, 이미 잊은 뒤에는 잊지 않기를 구한다. 그래서 한결같이 모두 명을 돌리고 있다. 그리고 잊은 끝에는 지혜의 아는 것으로 지혜가 알지 못하는 것에 기른다. 진인의 진지는 이와 같은 것이다.

하늘이 하는 것을 알고, 사람이 하는 것을 아는 이는 지극히 뛰어난 사람이다. 하늘이 하는 것을 아는 사람은 자연에 순응하며 사는 사람이다. 사람이 하는 것을 아는 사람은 자기의 지혜로 알아낸 사람의 일로 자기의 지혜로 알아내지 못하는 바(天道)를 길러서, 그 타고난 나이를 끝마쳐 도중에 꺾이지 않는 것이니, 이만하면 지혜로 훌륭하다 할 것이다. 그러나 여기에 걱정이 하나 있다. 대개 앎 경험에서 얻은 지식이 있어야 미래를 알 것이니, 이미 얻은 지식이 아

은 그냥 그대로 있으나 오직 마음이 온갖 분별을 일으켜 고락(苦樂)·미추(美醜)·선악(善惡)·유무(有無)·대소(大小)·장단(長短)이라고 한다는 뜻을 말한다.

10) 폐단(弊端), 해(害) 등 나쁜 상태나 여건을 말한다.

11) 겸제(兼濟)는 서로에게 부족한 것을 채워 양쪽을 구제하는 정신이라는 뜻이다.

12) 인간을 비롯한 지구상의 모든 생명체는 태어나서 살다가 늙고 병들어 죽는다. 특히 인간의 삶은 그것이 원칙이다.

직 충분하지 않을 때 하늘(天道)과 사람(人事)이 아니며 사람이 곧 하늘이 아닌 줄을 어떻게 알 것인가? 대개 진인이 된 뒤에야 진지에 이르는 것이다.

어떤 이를 진인이라 일컫는가? 옛날의 진인은 적은 것(逆境)[13]에도 거스르지 않으며, 이룩함(順境)이 있어도 자랑하지 않으며, 또 구태여 일을 꾀하려고도 하지 않는다. 그는 그릇됨(失敗)이 있어도 뉘우치지 않고, 목적한 바를 이뤄도(成功) 이룬 티를 내지 않는다. 또 그는 높은 데 올라가도 떨지 않고 물에 들어가도 젖지 않으며, 불에 들어가도 뜨거워하지 않는다. 이것은 앎이 도에 있어서 가장 높은 곳에까지 이른 증거다.

옛날에 진인은 잠을 잘 때에도 꿈을 꾸지 않고 깨어 있어도 걱정이 없으며, 음식에는 유달리 즐기는 것이 없고, 그 숨길은 깊고도 고요하다. 대개 진인은 발꿈치로 숨을 쉬고(깊고 고요하다는 뜻), 중인은 목구멍으로 숨을 쉬는 것이다(거칠고 얕다는 뜻). 또 남에게 굴복한 사람은 그 말소리가 어물어물하고 욕심이 많은 사람은 천기(天機)[14]가 얕다.

진인은 삶을 기뻐할 줄 모르고 죽음을 싫어할 줄 모른다. 세상에 나오기를 원하지 않지만 세상에서 떠나기도 거절함 없이 그저 선선히 가고 선선히 올 뿐이다. 이것은 자기의 생의 근원도 잊지 않는 동시에 자기의 죽음의 끝도 추구하지 않는 것이다. 삶을 이미 받았

---

13) 역경(逆境: 거스르는 환경)이라는 것은 자기 마음대로 되지 않는 것을 말하고, 순경(順境: 편안한 환경)이라는 것은 마음대로 되는 것을 말함이니, 사람들은 역경에서 울고 순경에서 웃지만, 역경과 순경에 일정한 기준이 있는 것은 아니며 고정된 바가 아니므로 마음가짐이 중요하다.

14) 하늘의 비밀로 자연의 이치와 삶의 바른 이치를 말하기도 한다.

는지라 그대로 좋게 지내다가 죽을 때에는 죽음조차 잊고 도로 자연에 돌리는 것이니 이런 것을 일러 '조그만 사람의 마음으로 도를 해친다거나 조그만 사람의 힘으로써 천명을 돕는다거나 하지 않는 것'이라 한다. 이렇게 하는 이를 진인이라 일컫는다.

진인의 마음은 생각이 없고, 그 얼굴은 고요해서 그 이마는 큰 박과 같다. 항상 시원해서 가을과 같고 항상 훈훈하여 봄과 같으며, 그 기쁨이나 성냄이 사시와 통하므로 사물을 접촉함에 각각 마땅함이 있어서 그 끝 간 데를 알 수 없다. 그러므로 성인은 군사를 일으켜 남의 나라를 침범해도 인심을 잃지 않으며, 은혜를 만세에 베풀어도 사람을 사랑하기 위한 것이 아니다. 그러므로 만물을 통하게 하기를 즐기면 성인이 아니요, 특히 친한 데가 있으면 인인(仁人)이 아니며, 천시를 가리면 현인(賢人)이 아니요, 이해를 하나로 통하지 못하면 군자가 아니며, 이름을 위해서 자기(본성)을 잃으면 선비가 아니요, 몸을 망쳐서 참(自然)되지 못하면 역인(役人: 남을 부릴 수 있는 사람)[15]이 아니다. 그러므로 이들은 남의 일을 일로 하고, 남의 즐거움을 즐거움으로 하였을 뿐 자기의 즐거움을 즐거움으로 하지 못한 이다.

15) 바른 자세와 인격을 갖춰 사람을 올바르게 부릴 수 있는 위치에 있는 사람을 말한다. 관아나 육주비전(六注比廛)에 딸려 물건운반과 심부름을 하던 사람을 말하기도 한다.

응제왕(應帝王)

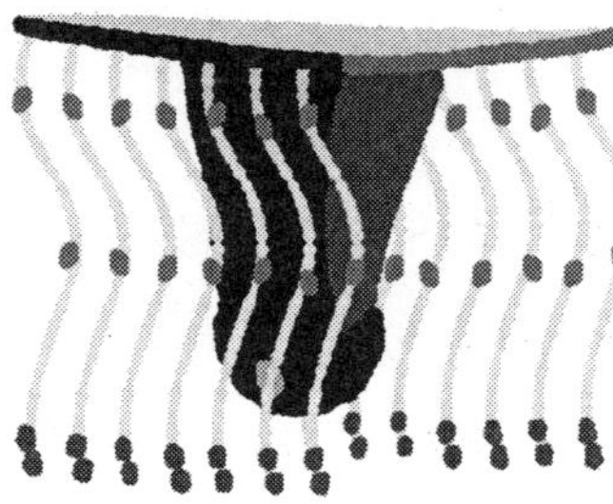

응제왕은 마음을 스스로 비우면 제왕이 될 수 있다는 말이다.

응제왕(應帝王)[1]은 마음을 스스로 비우면 제왕이 될 수 있다는 말이다. 이것은 지극한 비움(虛)에 임하는 것이다. 이것을 실천하기 위해서는 공을 잊고 자기도 잊어야 하며, 도와 융합함으로 성인(聖人)이 되니 이것은 안으로는 성(聖)의 학문이다. 이미 성인이 됐으면 곧 나타나 세상에 응해서 제왕이 될 만하니 이것은 밖으로는 왕의 학문이다. 내성(內聖)의 학문은 체가 되고 외왕(外王)[2]의 학문은 용이 된다. 이미 체를 얻었으면 바야흐로 용이 돼야 한다. 그러므로 성인은 세상을 다스리기 전에 몸을 다스리고 몸을 다스리기에 먼저 마음을 다스리는 것이다. 마음의 집착을 없앤 뒤에야 그것을 허(虛)라고 밝힌

---

1) 응(應)이란 응하다는 뜻 혹은 마땅히 그래야 한다는 뜻입니다. 그러니 응제왕이란 응당 임금이 되려면 갖춰야 할 자격, 조건 등을 얘기한 장일 것이다. 요즘 말로 바꾸면 지도자의 자격을 말하는 것이 된다.

2) 군주을 비롯한 지배계급이 안으로는 성인의 경지에 이르는 내성과 밖으로는 왕도정치를 베푸는 외왕의 덕스러운 이상형을 말한다.

다. 하는 것이 없으면서 하지 못하는 것은 없는 것이다.

마음이 없이 스스로 조화롭게 몸을 맡기는 사람은 온갖 이치가 그 몸에 구비됐기 때문에 그 몸은 비천에 허해 있어도 위로 제왕이 될 수 있다. 왜냐하면 제왕은 천하를 다스리기 때문이다. 다스림에 있어서도 내가 천하를 다스리기 보다는 나를 잊고 천하가 스스로 다스려지도록 맡기는 것이 더 낫다. 이것은 소위 인위적으로 하지 않으면서 어떤 것이라도 할 수 있다는 것이다.

응이란 무엇인가? 그가 와서 내가 응하는 것이다. 그가 아직 오기 전, 그가 이미 간 뒤에 지극히 허한 곳에 서는 것을 말한다. 이것이 응제왕의 설명이다. 다스린다는 사람으로서 천하를 내게 따르게 하고 내 덕이 천하에 미치기를 바라지 않는 이가 있겠는가? 그러나 천하를 내게 따르게 하는 것은 천하로 하여금 스스로 교화하게 하는 것만 못하고, 내 덕이 천하에 미치게 하려는 것은 내가 나를 위하는 것을 잊는 것만 못하다.

마음을 비워(淡)[3] 노닐게 하고 기를 고요함(漠)[4]에 합치고 의도하지 않고(不測)[5] 지내면서 세상에 노닐게 하는 것이다. 이렇게 하면 이 응하는 자는 제한이 없고 스스로 응할 것이니 그것은 무위이기 때문이다. 이름의 주인이 되지 말고 모책의 창고가 되지 말며, 일의 책임을 지지 말고, 지식의 주인이 되지 말라는 것이 다 그것이다. 그러므로 몸은 모든 것을 갖추고 있어 그 자취를 나타내지 않고, 이미 한 일은 그 근본에 합해서 다시 더한 것을 볼 수 있어야 한다.

지인(至人)의 마음 씀씀이는 다만 허이므로 거울처럼 보내지도 않

---

3) 맑고 담백하여 욕심이 없는 상태를 말한다.
4) 조용하거나 마음이 편한 상태를 말한다.
5) 미루어 헤아릴 수 없는 것을 말한다.

고 맞이하지도 않는다. 그것은 아마 본래부터 잘 응하는 것이 존재하기 때문이다. 그러므로 기어이 천하를 내게 따르게 하지 않아도 스스로 따르지 않는 것이 없고, 반드시 천하에 베풀어 주는 것이 없어도 스스로 베풀어지지 않는 것이 없다. 그러므로 포의자(蒲衣子)는 태씨(泰氏)[6]의 덕을 찬탄하기를 '그 눕기는 천천히 해서 편안하고, 그 깨기도 천천히 해서 스스로 얻어서 자나 깨나 다 무심이요, 제왕이니 사람이니 하는 것을 다 잊어 사람들이 소라 하든 말이라 하든 그 부르는 것에 맡겨둔다는 것이다. 그러나 참된 지식(眞知)을 따르기 때문에 그 지식은 정성스럽고 믿음이 있어 사사로움이 없고 그 덕은 참돼 거짓이 없다.'고 했다.

다시 일중시(日中始)[7]가 '인군(人君)이 된 자는 자기가 법도를 만들어 천하의 법이 되면 그 누가 여기에 조화롭지 않겠는가?'라고 한 것을 접여(接輿)[8]는 '그것은 스스로 속이는 것으로서 진실한 덕이 아니어서 모기에게 태산을 지우는 것과 같다.'고 했다. 무명인은 '너는 마땅히 마음을 비워서 노닐게 하고 기를 고요함에 합치고 만물의 이치에 따르고 순응해서 개인의 이익을 끼우지 말라. 그래야 천

---

6) 『장자』「지북유」에 나오는 인물로 왕예의 스승이다. 『장자』「천지」에 보면 "요(堯)의 스승은 허유(許由)이고, 허유의 스승은 설결(齧缺)이며, 설결의 스승을 왕예(王倪)요, 왕예의 스승은 피의(被衣)이다."라고 수록되어 있으며 포의자(蒲衣子)와 같은 인물이다. 태씨는 중국 고대의 전설적 제왕인데, 일설에는 태호복희씨(太昊伏羲氏)를 말한다고도 한다.

7) 『장자』「응제왕편」에 나오는 인물로 법가(法家)의 방식은 엄격했던 인물로 묘사된다.

8) 『장자』「인간세편」에 나오는 접여의 노래로서 "행복은 깃털보다 가벼워도 담을 줄을 모르고 재앙이 땅덩이보다 무거워도 피할 줄을 모른다." "접여의 노래를 듣다 보면 모두 어리석어지고 싶어진다." "현명한 사람이 곧 어리석은 사람이다." 장자의 입장에서 보자면 재주꾼들이 너무나 많아서 세상이 시끄러운 셈이다. 그러니 유용한 위인보다 무용한 사람들이 오히려 우대되는 것을 말한 것이다.

하가 다스려진다.'고 했다. 이것을 다른 말로 생각하면 총명함으로 누를 가져오는 것은 지식과 부지와의 이치를 고집하는 데 있다. 허무의 대도를 깨치지 못하고 함부로 지식으로 덤비다가는 혼돈(混沌)[9]의 신세를 면하지 못한다는 것이다.

노자는 명왕(明王)[10]에 대해서 '다스림은 그 공(功)이 천하를 덮어도 그것이 자기에게서 나온 것이 아닌 양 하고 그 교화가 만물에 베풀어져도 백성들은 그것을 힘입지 않는 양 하는 것이다. 공과 교화가 있기는 있지만 너무 크고 범위가 넓어 뭐라고 이름 붙일 수 없고 모든 만물로 하여금 스스로 기쁘게 하는 것이니 명왕은 보통 사람이 헤아릴 수 없는 무아의 변화를 가지고 아무 일도 없는 무위의 경지에 노니는 사람이다.'라고 했다.

혼자서 차지해서 명예의 표적이 되지 말고, 꾀의 주모자가 돼 본부로 가 활동하지 말며, 일의 책임자가 되지 말고, 지혜의 주인이 되지 말아야 한다. 다만 광대한 도를 지키고 언제나 거기에서 떠나지 않아 하늘에서 받은 본성을 완전히 하면서도 스스로 그것을 자랑으로 여기지 않는 무위의 마음을 지켜야 한다. 지인의 마음 쓰기는 마치 거울과 같아서 비쳐 오는 것이 밉다고 배척하지 않고 또 곱다고 환영하지도 않으며 비친 것이 떠나가도 굳이 그 자취를 남기려고 하지 않는다. 그러므로 그것은 모든 만물을 비춰 조금도 상하지 않는 것이므로 스스로 다스려지는 것이다.

9) 영문을 모르는 상태라는 것이다.
10) 명왕(明王)은 무명(無明)을 정복한 마음의 왕이니 곧 성인을 말한다. 노자는 명왕을 세우는 것은 천하의 대의라는 것이다.

장자의 네 발가락(騈拇)

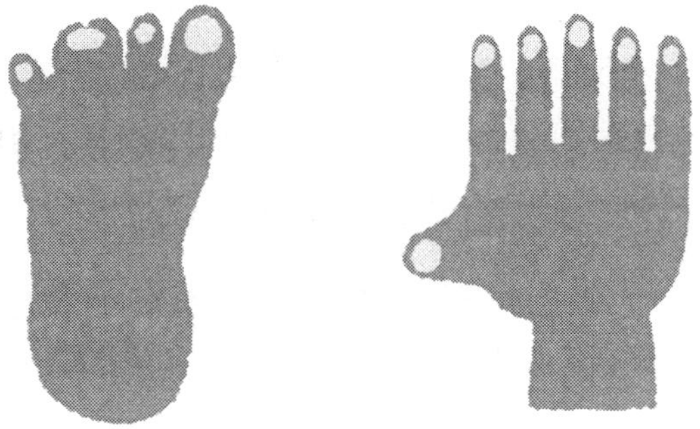

세상에서 가장 바른 것은 마음의 본바탕이 가지는 진실, 즉 도덕을 말한다.

세상에서 가장 바른 것은 마음의 본바탕이 가지는 진실, 즉 도덕을 말한다. 귀 밝은 사람은 그것을 듣고, 눈 밝은 사람은 그것을 보며, 말 잘하는 사람은 그것을 말할 수 있다. 그러므로 이주(離朱)[1]와 사광(師曠)[2]과 양(楊)[3] · 묵(墨)[4]은 증사(曾史)[5]의 도덕적인 장

1) 중국 황제의 신하로, 낭간수 옆에 있는 복상수(服常樹)를 지킨다. 눈이 밝고 세 개의 머리가 달렸다고 전해진다.
2) 춘추시대 진(晉)나라 사람으로 음악을 주관하는 관직(樂師)을 지내 음률(音律)을 분간하는 것에 능했으며, 진평공(晉平公) 때 음양에 관한 학문으로 세상에 이름을 날렸다고 한다. 태어날 때부터 시각장애를 가지고 태어났다는 설과, 연기를 쐰 것으로 인해 장님이 되었다는 설, 음악에 전념하기 위해 스스로 장님이 되었다는 설 등이 있다.
3) 전국시대 사상가 양주를 일컫는 말이다.
4) 이름은 확실치 않다. 성은 묵(墨)이고 이름은 적(翟)으로 묵적(墨翟)이다. 묵자(墨子)라고 했는데 당시 자(子)는 극존칭으로서 '큰 선생님'을 일컫는 말이다. 하지만 이 사람의 성이 묵이 맞는지 의견이 분분하다. 묵가(墨家)라는 거대한 학파의 종사(宗師)이고 공자의 라이벌이지만 성도 이름도 모른다. 이렇듯 묵자라는 사람의 신상에 대해 알 수 있

점을 제각기 나타내고 있다. 그러나 그것은 특별하게 진실한 것(特命)으로 생각하면 네 발가락과 여섯 손가락에 불과한 것이다.

특명의 진실은 각각 원래부터 그러한 것이므로 스스로 그에 알맞은 행동을 하는 것이기 때문이다. 그러므로 구태여 인과 의를 행하려고 할 때에는 오히려 그 근본을 잊어버리고 인위적인 군더더기 행동을 하는 것이다. 인위적인 군더더기 행동은 오히려 진실을 배반하는 것이다. 인자가 세상을 걱정해서 고뇌하는 것은 부와 귀를 탐하는 불인자(不仁者)[6]의 그것과 다를 것이 없다.

'이와 같지 않으면 천하 만백성의 마음을 편안하게 할 수 없다.'는 생각은 아직 천하에는 언제나 그렇게 됨이 있어서 인위를 빌리지 않는 어떤 '이유'가 있다는 것을 자세히 모르기 때문이다. 성과 인의는 같은 종류가 아닌 것이다.

그러므로 나면서 완전한 모양인 성을 인의에 종속시키려는 증사와 같은 사람은 원래 자기는 스스로 '잘 한다'고 하지만 천하를 모두 그 마음의 본바탕에 맡겨서 비로소 '잘 된다'는 것을 모르는 사람이다. 귀가 있는 사람은 그것을 듣고, 눈이 있는 사람은 그것을 본다. 스스로 듣고 봐서 마음의 본바탕인 성질을 잃지 않는다는 것은 스스로 알맞게 행동 하는 것인데, 그렇게 하지 않으면 그 성을 잃을 것이다. 그래서 우리는 언제나 도덕을 귀하게 여겨서 도덕에 어긋나지 않으려고 노력해야 한다.

네 발가락과 여섯 손가락은 성에서 나온 것이다. 그러나 그것은 보통 사람의 모양인 덕에 있어서는 군더더기요, 살에 붙은 사마귀이며

는 것은 거의 없는 실정이다.

5) 증사(曾史)는 문필을 기록하여 보관하는 곳을 말한다. 또한 원나라 사람 증선지(曾先之)가 지은 십팔사략(十八史略)을 말하기도 한다.

6) 마음이 어질고 착하지 않은 사람을 말한다.

혹이 몸뚱이(形)에서 생긴 것이다. 그것은 사람이 처음 날 때의 완전한 모양에는 군더더기일 뿐이다. 인과 의를 여러 방면으로 쓰는 것은 오장에서 짜낸 지혜인 것이다. 그러나 그것은 도덕의 진정한 모습은 아니다. 그러므로 네 발가락은 쓸 데 없이 살을 붙인 것이고, 여섯 손가락은 쓸 데 없는 한 손가락을 덧붙인 것이며, 오장의 진정에서 인의를 짜내는 것은 인의의 행동에 치우쳐서 쓸 데 없는 총명의 활동을 덧붙이는 것이다.

천하의 가장 바람직한 도덕은 마음의 본바탕이 가지는 진실한 정을 잃지 않는 것이다. 그러므로 합해도 네 발가락이라 해서 싫어하지 않고, 갈라져도 여섯 손가락이라 해서 원망하지 않으며, 길어도 남는다고 생각하지 않고, 짧아도 모자란다고 생각하지 않는다. 오리다리가 비록 짧아도 이어 주면 걱정할 것이고, 학의 다리가 길어도 끊어 주면 슬퍼할 것이다. 천성은 길어도 끊을 것이 아니고, 짧아도 이을 것이 아니니, 만일 천성을 따라 행한다면 걱정은 스스로 없어질 것이다.

인의는 인간 생명의 진실이 아니다. 왜냐하면 인의에는 많은 걱정이 있는데, 저 붙은 발가락도 갈라 째면 울 것이고, 여섯 손가락도 물어 끊으면 울 것이다. 정상에서 하나가 더 있고, 정상에서 하나가 모자라지만 그 걱정은 마찬가지다. 오늘날 세상을 보면 어진이(仁人)는 근심스러운 눈으로 세상을 고민하고 있지만 그것은 어질지 않은 이(不仁人)가 자기 마음의 본바탕이 가지는 진실을 어지럽혀 부귀를 욕심내는 것과 다를 것이 없다. 이쯤이면 저 인의는 사람 마음의 본바탕의 진실이 아닌 것 같다.

천하의 모든 사물은 끊임없이 생겨나지마는 어떻게 생겨나는 까닭을 모르고 그와 같이 천하의 모든 사물은 그 덕성을 얻으면서도 어떻게 얻는 까닭을 모르는 것이다. 그러므로 그것은 예나 지금이나 변함이 없어 사람의 힘으로는 없앨 수도 바꿀 수도 없는 것이다. 그런데도 어떻게 인의를 가지고 마치 아교풀이나 노끈처럼 사람을 묶어서 도덕의 사이에서 노닐 수 있게 할 수 있겠는가? 그것은 오직 천하의 마음을 미혹시킬 뿐이다.

천하는 모두 그 '무엇'을 위해 죽는다. 인의를 위해죽은 사람은 세속에서 군자라 일컫고 또 재물을 위해서 죽은 사람은 소인이라 일컫는다. 그러나 그 '무엇을 위해서 죽음'은 하나인데 거기에 군자니 소인이라 구별하는 것이 무슨 의미인가. 그 목숨을 죽이고 본성을 해친데 있어서는 도척(盜跖)이나 백이(伯夷)[7]가 다름이 없는데 거기에 또 무슨 군자니 소인이니 하는 구별을 하는 것인가.

이른바 훌륭하다는 것은 인의가 아니라 그 본성을 완전하게 하는 것을 말한 것이고, 자연의 진실에 맡김을 말한 것이며, 내가 총(聰)[8]이라고 말한 것은 사람이 만든 소리를 듣는 것이 아니라 자기 스스로 듣는 것을 말한 것이다. 내가 명(明)[9]이라고 말한 것은 사람이 만든 빛깔을 보는 것이 아니라 자기 스스로를 보는 것을 말한

7) 어진 이로 이름난 백이(伯夷) 숙제(叔齊)는 굶어 죽었고, 공자의 제자 중 으뜸인 안회(顔回)는 극빈 속에서 젊은 나이에 영양실조로 죽었다. 그러나 대악당 도척(盜跖)은 매일 죄 없는 백성을 죽여 그 간을 회로 쳐서 먹었으며 그 무리를 이끌고 천하를 어지럽혔지만 끝내 아무 천벌도 없이 제 목숨을 온전히 누리고 살았다. 세상에는 선을 행하여 화를 얻고 악을 행하여 복을 얻는 일이 있는데 그래도 천도무친(天道無親: 하늘은 사사로움이 없으며), 천도부도(天道不謟: 언제나 착한 이의 편이다)라는 말을 믿어야 하는지에 대한 회의적인 반응을 나타낸 것이다.

8) 돌이켜서 다른 사람의 말에 귀를 기울이는 것을 총(聰)이라고 한다.

9) 마음속으로 성찰할 수 있는 것을 명(明)이라고 한다.

것이다.

대개 자기 스스로 보지 못하고 남이 본 것만을 본다거나, 자기 스스로 얻지 못하고 남이 얻은 것만 얻는다는 것은 남의 얻은 것을 얻은 것이다. 자기가 얻어야 할 것을 자기 스스로 얻지 못한 것이고, 남의 만족을 만족할 뿐으로 자기가 느껴야 할 만족을 자기 스스로 만족하지 못하는 것이다. 대개 스스로 만족하지 못한다면, 비록 도척과 백이의 차별은 있지만 다 같이 바깥 사물의 본성을 잃는 것이다. 내 도덕(마음의 실천)에 미치지 못함을 부끄러워 하니 위로는 감히 인의의 길을 굳이 지키려고 하지 않고 아래로는 감히 바깥 사물을 위해서 본성을 잃지 않으려고 한다.

자연을 따르는 다스림

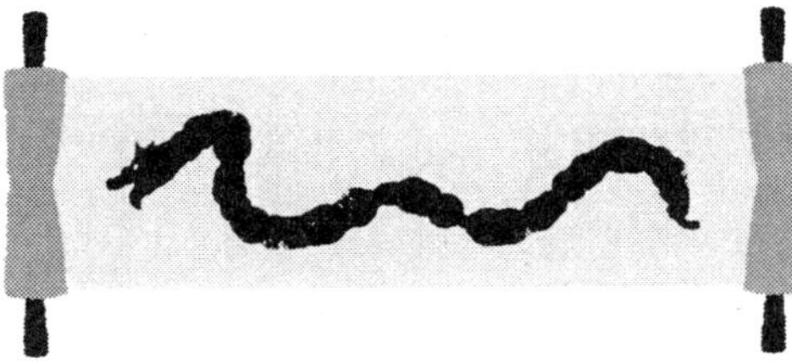

천하가 그 본성을 어지럽게 하지 않고 그 덕을 변하지 않게 한다면 거기에 또 다른 다스림이 있기 때문이다.

천하를 스스로 있게 하는 까닭은 천하가 그 본성을 어지럽힐까 두렵기 때문이다. 천하를 너그러이 하는 까닭은 천하의 덕이 변할까 걱정되기 때문이다. 천하가 그 본성을 어지럽게 하지 않고 그 덕을 변하지 않게 한다면 거기에 또 다른 다스림이 있기 때문이다.

옛날 요임금[1]이 천하를 다스릴 때 천하로 기쁘게 그 본성을 즐기

1) 황제 다음에 유명한 부락연맹의 수령 셋이 나타났는데, 바로 요(堯)임금, 순(舜)임금, 우(禹)임금이다. 그들은 원래 한 부락 사람들로서 차례대로 부락연맹의 수령으로 추대되었다. 요임금은 직접 순의 됨됨이를 보고는 덕이 높은 사람임을 인정하고 임금의 자리를 그에게 넘겨주었다. 이렇게 임금의 자리를 세습이 아니라 덕 있는 사람에게 물려주는 것을 '선양(禪讓)'이라고 한다. 임금이 된 순은 백성들과 함께 부지런히 일하고 검소하게 생활해서 칭송을 받았다. 수십 년 뒤 요임금이 세상을 떠나자, 순은 수령 자리를 요의 아들인 단주(丹朱)에게 넘겨주려고 하였으나 사람들이 모두 반대했다. 그제야 순은 정식으로 부락연맹의 수령으로 나섰다.

게 해서 세상을 편안하게 했다. 하의 걸주가 천하를 다스릴 때 천하를 힘들게 해서 그 본성을 괴롭게 한 것은 즐겁게 하지 못한 것이다. 편안하지 못하고 즐겁지 못한 것은 자연적인 것이 아니며, 자연스럽지 않고 오래 가는 일은 천하에 없다.

사람이 너무 기뻐하면 양에 치우친 것이고, 너무 성내면 음에 치우친 것이다. 그것은 도리어 사람의 몸을 해치는 것이다. 사람이 기뻐하고 성냄이 차례를 잃게 하고, 살기에 떳떳함이 없게 한다. 생각하고 헤아림에 결정을 짓지 못하게 하고, 꾸짖고 자랑하고 사납게 된다. 모두가 개인적으로 그런 행동이 있었던 것이다. 그러므로 온 천하를 가지고 착한 사람에게 상을 주려해도 만족하지 못했고, 온 천하를 가지고 악한 사람에게 벌을 주기에 모자랐다. 삼대(夏·殷·周)[2]를 내려오면서 상주고 벌주기를 일삼았으니 그 백성들은 ~~그~~ 자연스러운 진실이 편안할 수 없었다.

명(明)을 즐기는 것은 색(色)에 빠지는 것이고, 총(聰)을 즐기는 것은 성(聲)에 빠지는 것이며, 인(仁)을 즐기는 것은 자연을 어지럽히는 것이요, 의(義)를 즐기는 것은 자연을 어기는 것이다. 예(禮)[3]를 즐기는 것은 기(氣)[4]를 돕는 것이고, 악(樂)[5]을 즐기는 것은 음탕을

2) 하나라의 우(禹)임금, 은(殷)나라(상(商)나라)의 탕왕(湯王), 주(周)나라의 무왕(武王)이 천하를 얻은 것은 그들이 어질었기 때문이며, 하나라의 걸왕(桀王), 은나라(상나라)의 주왕(紂王), 주나라의 유왕(幽王)이 천하를 잃은 것은 그들이 어질지 못하였기 때문이다. 삼대(三代)는 고대 중국을 잇달아 다스렸던 세 왕조(王朝)를 가리키는 말이다.

3) 넓은 의미로는 풍속이나 습관으로 형성된 행위 준칙, 도덕 규범, 등 각종 예절을 말한다. 예(禮)는 본시 고대사회에서 복을 받기 위해 귀신을 섬기는 일에서 비롯되었다고 하며 '예(禮)'자의 '示'는 '神'자에서, '豊'은 그릇에 곡식을 담은 모양이라고 『설문해자(說文解字)』에서는 풀이한다.

4) 고대 중국의 철학에서 우주 창조 이전의 기본적인 개념으로 생각하고 있는 것이 '기(氣)'다. 하늘과 땅이 분리되기 전, 아무것도 없는 세계

돕는 것이며, 성(聖)[6]을 즐기는 것은 예(藝)[7]를 돕는 것이요, 지(

에서 이 기가 충만해져 천지가 나누어지고, 점차 모든 사물이 생겨나기 시작했다는 것이다. 말하자면, 인간을 비롯한 자연계의 모든 것을 생성시킨 생명과 물질의 동적 에너지가 바로 '기'이다. 이 기의 개념은 상당히 추상적인데, 전국(戰國) 시대에 맹자(孟子)가 '호연지기(浩然之氣)'를 이야기하면서부터 구체적인 이미지를 가진 사상적 주제로 변모하게 되었다. 그에 따르면 기는 '혈기(血氣)'를 근본으로 하며, 치기양심(治氣養心)이라는 양생술(養生術)을 수반한다는 것이다. 도가에서 기는 생명이나 자연에 대한 근본적인 의문을 해명할 수 있는 '사고의 중심'으로 발전하게 되었으며, 인간을 포함한 만물의 생성과 변화를 '기'의 집산(集散: 모이고 흩어짐)으로 설명하게 되었다. 그래서 도교에서는 교리의 이상적 관념인 '도(道)'를 '기(氣=元氣)'로 규정하고 있다. '용기(勇氣)' '공기(空氣)' '기력(氣力)' 등 우리가 별 생각 없이 자주 쓰는 말들이 바로 이러한 배경에서 비롯된 것이다.

5) '예'가 사회질서를 유지하는 기능을 지닌 것인 데 비하여, '악'은 인심을 감화(感化)하는 효용을 지닌 것이라고 하였다. 주공(周公)은 특히 '예악'을 강조하여 예악을 바탕으로 한 그의 정치는 많은 치적(治績)을 남겼다고 전한다. '악'은 또한 이 시대의 대학 교과였던 6예(六藝)의 하나에 끼었는데, 그 중에서도 '예'와 더불어 가장 중요시되었다. '악'의 바탕을 이루었던 『악경(樂經)』은 오늘날 전해지지 않고 있으나 『예기(禮記)』 가운데 수록되어 있는 「악기(樂記)」에서 어느 정도의 윤곽을 찾아볼 수 있다. '악'의 제도는 매우 복잡하지만 『의례(儀禮)』 『주례(周禮)』로써 거의 알 수 있다.

6) 본래 동아시아에서 불교나 유교적 의미의 성인(성인군자)을 의미하던 어근이었다. 예를 들면 신라의 법흥왕은 당대 기록에서 성법흥태왕으로도 등장한다. 그러다 20세기 이후에는 주로 기독교의 Sanctus에 해당하는 어근으로 차용해서 쓴다. 기독교 도입 이전 불교적 의미로 쓸 때랑 의미도 비슷하고, 발음도 유럽 언어에 따라 다르지만 비슷한 편인데 우연의 일치다. 성인(기독교에서 시성된 이), 성경, 성부, 성자, 성령 등의 어휘를 구성한다. 영어에서의 Holy는 Saint보다 강한 의미이며, 창조주나 교회(건물이 아닌, 범국가적 공동체의 의미에서) 등에 사용된다. 본래 라틴어로는 둘 다 Sanctus(어근: Sanc)인데 영어에서 갈라진 것이다. 하지만 한자어로 번역하면서, 다시 한 어근으로 합쳐졌다.

7) 예는 예술이라는 뜻이지만 옛날에는 보통 육예(六藝), 즉 옛날 선비들이 반드시 배워야 할 여섯 가지의 일을 뜻하는 것으로 인식됐다. 육예는 예, 악, 사(射: 활쏘기), 어(御: 마차운전), 서, 수를 가리킨다. 지금의 의미로 푼다면 사람이 살면서 배워야 할 문화정도가 될 것이다. 당시의 지배계층으로 살면서 반드시 배우고 갖춰야 할 지식이자 교양이었다.

智)[8]를 즐기는 것은 시비의 병을 돕는 것이다.

천하가 자연의 진실에 편안할 수 없다면 이 여덟 가지는 사람을 얽매고 사람을 바쁘게 해서 천하를 어지럽힐 것이다. 그러나 사람들은 오히려 그것을 높이고 아끼니 더욱 어지럽게 됐다. 더구나 그것을 주고받고 북치고 노래하며 떠들어대기까지 한다. 그러므로 군자가 천하를 다스릴 때는 무위가 제일이니, 무위라야 자연의 진실을 편안하게 할 수 있다.

자신을 천하를 다스리는 것보다 귀하게 여기는 사람이면 천하를 부탁할 수 있다. 자신을 천하를 다스리는 것보다 사랑하는 사람이면 천하를 맡길 수 있다. 군자로 진실로 오장을 풀어헤침이 없고, 인의를 퍼뜨리지 않고, 그 총명을 휘두름이 없다면 천하를 다스릴 수 있다. 신주처럼 앉아 있어도 용처럼 활동하고, 깊은 못처럼 잠잠해 있어도 그 이름은 우레처럼 울리며, 정신이 한 번 움직이면 천지조화가 저절로 따르고, 조용히 무위해서 만물이 스스로 피어나는 것이야말로 천하를 다스린다고 할 수 있다.

무위에 살면 만물은 스스로 다스려진다. 몸을 생각하지 말고 총명을 떨어버리며, 자기와 만물을 함께 잊어버리면 자연의 기운과 한

---

8) 모든 현상의 이치를 명료하게 판단하는 마음 작용을 말한다. 지는 지의 통찰대상인 진리[諦]와 관련해서 나눔과 통합이 있다. 경전 중에 진리와 관련해서 일제, 이제, 삼제와 같은 나눔과 통합이 있듯이 지(智)에도, 일지, 이지, 삼지, 사지 내지 십일지 등과 같은 이합이 있을 수 있다. 그러나 이들은 모두 삼제와 삼지에 포섭해서 설명할 수 있다. 경전 중에는 오제, 육제, 칠제, 팔제, 구제, 내지는 무한한 진실을 드러내기 위한 예도 있지만 앞에서 말한 것을 이해할 수 있다면 모두 삼제의 의미로 포섭할 수 있다는 것을 알 수 있다. 십일지(十一智) 중 세지(世智)와 타심지(他心智) 두 종류는 세제를 비추고, 팔지(八智)는 진제(眞諦)를, 여실지(如實智)는 중도제(中道諦)를 통찰한다. 이와 같이 지에는 이합집산에 따라 여러 가지의 의미가 있지만 그 의미는 모두 삼제로 포섭할 수 있다.

몸이 된다. 마음의 집착을 풀어버리고, 정신의 속박을 벗어버리며, 막연한 기운을 거둬버리면 만물은 제각기 근본으로 돌아갈 것이다. 그러나 근본으로 돌아가면서도 스스로 까닭은 모르는 것이다. 혼돈하기 때문에 몸이 근본에 맞도록 도에서 떠나지 않지만, 만일 지혜를 쓰면 몸은 곧 도에서 떠나게 된다. 이름도 알 필요가 없고 세상 정보도 엿볼 이유가 없어야 만물이 스스로 살아간다.

세상 사람들은 자기와 같은 사람을 좋아하고 자기와 같지 않은 사람은 미워한다. 자기와 같기를 바라고 자기와 다르기를 바라지 않는 것은 여러 사람보다 뛰어나기 위해 노력하는 사람이다. 대부분은 여러 사람보다 뛰어나기를 원한다. 그러나 어떻게 항상 뛰어날 수가 있겠는가? 그러므로 오히려 여러 사람을 따르면 스스로 편안해질 수 있다.

자기가 들은 것이 여러 사람의 많은 재주에 미치지 못하면서 각자의 생각으로 나라를 다스리는 사람은 삼왕(禹·湯·文)[9]의 이로움은 보면서 근심은 보지 못하는 사람이다. 그것은 나라를 다스릴 때 요행을 바란 것이다. 요행만을 바라서는 나라를 망치게 될 것이다. 역사적으로 요행으로 나라를 보존한 것은 만에 하나도 없었고, 나라를 망친 것은 수없이 많이 있었다.

이것은 평범하면서도 아주 귀한 대인의 가르침으로 형체의 그림자와 같고, 소리의 울림과 같다. 물음이 있는 대로 곧 응하되 그 생각한 것을 천하를 위해 나누는 것이다. 그래서 소리 없는 데 있고, 방위 없는 데서 움직여 천하를 제각기 알맞은 곳으로 이끈다. 무극(無

9) 『論語(논어)』「堯曰(요왈)」편에 출전한다. 堯曰편 1장의 마지막 문장이다. 1장은 모두 상서(尙書)의 요(堯), 순(舜), 탕(湯), 무(武) 등 성왕(聖王)의 일을 언급했는데, 이 문장은 공자의 말씀으로, 二帝는 堯와 舜, 三王은 禹(우) · 湯(탕) · 文(문)왕을 말한다.

極)[10]에 노닐며 드나들기에 의지함이 없고 해와 더불어 항상 새로운 것이다. 그의 형체를 한 몸으로 따진다면 곧 만물과 한 몸이다. 자연과 한 몸이기에 자기가 없는 것이고, 자기가 없으면 또 남도 없는 것이 된다. 남을 본 사람은 옛날의 삼대 성인군자요, 무를 본 사람은 천지의 벗이다.

10) 1. 한이 없음. 끝이 없음.
2. 천지 만물(天地萬物)이 이룩되기 전에 있었던 혼돈 상태의 만물 생성의 근원이 된 하나의 기운을 태극(太極)이라고 하는데, 그것은 또 아무것도 없는 상태이므로 무극(無極)이라고도 한다. 또한 무극은 태일(太一)을 낳고 태극(太極)은 양의를 낳는다. 무극의 한 지점에서 우주의 모든 정보가 담겨져 있는데, 이곳을 무극식(無極識)이라 한다.

도의 다스림

무위로 통하면 모든 일이 끝나고 욕심이 없으면 귀신도 항복한다.

천지가 크다고 하나 조화는 두루 미치고, 만물이 많다고 하나 그 다스림은 한 가지 모양이다. 사람의 백성이 많다고 해도 주인은 임금 한 사람이다. 임금은 천덕[1]을 근본으로 다스림의 도를 이루므로 그것을 하늘의 덕이라고 한다.

옛날 천하의 임금은 무위로 하늘의 덕을 가질 뿐이었다. 도로 언론을 관찰하면 임금의 행동은 달라지고, 도로 직분을 바라보면 군신의 의가 밝아진다. 도로 재능을 살펴보면 관리가 다스려진다. 도로 널리 주시하면 만물의 반응이 끝이 없다. 그러므로 천지에 통하는 것은 덕이고, 만물에 행동하는 것은 의이며, 위에서 사람을 다스리는 것은 일(예, 악, 형, 정)이다.

---

1) 1. 만물을 성성하게 하는 하느님의 덕. 2. 임금님의 덕.
3. 길일(吉日)과 길방(吉方)을 통틀어 이르는 말이다.

한 가지 재능은 기예다. 기예는 일에 근본이고, 일은 의에 근본이며, 의는 덕에 근본이고, 덕은 도에 근본이며, 도는 하늘의 무위에 근본이다. 그러므로 옛말에 '천하를 다스리는 사람은 욕심이 없어도 백성들은 넉넉했다. 하는 일이 없어도 만물은 조화롭게 길러졌으며, 고요해 말이 없어도 백성은 안정됐다. 또 무위로 통하면 모든 일이 끝나고 욕심이 없으면 귀신도 항복한다'고 했다.

대개 도는 만물을 휩싼 것으로서 한없이 넓고 크기도 크다. 그러므로 군자는 사심을 버려야 한다. 마음이 없이 하는 것을 하늘이라 하고, 마음이 없이 말하는 것을 덕이라고 한다. 사람을 사랑하고 만물을 이롭게 하는 것을 인이라 한다. 만물을 같다고 보는 것을 대(大)라 하며, 행동이 별다르지 않는 것을 관(寬)이라 하고, 각각 다른 만물을 그대로 받아들이는 것을 부(富)라고 한다.

덕을 싸잡는 것을 기(紀)라고 하고, 덕이 이뤄진 것을 입(立)이라 하며, 도를 따르는 것을 비(備)라 하고, 물(物)로 그 뜻을 꺾지 않는 것을 완(完)이라 한다. 군자로서 이 열 가지에 밝으면 모든 간직하는 마음이 크고 힘차게 행해서 만물이 돌아올 것이다. 그러한 사람은 금은 산에 묻힌 채 두고, 구슬은 못에 묻힌 채 둔다. 재물을 이익으로 생각하지 않고, 부귀를 가까이 하지 않는다. 장수를 즐겨하지도 않고, 요절을 슬퍼하지도 않는다. 출세를 영화로 생각하지도 않고, 몰락을 부끄럼으로 생각하지도 않는다. 일세대의 부를 얻어도 자기의 소유로 생각하지 않고, 천하의 임금이 돼도 자기가 영화롭다고 생각하지 않는다. 그에게는 만물은 한 몸이요, 생사는 한 모양인 것이다. 도는 고요해서 움직이지 않고 맑아서 흐리지 않는다. 금석도 도를 얻지 못하면 소리를 내지 못한다. 금석에 소리는 있으나 나지 않으면 울지 못하는 것이다.

큰 덕을 가진 사람은 무위로 세상과 함께 하면서도, 일에 통하기를 부끄럽게 여긴다. 오직 만물의 본원에 서 지식은 신에 통하므로 덕은 넓은 것이다. 그 마음이 생기는 것은 만물이 있어서 부딪치기 때문이다. 그러므로 형체는 도가 아니면 생기지 못할 것이요, 생긴 것은 덕이 아니면 분명하지 않다. 몸을 보존하고 생을 완전히 하며 덕을 세워 도를 밝히는 사람은 큰 덕을 가진 이가 아니겠는가? 갑자기 생기고 활발히 움직여 만물이 따르는 것이니 이것을 큰 덕을 가진 사람이라 한다.

움직이기 시작하는 때엔 무(無)가 있었다. 거기에는 유(有)가 없었기 때문에 사물의 이름이 없었다. 이 무는 하나가 일어나는 근본이다. 하나는 아직 나타나지 않았지만 만물은 그것을 얻어 생겼으니 그것을 덕이라 한다. 나타나지 않는 하나는 둘(음양)로 나누고 비록 나뉘었으나 서로 떨어지지 않는 것이니, 이것을 명(命)이라 한다. 그리고 다시 활동해서 문득 하나의 만물을 낳고 만물이 나서 살아가는 이치가 생기는 것이니 이것을 형(形)이라 한다. 형이 정신을 가지고 제각기 적당한 법칙을 따라 활동하는 것을 성(性)이라 한다. 그래서 성을 닦으면 덕으로 돌아갈 수 있고 그 덕이 지극해지면 태초와 하나가 되는 것이다. 태초와 하나가 되면 그것은 곧 허요, 허하면 곧 대이니 그 말은 새가 우는 것처럼 무심한 것이 된다. 말이 무심하면 천지와 더불어 합할 것이요, 그 합한 것은 자취가 없어 마치 어둡고 어리석은 것이니 마음이 없이 스스로 합함은 천지가 현묘한 이치라 해서 자연과 하나가 되는 것이다.

성인이 천하를 다스림은 백성들의 마음을 속박하지 않고 교화해서 풍속을 바르게 하는 것이다. 도를 해치는 마음을 버려 모두 자기의 뜻으로 나아가게 하되 그 성정이 자연에 따른다. 그러므로 백성들은 그렇게 되는 까닭을 모른다. 만일 그렇다면 천하를 하나의 덕에 한 가지로 스며들게 해서 백성의 마음을 편안하게 하는 것이다.

성인은 이 세상에 태어나 여러 사람과 함께 한가로이 살고 그저 무심으로 살아간다. 다만 아득히 덕과 몸과 정신이 참되고 조화롭고 원만하다. 그러므로 공리(功利)[2]나 지교(智巧)[3] 따위는 그의 마음에서 떠났을 것이다. 성인은 뜻에 맞지 않으면 가지 않고 마음에 합하지 않으면 하지 않는다. 온 천하가 칭찬해도 거만스럽게 돌아보지 않으며 온 천하가 그르다 해서 행해지지 않아도 마음에 걸리지 않는 것이다. 천하의 칭찬과 나무람이란 성인에게는 아무런 이익과 손해가 없는 것이다. 이러한 성인은 덕을 온전히 한 사람이다. 우리 같은 사람은 남의 비평을 따라 움직이는 풍파의 백성이라고 하지 않을까 한다.

---

2) 1. 공명(功名)과 이욕(利慾)을 아울러 이르는 말.
 2. 공로(功勞)와 이익을 아울러 이르는 말.
 3. 다른 목적을 실현하는 데 도움이 되는 것을 말한다.

3) 지혜롭고 솜씨나 꾀 따위가 재치가 있고 교묘한 것을 말한다.

하늘의 도리

사심을 가지지 않는 것도 벌써 사심을 생각한 것이니, 결국 사심이 그 속에 있는 것이다.

하늘의 도리는 하늘과 땅을 선으로 해서 근본을 무위로 돌리고 하늘의 도리와 사람의 도리와 임금과 신하의 분별을 말하는 것이다. 지극히 순정(純正)[1]하고 또한 인정에 가깝기도 하다.

무위는 천지의 덕으로 유위의 근본이다. 제왕의 도리와 성도가 활동도 고요함을 근본으로 한다. 고요하기 때문에 밝아서 천지만물이 무위로 돌아간다. 무위는 일을 이루고 마음에 간직해서 절제하므로 그는 다만 비어 있고 고요하며, 편안하고 맑으며, 쓸쓸함으로 바른 이치를 추구하게 된다. 사람은 무위를 밝히는 것을 귀하다고 한다. 무위를 밝히는 사람은 근본의 중요한 부분을 얻은 하늘과 조화를 이뤄 하늘의 즐거움을 얻는다. 하늘의 즐거움을 얻은 사람은 천지에

---

1) 1. 순수하고 올바름. 2. 학문에서, 응용이나 경험과는 관계없이 주로 이론이나 형식을 중히 여기는 태도를 말한다.

두루 통하고 만물과도 통한다. 천지를 근본으로 하고 도덕을 주로 하며, 무위가 일상인 사람이다.

무위는 원래 지극한 것으로 무위하면 천하를 쓰고, 유위하면 천하에 쓰인다. 천하의 군왕이 된 자는 스스로 쓰이지 않고 천하를 쓰는 것은 하늘 덕으로 돌아간다. 하늘의 덕으로 돌아간 사람은 내가 있다는 마음을 버린다. 내가 있다는 마음을 버린 사람은 소라 부르건 말이라 부르건 모두 받아들인다. 천지를 따로 하고 만물을 잊어 정신을 괴롭히지 않는다. 스스로 도에 통하고 덕에 합해서 인의예악을 쓰지 않으니 무위의 근본으로 돌아가는 까닭이다.

공자가 노자에게 인의를 말했을 때, 노자가 "그대의 말은 부질없고 공허하다. 겸애(兼愛)[2]란 것도 도에서 먼 것이다. 사심을 가지지 않는 것도 벌써 사심을 생각한 것이니, 결국 사심이 그 속에 있는 것이다. 그대가 만일 천하가 본성을 잃게 하지 않으려거든 천지는 스스로 법칙이 있고, 해와 달은 스스로 밝으며, 별들은 스스로 벌려 있고, 짐승들은 스스로 떼를 지으며, 나무들은 스스로 나서 서 있는 것처럼 각각 천연의 생을 완수하게 해야 한다. 그대도 자연의 덕을 따라 행하고 자연의 도를 따라 나아가면 반드시 지극함에 이를 것이다. 어찌 인의를 치켜세워 사람을 가르치고 마치 북을 치면서 잃어버린 아이를 찾아 돌아다니듯 하는가?"라고 한 것은 다 인성을 어지럽히는 것을 경계한 것이다.

하늘의 도는 운행해서 멈추지 않기 때문에 만물은 이뤄진다. 제왕의 도는 운행해서 멈추지 않기 때문에 천하가 평화롭게 돌아온다.

2) 모든 인간을 똑같이 사랑한다는 의미로, 자기와 남을 구별하지 않고 모든 사람을 사랑한다면 이 세상에 다툼은 없어지고 인간은 평화로운 생활을 누릴 수가 있어 천하의 큰 이로움(天下之大利)이라고 주장한 전국시대 주(周)나라의 사상가 묵자(墨子)의 교설(敎說)이다.

성인의 도는 운행해서 멈추지 않기 때문에 천하가 복종하는 것이다.

하늘의 도는 밝고 성인의 도로 통하고 제왕의 도에 막힘이 없는 사람은 무위로서 자취가 없기 때문에 고요하지 않은 것이 없다. 그러나 성인의 고요함은 고요함이 선이기 때문에 마음을 써서 고요하게 하는 것이 아니다. 만물의 어느 것도 그 마음을 어지럽히지 못하기 때문에 고요함이 된다.

몸도 고요하면 밝아서 사람의 얼굴을 비쳐 준다. 평평한 곳에서 먹줄에 맞게 곧은 선을 그릴 수 있기 때문에 장색(匠色)[3]은 본을 뜨는 것이다. 물이 고요해도 오히려 맑다. 하물며 신령스러운 정신인 성인의 마음 속 고요함이겠는가? 성인의 고요함은 진실로 천지의 거울이요, 만물의 거울이 된다. 마음이 고요하면 무위가 되고, 무위가 되면 제각기 맡은 일을 다 할 수 있다. 또 무위면 조용하게 스스로 모양을 얻고, 스스로 모양을 얻으면 모든 걱정이 그 마음에 머물 수 없어서, 오래 살 수 있다. 고요하면 성이 되고 움직이면 왕이 되고, 무위면 높고, 소박하면 천하에 아무도 그와 더불어 아름다움을 다툴 이가 없다.

천지의 덕을 밝게 통한 사람은 만물의 본성, 천하의 큰 마루라 해서 하늘과 더불어 화합하고 천하를 고르게 다스리며, 사람과도 화합할 수 있는 사람이다. 사람과 화합하는 것을 사람의 즐거움이라 하고, 하늘과 화합하는 것을 하늘의 즐거움이라 한다.

위에서는 무위요 아래서도 무위면 이것은 아래가 위와 덕을 같이 하는 것이다. 아래가 위와 덕을 같이 하면 신하가 될 수 없다. 아래서도 유위요, 위에서도 유위면 위가 아래와 도를 같이하는 것이다.

---

3) 물건 만듦을 업으로 하는 사람으로 장인(匠人)을 말한다.

위가 아래와 도를 같이 하면 임금이 될 수 없다. 그러므로 위에서는 반드시 무위로 천하를 써야 한다. 아래서는 반드시 유위로 천하의 쓰임이 돼야 하니, 이것은 결코 바꿀 수 없다.

옛날 천하의 임금은 지혜는 천지를 살 만해도 스스로 생각하지 않고, 변론은 만물을 아름답게 꾸밀 수 있어도 스스로 말하지 않으며, 능력은 천하를 말해도 스스로 손을 대지 않는다. 하늘은 생산하려 하지 않아도 만물을 조화롭게 기르고, 땅은 기르려 하지 않아도 만물은 자라난다. 제왕은 무위지만 천하에 공을 이룬다. 옛말에 '하늘처럼 신령스러운 것도 없고, 땅처럼 풍성한 것은 없으며, 제왕처럼 큰 것은 없다'고 했다. 제왕의 덕은 천지와 짝한다고 한 것이니, 이것은 천지의 이치를 따르고, 만물을 부리고 만민(萬民)[4]을 쓰는 도인 것이다. 따라서 이를 하늘의 도리라고 말 할 수 있다.

4) 모든 백성, 또는 모든 사람을 말한다.

변하지 않는 도

'따오기는 날마다 목욕하지 않아도 희고, 까마귀는 날마다 먹칠을 하지 않아도 검다.'라고 한 것은 다 세속의 인의를 가볍게 여기고 무위의 도를 귀히 여긴 것이다.

도는 만물에 반응해서 다함이 없고 변해도 막히지 않는다. 천지 제왕의 도는 무위를 귀하게 여기고 유위를 천하게 여기며, 도덕을 존숭하고 인의를 가벼이 여긴다. 자연스러움을 귀하게 여긴다는 것에는 변함이 없지만 엎치락뒤치락, 펼치고 닫으면서 도의 작용은 변화무쌍하다.

도는 자연의 활동이고 근원은 하늘에 있다. 처음에는 이름도 자취도 없는 것에서 시작했지만 이것은 이름도 있고 자취도 있는 인간의 범위 밖에서 움직인다. 그러나 도는 근원을 생각하지 않을 수 없다. 도가 변하지 않는 것은 도의 근원인 우주만물의 이치가 변할 수밖에 없는 인간의 속성과 구분된 까닭이다.

상나라 태제(太帝) 탕(湯)[1]이 인을 물었을 때 장자는 '저 호랑이가 인하다.'라고 대답했다. 호랑이가 아무리 사납더라도 부자간에는 서로 친함이 있기 때문이다. 탕이 다시 지인을 물었을 때 장자는 '인간이 서로 친하다는 것은 실체가 없고 변화무쌍하므로 자취가 없다.'고 대답해서 지인도 사람에 불과하다고 말했다. 지극한 귀가 인간에게 있어 나라의 벼슬을 맡았더라도 인간계의 지위에 불과하다. 지극한 부로 자족하며 나라의 재물이 손안에 있더라도 인간계의 한정된 재물에 불과하다. 인간은 누구나 최고의 부귀를 원하지만 부귀를 얻으면 천박함 때문에 인과 효라는 가치는 모두 떠날 수밖에 없다. 만물이 모두 도 가운데 있어서, 부귀와 영화도 변하지 않는 도의 가치에 비하면 보잘 것 없는 것이다.

염제(炎帝)는 악송(樂頌)[2]을 지어 '최고 경지의 음악은 소리가 없

---

1) 동아시아 역사상 최초로 혁명을 일으켜 세상을 바꾼 인물이 탕(湯)임금이다. 3600년 전 그는 폭군이었던 하나라의 마지막 임금 걸(桀)을 쳐부수고 상나라를 세워 백성을 나라의 근본으로 삼는 새로운 시대를 열었다. 그가 세상을 바꾸기 위해 가장 먼저 한 일은 무리를 규합하거나 군대를 양성하여 다른 나라를 공격하는 일이 아니라 놀랍게도 날마다 목욕을 하면서 자신을 돌아보고 성찰하는 일이었다. 그의 목욕통에는 '일신우일신(日新又日新)'이라는 유명한 글귀가 새겨져 있었다. 이를 탕지반명(湯之盤銘, 탕임금의 목욕통에 새겨진 글이라는 뜻)이라 하는데 그 내용이 유학의 고전 '대학'에 전해온다. 완전한 문장은 다음과 같다.
'구일신 일일신 우일신(苟日新 日日新 又日新)'은 나 자신을 새롭게 하면 나에게 다가오는 나날, 곧 객관 세계가 새로워진다는 뜻이다. 마지막 우일신(又日新) 또한 같은 식으로 이해하면 된다. 나에게 다가오는 객관 세계가 새로워지는 '일일신(日日新)'이 조건이 되면 새로움을 맞이하는 주체인 나 또한 새로워진다는 뜻이다.

2) 신농씨는 허베이성(湖北省) 쑤이저우시(随州市) 열산(烈山) 사람으로 상고시대 부락연맹의 이름난 수령이다. 강수에서 태어났기 때문에 성을 강(姜)이라 했다고 한다. 처음에는 진(陳)에서 살다가 곡부(曲阜, 지금의 산둥성 취푸현 쪽)로 옮겼다는 설이 있다. 그는 중국 고대 전설시대에 불을 다스렸던 신으로 염제라고도 부른다. 적제, 열산 씨(일설에는 여산 씨)라고도 부른다. 황제와 더불어 중국인의 시조로 받들어진다. 의약(醫藥), 쟁기와 보습, 도기(陶器), 활을 발명했고, 처음으로 시장을 열었다고 알려진다. 전설에 따르면 140년간 재위했다고 하

다. 들으려 해도 그 소리를 들을 수 없고, 보려 해도 그 형체를 볼 수 없다. 다만 천지에 충만하고 우주를 싸고 있다.'라고 했다. 그것은 오성이 다 갖춰진 하늘의 음악이다. 하늘의 음악은 하늘과 만물이 조화를 이루는 것이니 이것이 바로 도이다.

방향성이 없는 움직임은 인위적인 것이 없으므로 만물에 반응해서 다함이 없고 변하더라도 막힘이 없다. 두레박은 끌면 엎어지고 놓으면 자빠져서 무심하기 때문에 엎어지거나 자빠지기에 허물이 없다. 소요해서 무위를 얻고 구차하더라도 부족하게 여기지 않으며, 내어준 것이 없으니 손실이 없는 것이 노자가 강조하는 도의 기본이다.

공자가 노자를 보고 인의에 대해 물었을 때 노자는 '등겨를 흩뿌려 눈을 어둡게 하면 천지사방을 분별할 수 없다.'라고 했다. 또 '따오기는 날마다 목욕하지 않아도 희고, 까마귀는 날마다 먹칠을 하지 않아도 검다.'라고 한 것은 다 세속의 인의를 가볍게 여기고 무위의 도를 귀히 여긴 것이다.

하늘은 스스로 돌아 쉬지 않고, 땅은 스스로 고요해 움직이지 않으며, 해와 달은 스스로 서로 좇아 제 길을 가고 있다. 만약 그렇지 않다면 누가 이것을 주재하고 조정하며, 또 누가 편안히 앉아 이것을 밀고 갈 수 있겠는가? 구름은 스스로 풀어져 비가 되고, 비가 스스로 올라가 구름이 된다. 그렇지 않다면 누가 구름을 일으키고 비를 내리게 하는 것인가? 편안히 앉아 장난삼아 그렇게 만드는 것인가? 바람은 북쪽에서 일어나서 동쪽으로 혹은 서쪽으로 불기도 하며, 하늘에서 헤매기도 하는데, 대체 그것은 누가 뿜어내고 빨아들

며, 백성을 위해 수많은 약초를 맛보았는데 맹독 성분을 가진 단장초를 맛보다 중독되어 죽어서 다릉(茶陵, 지금의 후난성 차링현)에 장사지냈다(이 역시 여러 설들 중 하나다).

이는 것인가? 편안히 앉아 그렇게 떨쳐 놓는 것인가? 이것은 힘의 근원이 있어서 나타나는 자연의 현상이다.

하늘에는 육극[3]과 오성[4]이 있다. 제왕이 운행원리를 따르면 천하

---

3) 1.매우 불길하게 여기는 여섯 가지 일. 변사(變死)와 요사(夭死), 질(疾), 우(憂), 빈(貧), 악(惡), 약(弱)을 이른다. 하늘의 뜻을 받들어 선을 행하는 사람은 오복을 받지만 하늘의 뜻을 어기고 악을 행하는 사람은 육극을 받는다고 한다.
   2.인체에서 중요한 여섯 곳. 기극(氣極), 혈극(血極), 근극(筋極), 골극(骨極), 기극(肌極), 정극(精極)을 이른다.
   3.천지(天地)와 사방(四方)을 통틀어 이르는 말이다.

4) 오성(五星)은 금성, 목성, 수성, 화성, 토성을 말한다.
   금성(金星, 라틴어: Venus)은 태양계의 두 번째 행성이다. 샛별, 새별로 불리기도 했다. 태양 주위를 224일 주기로 돌고 있으며 달에 이어서 밤하늘에서 두 번째로 밝은 천체이다. 가장 밝을 때의 밝기는 -4.5등급이다. 금성의 명칭은 오행 중 하나인 '금(金)'에서 유래하였으며, 태백성(太白星)으로도 불렸다.
   목성(木星, 라틴어: Jupiter)은 태양계의 다섯번째 행성이자 가장 큰 행성이다. 태양의 질량의 천분의 일배에 달하는 거대행성으로, 태양계에 있는 다른 모든 행성들을 합한 질량의 약 2.5배에 이른다. 목성은 토성과 마찬가지로 거대 기체 행성이다(천왕성과 해왕성은 거대얼음행성). 목성은 고대 천문학자들에게도 잘 알려져 있었는데, 로마인들은 목성에 로마 신화의 신인 유피테르의 이름을 붙였다. 동양에서 목성의 명칭은 오행 중 하나인 나무(木)에서 유래되었다. 세성(歲星)이라고도 부른다.
   수성(水星, 라틴어: Mercurius)은 태양에서 평균 5,800만 km 떨어진 가장 가까운 궤도를 도는 행성이다. 또한, 반지름 약 2,400km, 둘레 439,264km로 가장 작은 내행성이기도 하다. 공전 주기는 88일, 자전 주기는 58일이며, 밀도는 5.427g/cm3이다. 행성 중 태양에 가장 가깝기 때문에 강력한 중력의 영향을 많이 받아 매년 조금씩 궤도가 움직인다.
   화성(火星, 영어: Mars)은 태양계의 네 번째 행성이다. 4개의 지구형 행성 중 하나다. 붉은색을 띠기 때문에 동양권에서는 불을 뜻하는 화(火)를 써서 화성 또는 형혹성(熒惑星)이라 부르고, 서양권에서는 로마 신화의 전쟁의 신 마르스의 이름을 따 Mars라 부른다. 오늘날 영어에서 3월을 뜻하는 March도 여기서 생겼다. 지구와의 거리는 7800만 km이다. 화성의 지름은 지구의 ½정도이고, 하루는 지구보다 41분 더 길다. 매리너 4호가 1965년에 화성을 처음으로 근접 비행을 하기 전까지 과학계 안팎의 사람들은 화성에 대량의 물이 존재하리라고 기대하였다.

는 잘 다스려질 것이요, 거스르면 천하는 어지러워질 것이다. 천하를 다스림에 있어도 이 도리를 따르면 공은 이뤄지고 덕은 갖춰져 천하를 두루 비쳐 만민이 모두 떠받들 것이다. 이것은 가장 훌륭한 임금이 되는 방법이다.

친함이 없으면 사랑하지 않고, 사랑하지 않으면 효도하지 않는다. 지인이 훌륭해서 효도한다는 것은 효도와 비교해서 낫다는 뜻이 아니라 효도와 너무 거리가 멀어서 관계가 없다는 말이다. 대개 남쪽으로 가는 사람이 북쪽을 돌이켜 보나 사람들이 많은 수도에서는 명산을 보지 못할 것이다. 지극한 인은 효도를 지나기에 너무 관계가 먼 것이다. 그러므로 옛말에도 '어버이를 공경해서 효도하기는 쉬우나 사랑해서 효도하기는 어렵다. 사랑으로 효도하기는 쉬우나 어버이를 잊고 스스로 효도하기는 어렵다. 어버이를 잊고 스스로 효도하기는 쉬우나 어버이가 나를 잊게 하기는 어렵다. 어버이가 나를 잊게 하기는 쉬우나 천하를 온통 잊고 스스로 인하기는 어렵다. 천하를 온통 잊고 스스로 인하기는 쉬우나 천하가 나의 인을 온통 잊게 하기는 어렵다.'고 한 것이다. 이것은 너무 인위적인 것에 가까워졌다는 것이다.

인위적인 덕을 모두 잊는 것은 요나 순이 덕을 내세우지 않더라도 은혜가 만세에 미치는 것이다. 천하는 그것을 알지 못하므로 보잘 것 없는 것이라 생각해서 인이나 효를 칭찬하지 않았다. 효도와 공

토성(土星 , 라틴어: Saturnus)은 태양으로부터 여섯 번째에 있는 태양계의 행성으로, 진성(鎭星)으로도 불렀다. 토성은 태양계 내의 행성 중 목성에 이어 두 번째로 크며, 지름은 약 12만 킬로미터로, 지구의 9.1배이며 부피는 760배에 달한다. 이에 비해 질량은 지구의 95배 밖에 안되기 때문에 토성의 평균 밀도는 0.7g/cm3에 지나지 않는다. 그리고 토성의 표면 중력은 지구와 비슷하다. 토성은 목성, 천왕성, 해왕성과 함께 목성형 행성으로 분류된다.

경, 인의와 충신, 청렴함 같은 것들은 모두 스스로 힘써 닦으니 본연의 덕을 훼손시키는 것이며 숭상할 것이 못 된다는 것이다. 옛말에도 '지극한 도는 온갖 명예도 버린다.'고 했다. 그러므로 도(지극한 부귀, 최고의 소망)는 변하지 않는다.

참사람

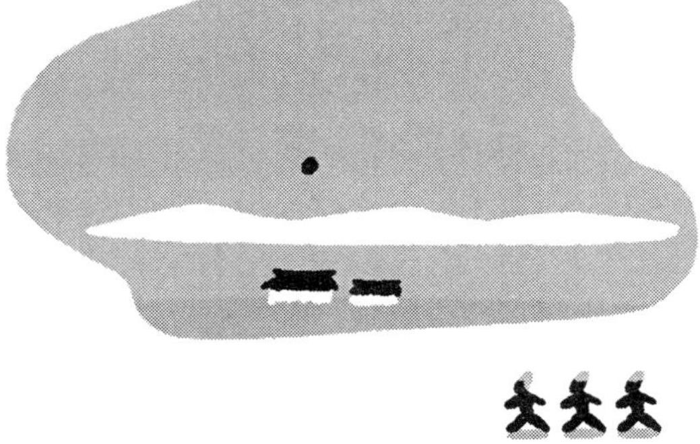

순수함의 도를 몸소 가진 사람을 참사람이라고 말하는 것이다.

더불어 사는 세상에서 참사람으로 인정받기는 참으로 어렵다. 세상과 떨어져서 마음을 수련하고 행동을 고상하게 하며, 심오한 이론으로 세상을 비방하고 타인을 원망하는 것은 자기 혼자 잘난 체하는 것에 불과하다. 이것은 산골에 숨어 사는 선비나, 세상만 비방하는 사람이나, 불행만 생각하고 도전하지 않는 사람들이 할 수 있는 행동이다.

인의 충신을 말하고 공손하며 검소해서, 남을 추천하고 자기는 사양하는(恭儉推讓)것은 자기 몸을 닦는 것에 지나지 않는다. 이런 행동은 평화에만 도취돼 현실을 잊은 선비나 학문하는 데만 골몰하는 사람들이 선호하는 언행이다. 큰 공과 이름을 내세우며 임금과 신하를 예의로 대하고, 위와 아래를 바르게 대하는 것은 세상을 단순하게 다스리는 것에 불과하다. 조정에서 아첨만 하고 있는 신하나 공을 세워 남의 땅도 가지려는 사람들이 가지는 특징이다.

시골로 돌아가 넓은 들에 살면서, 한가한 곳에서 낚시질이나 하는 것은 그저 일없이 노는 것으로 세상을 피하려는 사람이나 한가한 사람들이 취하는 모습이다. 숨쉬기를 통해 흐린 기운을 토하고 새 기운을 마시며, 곰처럼 나뭇가지에 달리고 새처럼 목을 빼는 것은 오래 살기를 원하는 사람들이 보이는 태도다.

그러나 만일 마음을 냉철하게 하지 않고도 행동이 고상하고, 인의가 없어도 예를 갖출 수 있다면 성인의 덕이다. 공명이 없어도 자신을 다스릴 수 있고, 강과 바다가 없어도 한가해서 수련하지 않고도 오래 살 수 있다면, 이 모든 것을 갖추지 않고도 마음은 비어서 끝이 없는 것도 성인의 덕이다. 모든 아름다움은 스스로 따르게 되므로 천지의 도리이며 성인의 덕이다.

옛말에 염담(恬淡)[1], 적막(寂寞)[2], 허무(虛無)[3], 무위(無爲)[4]는 천지의 바른 이치고, 도덕의 근본 바탕이라고 해서 성인은 이 네 가지 덕에 편히 쉰다고 했다. 편히 쉬면 마음은 고요하고 편안해진다. 마음이 고요하고 편안하면 모든 걱정 · 근심이 있을 수 없고, 온갖 나쁜 기운도 깃들 수가 없다. 그러므로 편안하고 맑은 무위가 완전하면 정신은 이지러짐이 없다.

성인의 삶은 하늘의 운행처럼 자연을 따르고, 그 죽음은 물질이 변

---

1) 염담恬淡: 사물에 집착하지 않고 욕심이 없이 마음이 편함을 말한다.
2) 고요하고 쓸쓸함을 말한다.
3) 1. 아무것도 없이 텅 빈 것을 말한다.
 2. 무가치하고 무의미하게 느껴져 매우 허전하고 쓸쓸함을 말한다.
4) 도가의 중심 사상으로서 무위(無爲)는 비인위적인 자연성을 중시하는 것으로, 인위(人爲) 또는 작위(作爲)에 상대되는 개념으로서 무위자연(無爲自然)을 주장한다. 하지만 그 내면적 함의는 유위(有爲)에 대한 단순한 상대적 개념에 그치지 않는다. 그것은 만물을 생성케 하는 근원으로서의 태극의 개념과도 만난다.

하는 것과 같다. 고요함은 음의 덕과 같이하고, 움직임은 양의 물결과 같다. 또 행복을 생각하지도 않고 재앙의 씨앗도 만들지 않으며 선악을 모두 초월한다. 물질에 반응하고 만물에 자극받은 뒤에야 움직이며, 지혜와 인위를 함께 버려서 오직 하늘의 이치에만 따른다. 거기에는 하늘의 재앙도 없고 사물의 얽매임도 없으며 사람의 비방도 없어서 사악함의 빌미도 없다. 그래서 성인의 삶은 물결에 뜬 것 같고, 죽음은 쉬는 것과 같다. 자연에 맡겨 걱정하지도 않고, 미래를 계획하지 않는다. 빛이 있어도 빛내지 않고, 미쁘고 참됨을 추구하지도 않는다. 잠잘 때도 꿈꾸지 않고 깨어있어도 걱정이 없다. 정신은 순수하고 넋은 시달리지 않아 허무하고 편안하며 맑아서 자연의 덕에 부합하는 것이다.

슬퍼하고 즐거워하는 것은 덕을 방해하는 것이고, 기뻐하고 성내는 것은 도의 허물이 된다. 좋아하고 미워하는 것은 덕의 손실이다. 걱정하고 즐거움이 없는 것은 덕의 지극함이고, 기쁘고 성남을 하나로 봐서 움직이지 않는 것은 고요함의 극치다. 좋고 미움에 동요하지 않는 것은 허의 지극함이다. 만물과 더불어 사귀지 않는 것은 맑음의 지극함이다. 물에 거스름이 없는 것은 순수함의 지극함이다.

몸을 무리하게 사용하고 쉬지 않으면 쓰러진다. 마음 쓰는 것을 그치지 않으면 괴롭고, 괴로우면 기운이 다한다. 물은 잡물이 섞이지 않으면 맑고, 움직이지 않으면 평평하나, 막혀서 흐르지 않으면 썩는 것이 자연의 현상이다. 마음이 순수해서 섞이지 않고 고요하며 한결같이 변하지 않으면 편안하고 맑아서 애쓰는 일이 없다. 하늘의 운행을 따라 움직이는 것은 정신을 수양하는 것이다.

오나라와 월나라에서 생산되는 좋은 칼을 가진 사람이 그것을 깊이 감춰 사용하지 않는 것은 지극히 귀한 생각이다. 귀한 생각은 세상에 통하지 않는 곳이 없을 최고의 경지다. 위로는 하늘에 닿고 아래로는 땅에 스며들어 만물을 만들고 기르는 것은 자연의 섭리와 같다. 자연의 섭리를 따르는 도는 오직 정신이 위주기 때문에 몸은 정신과 하나가 된다. 하나의 순수한 기운이 걸림 없이 통하면 하늘의 이치에 부응한다.

상말(商末)에도 속세의 사람들은 이익을 중히 여기고, 청렴한 선비는 이름을 중히 여기며, 어진 선비는 지조를 숭상하고 성인은 정신을 귀하게 여긴다고 했다. 꾸미지 않고 순수한 것은 어떤 색상과 어울려도 섞이지 않는 것을 말한다. 순전한 것은 색상과 어울려도 정신이 이지러지지 않는 것을 말한다. 순수함의 도를 몸소 가진 사람을 참사람이라고 말하는 것이다.

성품의 바른가짐

옛날 사람은 영화를 누려도 뜻에 교만하지 않다. 빈궁에 빠진다 해서 세속에 아첨하지 않고 마음이 즐거운은 영화와 빈궁이 없었고, 걱정도 없었다.

속된 학문으로 본성을 다스려 처음으로 돌아가기를 구하고, 속된 사상으로 지혜를 어지럽혀 그 지혜의 밝음을 구하려는 사람을 일러 본성을 덮는 어리석은 백성이라고 한다. 옛날에 도를 배우는 사람은 고요함으로 지혜를 길렀다. 본성을 지키고 지혜와 기교는 일삼지 않았으니 이것을 지혜로 고요함을 기른다고 했다. 지혜와 고요함이 순서대로 서로 길러져 조화로운(도덕) 이치가 본성에서 생겨난다. 덕은 화요, 도는 이치다. 덕으로 모든 것을 받아들이는 것을 인이라 하고 도로 모든 경우에 알맞은 것을 의라 한다. 의에 밝아서 모든 것이 친해지는 것을 충이라 한다. 중심이 순수하고 참돼 자연의 정서로 돌아가는 것을 음악이라 한다. 얼굴의 표정과 몸의 동작을 마음대로 움직여 스스로 절도에 맞는 것을 예라 한다. 그런데 이 가운데 예악에만 치우쳐 행-한다면 천하는 어지러워질 것이다. 남을 바르게 하고 자기의 덕을 어둡게 하면 덕이 만물을 포용할 수 없을 것이다. 억지로 사물을 안으려 한다면 그것은 반드시 본성을 잃게 된다.

옛날 임금은 원기가 나뉘기 전에 살면서 천하와 함께 염담(恬淡), 무위(無爲)의 도를 가지고 있었다. 그 때는 음양이 조화를 이루고 있어서 고요하고 귀신은 날뛰지 않았다. 사계절은 질서에 순응해서 만물은 상하지 않았고, 모든 생물은 일찍 죽지 않았다. 사람은 지혜가 있으나 그것을 쓸 곳이 없었다. 이것을 일러 절대평등의 상태라 했다. 이런 세상에서 사람은 아무런 하는 일이 없었고, 만물은 언제나 스스로 살아갔다.

그러다가 임금의 덕이 점점 쇠퇴해져 수인씨(燧人氏)[1], 복희씨(伏羲氏)[2]의 세상에 이르러 드디어 천하를 다스리기 시작했다. 천하는

---

1) 고대 중국 전설상의 황제. 복희씨(伏羲氏)·신농씨(神農氏)와 함께 3황(三皇)의 한 사람으로 화식(火食)하는 것을 발명하였다고 전해진다. 수(燧)는 불을 얻는 도구로, 수인씨가 나무를 마찰하여 불을 얻어 음식물을 요리하는 방법을 가르쳐 주었다고 한다. 이 전설의 원형은 오래 되었으나 3황전설(三皇傳說)로 정리된 것은 전국시대 이후인 것으로 추정된다.

2) 그의 어머니 화서가 대인(大人)의 발자국을 밟고 나서 그를 낳았다고 기록되어 있는가 하면, 복희씨 자신은 '머리가 사람이고 몸은 뱀(人頭蛇身)'의 형체를 가졌다고 쓰여 있기도 하다. 『주역(周易)』에는 복희씨가 하늘의 도(道)를 계승하여 인간의 도를 열었다는 주장이 담겨 있다. 복희씨는 천지의 질서를 본받아 예악(禮樂)을 만들어냈을 뿐만 아니라 수렵(狩獵)과 어로(漁撈) 등 생업의 방법까지도 제시했던 문화의 창시자다. 우주의 질서를 파악하여 인륜을 다스리고 왕도를 밝히고자 한 복희씨는 오기(五氣)를 세우고 오행(五行)의 운행을 확립했으며, 건곤(乾坤)과 음양(陰陽)에 순응하여 임금과 신하, 아버지와 아들, 남편과 아내의 도를 바르게 했다. 복희씨는 하늘을 본받아 사람의 도덕을 세운 최초의 인물로서, 가례(嘉禮))나 혼례, 신분의 높고 낮음이나 서열 등과 관련된 예악을 창시하여 중국 문화에 크고 광범위한 영향을 끼쳤다.

태평하기는 했지만 사람은 자연에 순응하 않게 됐다. 덕이 점점 쇠퇴해져 요·순시대에 이르러 더욱더 천하를 다스리기 시작했다. 정치와 외교의 폐단을 일어나고 순수함을 얕아졌다. 바탕 그대로를 흩어버리며, 선을 위해 도를 떠나고, 행동을 위해 덕을 잃었다. 그래서 사람들은 천성을 버리고 인심을 따랐다. 마음과 마음은 서로 엿봐서 알았으니 천하는 좀처럼 평정할 수 없었다. 거기에 문채를 붙이고 넓은 학문을 더했으니, 문채는 바탕을 없애고, 넓은 학문은 마음을 어지럽혔다. 그러므로 백성은 비로소 의혹을 갖기 시작해서 본연의 성정인 처음으로 돌아갈 수가 없었다.

이것으로 세상은 도를 잃고, 도는 세상을 잃어 세상과 도가 서로를 잃었다. 도 있는 사람인들 무엇으로 세상을 일으키며, 세상 또한 무엇으로 도를 일으킬 수 있을 것인가? 도가 세상을 일으킬 수 없고 세상은 또한 도를 일으킬 수 없었으니, 성인이 산림 속에 있지 않더라도 덕은 숨어서 나타나지 않았다. 나타나지 않는 것은 스스로 숨긴 것이 아니었다. 숨어 지내는 선비는 그 몸을 숨긴 것이 아니었다. 또 -입을 닫아서 말을 내지 않은 것도 아니었고, 지혜를 갖춰 드러내지 않은 것도 아니었다. 오직 시대 조류의 운명이 크게 잘못됐기 때문이었다. 만일 시대의 흐름이 운명을 잘 만나 뜻을 크게 천하에 펼칠 수 있었다면 천하는 지극히 평등한 세상으로 돌이키면서도 명분과 실리만을 남기진 않았을 것이다. 그러나 시대의 흐름이 운명을 잘못 만나 세상에서 크게 궁핍하거든 뿌리를 깊게 하고 운명을 편하게 해서 고요히 때를 기다려야 한다. 이것이 곧 몸을 보호하는 것이다.

몸을 보전하는 사람은 변론으로 자기의 지혜를 꾸미지 않고 지혜로 천하의 일을 알려고 하지 않는다. 또 지혜로 자연의 덕을 다하려고도 하지 않는다. 혼자 바르게 자기의 처지에 편안히 있어, 그 본성으로 돌아갈 뿐이다. 또 무엇을 하려고 했을까? 도는 본래 작은 행실(行實)이 아니고, 덕은 작은 소견(所見)이 아니다. 작은 소견은 덕을 해치고 작은 행실은 도를 해친다. 몸을 보존하려면 자기를 바르게 하고 즐거움을 완전히 한다. 이것을 일러 뜻을 얻었다고 한다.

뜻을 얻은 사람은 높은 벼슬을 말한 것이 아니라, 그것으로 바깥 즐거움을 더하지 않음을 말한다. 그런데 오늘까지 뜻을 얻었다는 것을 높은 벼슬을 가지고 말한다. 그러나 높은 벼슬이 우리 몸에 있는 것은 본래부터 있는 우리의 성품과 운명이 아니다. 우연히 우리 몸에 붙어 있는 것이다. 그러므로 와서 붙어도 막을 수 없고, 붙었다 떠나도 잡을 수 없다.

옛날 사람은 영화를 누려도 뜻에 교만하지 않다. 빈궁에 빠진다 해서 세속에 아첨하지 않고 마음이 즐거움은 영화와 빈궁이 없었고, 걱정도 없었다. 그런데 지금 사람은 그 영화가 떠나면 곧 즐거움이 없어지고, 영화를 즐길 때도 마음은 항상 거칠어져 있다. 그러므로 사물을 위해서 자기를 망치고, 세속을 위해서 본성을 잃는 사람은 안과 밖의 가치를 거꾸로 보는 어리석은 사람이 아닐까.

바른 사람의 빛나는 지혜(秋水)

동과 서는 서로 반대되지만 서로 없어서는 안 될 것을 안다면 공용의 성질이 결정될 것이다.

도는 큰 이치로 도를 분명히 밝히는 이를 대도를 얻은 사람이라고 한다. 속세에 아첨하는 사람이 도를 밝히는 일에 참여하지 못하는 것은 본 것이 작기 때문이다. 우물 안 개구리에게 바다를 말할 수 없는 것은 사는 곳이 한정됐기 때문이다. 여름 벌레에게 얼음을 말할 수 없는 것은 수명이 한정됐기 때문이다. 속세와 결탁하는 사람이 도를 말할 수 없는 것은 학식이 천박하기 때문이다. 세상의 곡사가 본 것은 기껏해야 공자의 넓은 학식과 백이의 높은 의리에 불과하다.

세상 사람들은 천지에 삼황[1]·오제[2]나 인인[3]·지사[4]들이 미처 생

---

1) 1.중국 고대 전설상의 세 임금. 여러 가지 설이 있는데, 대체로 수인씨(燧人氏)·복희씨(伏羲氏)·신농씨(神農氏)를 가리킨다. 수인씨는 불을 발명하고 화식(火食)하는 법을 알게 하였으며, 복희씨는 사냥의 기술을 창안하였고, 신농씨는 농경을 발명했다고 한다. 2. 세 사람의 황

각하지 못한 무궁한 도가 있는 것을 모른다. 그들에게는 도를 말해도 이해하지 못할 뿐 아니라 이해하려고 노력하지도 않는다. 말하자면 두레박줄이 짧은 것은 생각하지 않고 도리어 우물이 말랐다고 하는 것과 같다. 여기에 대인과 소인의 구별이 확연하다. 그러나 대소를 구별하려는 것은 아직 도를 모르기 때문이다. 물량은 무궁하고 시간은 끝이 없으며, 득실은 무상하고 기한은 종말이 없다는 것을 모르기 때문이다. 크고 작다는 생각은 사람의 소견을 따라 일어나는 것으로 유형한 것에 한정된 것이니 대도를 얻은 사람은 구별하지 않는다.

도가 존귀한 이유는 도를 아는 사람이 사리를 통달하고, 사리에 통달한 사람은 일에 걸리지 않으며, 사물은 그를 해치지 못해 안으로는 하늘과 밖으로는 사람의 공을 얻기 때문이다. 그래서 옛말에 '자연은 안으로 발현하고 인위는 외부에 존재하며, 덕은 하늘에 있다.'고 했다. '인위 때문에 천진을 멸하지 말고 개인의 지식 때문에 천명을 멸하지 말며, 명예를 위해서 덕을 멸하지 말라.'고 한 것이다.

제. 특히 조선 시대 대보단(大報壇)에서 제사 지낸 명(明)나라의 태조(太祖)·신종(神宗)·의종(毅宗)을 이르는 말이다. 대보단은 병자호란의 치욕을 씻기 위해 절치부심하던 숙종(肅宗) 30년(1704)에 청(淸)나라에 대한 불복의 뜻으로 세운 제단(祭壇)으로 임진왜란 때 원군을 보내준 명나라의 신종을 제사지냈는데, 영조(英祖) 때에는 태조와 마지막 임금인 의종까지 함께 제사지냈다.

2) 1. 천상(天上)에 있어서, 동·남·중·서·북의 오방(五方)을 주재(主宰)하는 신(神), 곧 청제(靑帝)·적제(赤帝)·황제(黃帝)·백제(白帝)·흑제(黑帝)를 지칭하는 말이다.

2. 상고 시대 중국의 다섯 임금. 곧 황제(皇帝)·전욱(顓頊)·제곡(帝嚳)·요(堯)·순(舜)을 말함. 또 다른 이설(異說)에 따르면, 오제는 소호(少昊)·전욱(顓頊)·제곡(帝嚳)·요(堯)·순(舜)이라고도 한다.

3) 인자(仁者)를 말하는 것으로 마음이 어진 사람이다.

4) 지사(智士)는 슬기와 지혜를 갖추고 일을 담당하여 잘 처리할 수 있는 능력을 지닌 사람을 말한다.

만물은 양이 끝이 없고, 때는 그침이 없으며, 분수는 떳떳함이 없고, 끝과 처음은 일정함이 없다. 큰 지혜는 멀고 가까운 것을 볼 줄 알기 때문에 물이 작다고 언짢게 여기지 않고 크다고 해서 장하게 여기지 않는다. 그것은 물의 양이 다함이 없는 것을 알기 때문이다. 일이 아직 멀었다고 해서 괴로워하지 않고, 일이 곧 된다고 해서 성급하게 서둘지 않는다. 때의 그침이 없는 것을 알기 때문이다. 또 큰 지혜는 하늘의 도가 차고 비었음을 살펴 알기 때문에 뜻을 얻어도 기뻐하지 않고 죽어도 슬퍼하지 않는다. 끝과 처음이 일정하지 않음을 알기 때문이다. 사람이 안다는 것을 들여다보면 오히려 모르는 것이 많고, 그 살아온 시간을 헤아려 보면 나기 이전의 시간이 오히려 많을 것이다. 지극히 작은 것으로 지극히 큰 세상을 헤아리려고 하기 때문에 사람들은 어지럽게 헤매며, 스스로 편안하지 못하다. 털끝만한 작은 것이 어찌 반드시 지극히 작은 것의 끝이며, 천하의 큰 것이 어찌 반드시 지극히 크다고 할 수 있겠는가?

지극히 작은 데서 지극히 큰 것을 보면 다 볼 수 없을 것이고, 지극히 큰 데서 지극히 작은 것을 보면 분명하지 못할 것이다. 지극히 작은 것은 작은 것 가운데 가장 작은 것이고, 지극히 큰 것은 큰 것 가운데 가장 큰 것이다. 거기에는 잘 보이고 잘 보이지 않는 차별이 있을 수 있다. 정교하거나 조잡한 것은 형상이 있는 데서만 구분 할 수 있는 것이다. 형상이 없는 것은 수량으로 나눌 수 없는 것이다. 헤아릴 수 없는 것은 수량으로 다룰 수 없다. 말로 표현할 수 있는 것은 물질이 굵고 큰 것이요, 생각으로 요량할 수 있는 것은 사물의 정교한 것이다. 그러나 말로도 이야기할 수 없고, 생각으로도 헤아릴 수 없는 것은 이미 정교한 것과 굵고 큰 것의 범위를 벗어난 지극한 도를 말한다.

지극한 도를 가진 사람의 행동은 사람을 해치지 않는다. 어짊과 은혜를 베풀어도 스스로 장하다고 생각하지 않는다. 움직임이 이익을 위한 것은 아니지만 문지기나 종들을 친하게 여기지도 않는다. 재물을 다투지 않지만 사양해서 자랑하지도 않는다. 일을 도모함에 남의 힘을 빌리지도 않지만 자기의 힘으로 이뤄내는 것을 귀하다 하지 않는다. 이익을 탐내는 사람을 더럽다고 하지 않으며, 행동은 세상과 다르지만 다름을 자랑하지도 않는다. 대중을 따라 일을 하지만 간사와 아첨을 천하게 여기지 않는다. 세상의 벼슬이나 녹으로 권할 수 없고 세상의 형벌이나 부끄러움으로 욕되게 할 수 없다. 옳고 그름으로 나눌 수 없고 작고 큼으로 결정할 수 없음을 알기 때문이다.

대인은 이름을 드러내지 않고 그의 지극한 덕은 세상의 덕이 아니다. 도로 보면 사물에 귀천이 없다. 그러나 만물로 보면 스스로 귀하다하고 서로는 천하게 여긴다. 속세에서 보면 귀천은 자기의 판단에서 나오지 않는다. 또 수량의 차이로 보면 크다는 것을 따라 크다고 하면 만물로 크지 않은 것이 없다. 천지도 싸라기와 같이 작고 털끝도 태산같이 크다는 것을 안다면 수의 많고 적음을 정확히 볼 수 있다. 또 공으로 본다면 공이 있다고 하는 것에 따라, 있다고 하면 만물에 공이 있지 않은 것이 없다. 없다고 하는 바를 따라 없다고 하면 만물에 공이 없지 않은 것이 없다. 동과 서는 서로 반대되지만 서로 없어서는 안 될 것을 안다면 공용의 성질이 결정될 것이다.

때와 장소에 따른 쓰임

사람은 각자가 가지고 있는 능력과 쓰임이 달라서 한 가지 잣대로 재단하는 것은 잘못된 판단일 가능성이 높다.

사람은 각자 가지고 있는 능력과 쓰임이 달라서 한 가지 잣대로 재단하는 것은 잘못된 판단일 가능성이 높다. 병거(兵車)[1]는 성을 무찔러 무너뜨릴 수는 있어도 쌓을 수는 없다. 기계의 쓰임이 다른 까닭이다. 모든 준마[2]는 하루에 천 리를 달릴 수 있어도 쥐를 잡을 때는 삵만 못하다. 재주가 다른 까닭이다. 또 올빼미는 밤에 벼룩도 잡고 털도 셀 수 있지만 낮에 나오면 아무리 눈을 부릅떠도 산을 보지 못한다. 성질이 다른 까닭이다. 그러므로 옳을 것을 주장해서 그른 것을 무시하고, 다스림을 주장해서 어지러움을 무시한다면 천지의 이치와 만물의 사정에 밝지 못한 사람이다. 마치 하늘을 주장

1) 1. 군대나 무기, 군량 등을 실어 나르는 수레를 말한다.
   2. 요즘으로 말하면 전투기, 함선, 군사차량 등을 의미한다.

2) 빠르게 잘 달리는 말을 말한다.

해서 땅을 무시하고, 음을 주장해서 양을 무시하는 것과 같아서 말이 되지 않는 것이다. 그런데도 항상 그것을 주장해서 버리지 않는다면 어리석음 아니면 억지로 떼를 쓰는 것이다.

도로 보면 무엇이 귀하고 무엇이 천하다고 할 수 없다. 귀천은 하나로 차별이 없는 상태다. 또한 도로 무엇을 적다고 하고 무엇을 많다고 할 수 없다. 이것을 다소의 차별이 없는 상태라고 말한다. 우연히 나라에 임금이 있어서 사사로운 덕이 없는 듯하고, 멀고 가까운 여러 가지 일이 개인적인 의도를 가지면 사사로운 복이 없게 된다. 넓고 둥근 모양은 사방 끝이 없어서 그 경계가 없는 듯하며 만물을 함께 통으로 안았으니 어느 하나를 차별해서 쓸 수 없다. 이러한 마음의 상태를 특정한 방향이 없다고 한다.

거기에는 만물이 모두 하나로 가지런하기 때문에 어느 것을 짧다고 하고 어느 것을 길다고 할 수 없다. 도는 원래 시작과 끝이 없지만 사물은 생성과 소멸이 있다. 사물의 생멸은 도가 한 때 변화하는 것으로 믿을 것이 못 된다. 때로는 비어 있고 때로는 가득 차니 그 형상의 일정함이 없다. 떠오르는 해를 돌려보낼 수 없고 흐르는 시간은 잡아둘 수 없다. 쇠퇴하고 번성하며 차고 비어서 하나가 마치면 또 하나가 시작된다. 이것이 대도의 법칙이고 만물의 이치이다.

사물이 생기면 변화가 빨라 변하지 않는 것이 없고, 때를 따라 옮기지 않는 것이 없다. 무엇을 해야 하고 무엇을 해서는 안 된다는 것이 없다. 오직 조화로운 자연에 맡겨 변화할 뿐이다.

도를 아는 사람은 반드시 우주의 이치와 통한다. 우주의 이치와 통한 사람은 사물의 변화에 따라 반응하는 방편에 밝다. 사물의 변화에 따라 대응하는 방법에 밝은 사람은 바깥 사물로 자기를 해치지 않는다. 지극한 도를 얻은 사람은 불이 그를 뜨겁게 하지 못하고, 물에 그를 빠지게 하지 못한다. 주위가 더워도 그를 해치지 못하고 짐승도 그를 침노하지 못한다. 그러나 그것들을 업신여겨서 그렇게 되는 것은 아니다. 편하고 위대한 것을 밝게 살피고 화와 복에 편안히 나아가고 물러남을 삼가기 때문에 아무도 그를 해치지 못한다.

옛말에 자연은 마음속에 간직하고 사람과 방편은 밖으로 드러내 보인다고 했다. 자연 또는 하늘의 참됨에 근본하고 있는 덕이 있으면 자연과 사람의 움직임을 알 수 있다. 자연의 도에 기초해서 덕이 편안할 때는 때로는 나아가고 혹은 물러나며 또는 움츠리고 다시 펴서 항상 도의 중심에 돌아가서 이치의 극치를 말할 수 있다.

소나 말이 발이 네 개인 것을 자연이라 하고 말머리를 얽매고 쇠코를 뚫는 것을 인위라고 한다. 옛말에 인위로 자연을 망치지 말고, 의도를 가지고 하늘의 이치를 잃지 말며, 덕으로 사람의 일에 따르지 말라고 했다. 이 세 가지를 삼가 지켜 잃어버리지 않는 것을 참으로 돌아감이다.

지혜가 옳고 그름의 경계를 알지 못하면서 장자의 말을 알려고 하는 것은 마치 모기에게 산을 지우고, 노래기에게 바다를 건너가라고 하는 것과 같다. 도저히 그 책임을 감당할 수 없을 것이다. 또한 지혜가 지극히 묘한 말을 이야기할 줄을 모르면서 한 때의 말재주로 스스로 유쾌해하는 사람은 우물 안의 개구리와 같다.

장자의 말은 진리의 깊음을 밟고 진리의 높음에 올라 있다. 거기에는 남쪽도 없고 북쪽도 없다. 자유롭게 풀려 사방으로 뻗어가 아득히 헤아릴 수 없는 곳에 잠겨 있는 것이다. 또 동쪽도 없고 서쪽도 없어 우주의 본원에서 대도로 돌아가 있는 것이 자연의 본 모습이다.

지극한 즐거움

진실로 천하가 다 바라지만 반드시 얻어지지 않는 것이 지극한 즐거움과 몸을 살리는 것이다.

사람들은 세상에서 가장 즐거운 것을 찾기 위해 노력하고 이를 위해 어려움을 참고 견딘다. 인간의 궁극적인 목적은 행복을 위해 사는 것이다. 그러나 세상에 지극한 즐거움이 있는가? 참으로 몸을 살리고 이롭게 하는 것이 있는가? 진실로 천하가 바라지만 반드시 얻어지지 않는 것이 지극한 즐거움과 몸을 살리는 것이다. 세상 사람들은 소중하다고 믿는 것을 좇으며 산다. 이를테면 부귀, 장수와 명예가 있다. 즐거운 것도 많다. 몸이 편안한 것, 맛있는 음식을 먹는 것, 화려한 옷을 입는 것, 마음에 드는 사람과 사귀는 것, 좋은 음악을 듣는 것, 아름다운 경치를 구경하는 것 등 많은 것이 있다.

반대로 세상 사람들이 회피하려고 하는 것은 가난한 것, 천한 것, 일찍 죽는 것, 나쁜 것이라 일컫는 것 등이다. 괴로워하는 것은 생로병사와 구해도 얻지 못하는 것, 원수를 만나는 것, 애인과 이별하는 것 등 네 가지 고통과 여덟 가지 시련이다. 그래서 사람들은 늘 걱정과 근심을 하며 삶을 즐길 줄 모른다. 그런 즐거움을 얻었다고 해도 무상·변천의 법을 벗어나지 못해 결국은 괴로움이 되고 만다. 그러므로 세속의 즐거움은 참된 즐거움이 아니다.

옛말에 '지극한 즐거움은 즐거움이 없는 것을 즐거움을 삼고, 지극한 명예는 명예 없음을 명예로 여긴다.'고 했다. 지극한 즐거움과 몸을 살리는 길은 무위에 있다는 말이다. 하늘은 무위로 맑고 땅은 무위로 편하다. 이 두 무위를 합해서 만물이 스스로 만들어진다. 유위함이 없이 하지 않는 것이 없는 것은 천지의 조화다. 사람도 무위의 길을 깨달으면 지극한 즐거움과 몸을 살리는 도를 얻을 수 있다. 자연을 따르고 생사의 변화를 맡기면 마음속에 집착과 동요가 없어진다. 사람은 무위의 도로 영구히 즐거워하고 그것으로 오래 살 수 있다. 사람은 생사의 변화를 봄여름가을겨울 사시의 변천과 같다고 한다. 사람이 삶을 좋아하고 죽음을 싫어할 것이 없다는 것을 말한다.

부자는 몸을 괴롭혀 허덕이고 많은 재물을 쌓아 두고도 다 쓰지 못한다. 몸뚱이를 위하는 것은 도리어 몸뚱이를 버리는 것이다. 또 귀한 사람은 밤낮을 쉬지 않고 일의 잘되고 못 됨을 괴롭게 생각한다. 몸뚱이를 위하는 것은 도리어 몸뚱이를 등한히 하는 것이다. 사람은 세상에 근심·걱정과 함께 태어난다. 오래 사는 사람은 정신이 혼미해서 오래 걱정하면서도 죽지 않으니 얼마나 괴로운 일인가? 몸뚱이를 위하는 것은 또한 험하고 멀다.

의로운 선비의 죽음은 천하를 위해 착하다고 일컬어지지만 그것으로 몸을 살릴 수는 없다. 착함이 진실로 착한 것인가? 진실로 착하지 않은 것인가? 만일 그것을 착함이라 한다면 몸을 살릴 수 없었고, 그것을 착함이 아니라고 한다면 남을 살릴 수 없었던 것이다. 임금의 잘못을 다투다가 몸이 죽었고, 또 다투지 않았다면 이름을 이룰 수 없었으니 진실로 착함이 있다고 말할 수 있는 것은 아니다.

세속 사람들은 그들이 하는 일과 즐겨하는 바를 알 수 없다. 즐겨하는 것이 참으로 즐거운 것인가? 참으로 즐겁지 않은 것을 사람들이 즐거워하는 것을 본다. 온 천하가 떼를 지어 달려서 죽더라도 그칠 수 없는 듯하다. 모두 즐겁다고 하지만 아직 즐겁다고 생각하지 않는 것이다. 그렇다고 해서 또 즐겁지 않는 것도 아닌 것이니, 과연 즐거움이란 있는 것인가, 없는 것인가? 자연에 맡긴 무위의 움직임으로 참다운 즐거움을 삼는 것이다. 그러나 이것은 세속의 사람이 크게 괴로워하는 것이니 지극한 즐거움은 즐거움이 없는 세속의 즐거움을 초월한 것이다. 지극한 명예는 명예가 없는 세속의 명예를 초월한 것이다.

세속의 옳고 그름은 정할 수가 없는 것이다. 그러나 무위로는 옳고 그름을 정할 수 있다. 지극한 즐거움이 몸을 살리는 것은 오직 무위이기 때문에 그렇게 될 수 있다. 하늘은 무위다. 그것으로서 맑고 땅은 무위다. 그러므로 편안하게 되는 것이다. 두 무위가 서로 합해서 만물이 모두 생겨난다. 흐릿하고 아득해서 생겨나는 것을 알 수 없는 것이다. 그러나 만물은 씩씩하게 이 무위로 말미암아 번식해 간다. 천지는 무위고 하지 않는 일이 없다. 사람으로 누가 능히 이 무위를 얻을 수 있겠는가?

최상급의 정치

성인인 임금은 인간 본연의 상태를 그대로 자연스럽게 제각기 생을 즐기게 한다.
눈에 보이게 조작하거나 간섭하지 않는다. 그저 백성들을 고요하게 만들 뿐이다.

성인이 정치를 하면 백성들은 교화[1)]가 어디에서 오는 것인지 깨닫지 못한다. 성인이 움직여야 할 때가 있지만 사람들은 어떻게 옮겨가는지 알지 못한다. 성인은 오직 자연스럽게 다스려 조작함이 없다. 하늘의 도리인 기운이 변화하는 대로 순응할 뿐이다. 성인은 이것만 지키면 만물이 저절로 생성 변화시키는 것이니 막힘이 없다. 마치 사계절의 흐름이 영원히 이어져서 겨울이 지나면 다시 새봄이 시작되는 것과 같다.

성인은 편안하고 여유 있는 마음으로 시기를 기다리면 된다. 어떻

1) 1. 가르치고 이끌어서 좋은 방향으로 나아가게 함을 말한다.
2. 불교에서 부처의 진리로 사람을 가르쳐 착한 마음을 가지게 함을 의미한다.
3. 비슷한 말로 회화(誨化)라는 말이 있다. 이는 각자의 능력에 따라 수도에만 전념할 승려와 행정과 교화를 담당할 승려로 명백히 구분하자는 것이다.

게 하면 천운의 변화에 순응할 수 있는 도를 닦아 얻을 수 있을까를 생각하면서 말이다. 생각해서 얻은 것의 경륜은 가슴속 깊이 감추지 않으면 안 된다. 경륜을 실행하게 되면 다시는 정치의 공덕[2]을 밝히지 말아야 한다. 하늘과 땅은 공덕을 스스로 밝히지 않는다. 밝힌 공덕은 생명이 영원할 수 없기 때문이다. 성인은 덕을 자기의 덕이라고 밝히지 않는다. 그러므로 이름이 드러나는 것이다.

옛날 성인은 사람을 모아서 집을 형성하고, 집을 모아서 나라를 만들고, 나라가 모여서 천하가 되게 했다. 천하를 독점하지 않고 다시 어진 사람들에게 나누어 제후를 봉해서 여러 나라를 만들었다. 그것을 명명하길 다스리는 큰 법이라고 했다. 정치와 교육을 시행할 때는 백성들의 고유한 습속에 순응해서 교도하면 온갖 굽은 것이 바른 것으로 변화해서 형태를 바꾸게 된다. 그렇게 되면 만국의 습속은 공통되지 않아도 각자 사는 곳을 즐겁게 여겨 사람들은 그들의 입을 사랑할 것이다. 그런 상태를 크게 안정함이라고 했다.

성인의 정치는 국민을 고요하게 하기에 힘쓰고, 현인의 정치는 국민을 바르게 하기를 힘쓴다. 그러나 어리석은 사람의 정치는 국민을 바르게 할 능력이 없다. 그러므로 국민과 대립해서 다투게 된다. 다투면 마음은 노고[3]해진다. 임금의 마음이 노고하면 형벌이 복잡해진다. 형벌이 복잡해지면 국민은 근심하게 된다. 국민들이 근심하게 되면 제각기 뿔뿔이 흩어진다. 임금과 백성이 생을 편안하게 누릴 수 없게 되면 여러 대를 아름답지 못한 것으로 만든다. 그런 상태를 큰 실정이라고 한다. 원래 천하의 인심은 자연의 형세에 따름이 흐

2) 공로와 인덕(仁德). 악을 제거하는 것을 공(功), 선이 가득한 것을 덕(德)이라 한다. 착한 일을 많이 행한 힘 또는 선업(善業)을 말한다.

3) 노고(勞苦)는 힘들여 수고하고 애씀을 말한다. 비슷한 말로 공고(功苦)·작고(作苦)가 있다.

르는 물과 같다. 이것을 막으면 정지하고, 열면 흘러가며 그것을 고요하게 하면 맑아지는 것이다. 성인은 그런 진리를 알기 때문에 처음만 보면 끝을 알게 된다.

임금이 천하 사람들과 삶을 함께한다면 천하의 인심은 안정돼 고요해질 것이다. 태고 때 착한 제왕의 정치는 백성들의 자연스러운 욕망과 습성을 그대로 따라 스스로 삶을 영위하고 즐기게 할 뿐, 임금은 조작함이 없었다. 중고에 이르러 백성의 마음과 습속이 상고처럼 단순하지 않자 착한 임금의 정치는 백성을 교화시켰다. 백성은 감화돼야 정치에 순종한다. 그런 까닭에 하늘은 하는 것이 없어도 일을 성취하고, 백성에게는 주지 않아도 스스로 부유하게 되는 것이 성인의 덕이다.

원래 정치에 3등급의 차등이 있다. 최상급의 정치는 백성을 안정하게 한다. 성인인 임금은 인간 본연의 상태 그대로 자연스럽게 제각기 생을 즐기게 한다. 눈에 보이게 조작하거나 간섭하지 않는다. 그저 백성들을 고요하게 만들뿐이다. 이른바 무위의 정치인 것이다.

그 다음의 정치는 차선의 정치로 백성을 바르게 하려고 노력한다. 조작해서 천하를 다스린다. 그는 애써 덕정을 시행해서 교화에 힘쓰고 예절을 마련해서 백성을 구제한다.

최하급의 정치는 덕정과 교화와 예제로 백성을 바로잡을 능력이 없다. 부득이 형벌을 쓰게 되고 형벌이 점차 복잡하고 가혹해진다. 그렇게 되면 다스리는 자는 노심하게 되고 백성은 근심하게 된다. 백성이 근심하게 되면 흩어지고 망하게 되어 상하가 삶에 안정하지 못한다. 이것을 큰 실정이라고 한다.

현대에 있어서 여기에서 말한 최상급의 정치, 무위의 정치에 이른다면 그것은 백일몽에 불과하다. 그렇다고 제2의 정치, 교화와 예절만으로 천하를 잘 다스린다는 것도 불가능한 일이다. 그러나 우리는 법률만으로 다스리려고 다투는 최하급의 정치만이 현대에 시행될 수 있다고 체념할 필요는 없다. 이 세 가지 정치이념의 종합적인 조화가 현대의 정치사상 속에 새로운 형태로 병존할 수 있을 것이다.

틀에서 나와 자연의 틀로 들어감

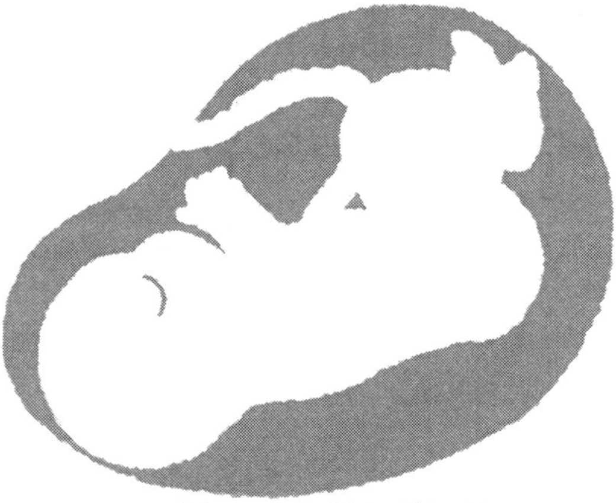

이 세상에 나기 이전을 곰곰이 생각해 보면
원래 태어남이 없었던 것이요, 형상이 없었고, 기운도 없었던 것이네.

인간은 원래 태어남이 없었다. 한갓 태어남이 없었을 뿐만 아니라 형상이 없었다. 형상이 없었을 뿐만 아니라 원래 틀의 궤도가 없었다. 무엇이 흐릿하고 황홀한 가운데 섞여 있다가 변해서 기운(음양의 두 기운)이 생겼다. 기운이 변해서 형상이 생겼고 형상이 변해서 태어남이 생겼다. 태어남이 이제 또 변해서 죽음이 된다. 이것은 춘 · 하 · 추 · 동 네 계절이 되풀이해서 돌아가는 것과 같은 이치다.

장자의 아내가 죽어 혜자[1])가 문상을 갔을 때 장자의 언행이 이를

1) 장자와 혜자는 절친이었다. 장자의 생각은 우주의 원리나 인간의 원리가 같다는 물아일체(物我一體)의 사상이지만, 혜자는 세상을 논리적으로 보고 있다. 서로 다른 사상을 가진 친구였지만 장자와 혜자는 대화가 통하는 유일한 친구였던 모양이다. 둘이 얘기를 시작하면 밤새는 줄 몰랐다. 그런데 친구인 혜자가 먼저 세상을 떠났으니 장자의 허전함이 어떠했을까? 장자는 그 허전함을 코끝에 백토를 벗겨내는

잘 대변한다. 장자는 마침 두 다리를 뻗고 앉아 장구를 치면서 노래를 부르고 있었다. 이를 본 혜자가 "그대는 마누라와 함께 살면서 자식을 길렀고, 이미 몸이 늙었네. 마누라가 죽어서 울지 않는 것은 그냥 넘어가더라도 장구를 치면서 노래까지 하는 것은 너무 심하지 않는가?"라고 물었다. 이에 장자는 "그렇지 않네, 아내가 죽고 한 후 처음에는 나인들 어찌 혼자 슬퍼하고 놀라지 않았겠는가? 그러나 아내가 이 세상에 나기 이전을 곰곰이 생각해 보면 원래 태어남이 없었던 것이요, 형상이 없었고, 기운도 없었던 것이네. 이제 태어남이 변해서 죽음으로 간 것이네. 아내는 지금 큰 방(천지 사이) 안에 편안히 누워 있는데, 내가 시끄러운 소리를 내며 아내를 붙들고 운다면 나 스스로 천명을 모르는 것처럼 생각이 돼서 울기를 그만 둔 것이네."라고 말했다.

삶이란 빌린 것에 불과하다. 삶은 하나의 티끌이며, 죽음과 삶은 밤과 낮같은 것이다. 만물의 변화로 삶은 변화한다. 이를 거역할 사람은 이 세상에 없다. 삶을 탐내서 도리를 잃고 놀다가 상황이 바뀌면 불행하다고 생각한다. 전쟁으로 말미암아 싸움에 실패한 죄로 사형을 당하기도 한다. 어떤 나쁜 일을 저질러 부모와 처자식에게 수치[2)]를 남길까 걱정해서 자살하기도 한다. 또한 헐벗고 굶주리다가 죽기도 하고, 나이가 다하도록 살다가 생을 마감하기도 한다. 죽음의 세상에는 위에 임금도 없고 밑에 신하도 없다. 또한 사시의 변천도 없다. 그래서 그저 조용히 하늘과 땅과 함께 목숨을 같이한다. 임금의 즐거움도 여기에 이르지 못한다.

장석의 얘기에 비유하여 얘기를 하고 있다. 혜자가 없어졌으니 더불어 얘기할 사람이 없어졌다고 안타까워했다.

2) 자기의 약점이나 잘못 또는 무가치(無價値)함이 남들 앞에 탄로되었다고 생각할 때 일어나는 감정을 말한다.

인간은 걱정거리를 가지고 산다. 작은 포대는 큰 물건을 담을 수 없고, 짧은 두레박줄은 깊은 우물을 길을 수 없다. 천명은 정해져 있고, 형체는 적당한 것이 있어 덜하거나 더할 수 없다는 뜻이다.

옛날 어떤 새가 노나라 들에 와서 앉아있었다. 노나라 제후는 새를 맞아들여 궁중에서 잔치를 베풀었다. 술을 먹이고, 음악을 연주하며, 짐승의 고기를 갖춰 만찬을 차려주었다. 그러나 새는 걱정하고 슬퍼해서 감히 한 조각의 고기도 먹지 않고, 한 잔의 술도 마시지 않다가 사흘 만에 죽고 말았다.

새가 죽은 것은 노나라 제후가 자기를 기르는 방법으로 새를 기르고, 새를 기르는 방법으로 새를 기르지 않았기 때문이다. 새를 기르는 방법으로 새를 기르는 사람은 마땅히 새를 깊은 숲 속에 깃들게 하고, 숲에서 노닐게 할 것이다. 강이나 호수에 띄워 주고 미꾸라지나 물고기를 먹게 하며, 동무를 따라 내려앉기도 하면서 자유로이 살게 해야 하는 것이다.

새는 사람의 말도 듣기 싫어하거늘 어떻게 시끄러운 음악으로 맞아야겠는가? 음악을 정원에서 베푼다면 새는 그것을 듣고 날아갈 것이다. 짐승은 그것을 듣고 달아날 것이며, 물고기는 그것을 듣고 물속에 잠길 것이다. 그러나 사람들은 음악을 들으면 모두 둘러서서 볼 것이다. 물고기는 물에 있어서 살고, 사람은 물에 있어서 죽는다. 사람과 물고기는 서로 좋아함과 싫어함을 달리하므로 죽고 사는 모습이 다르다.

옛날 성인은 사람이 능력을 하나로 하지 않고 사람의 일을 같이 하지 않았다. 그래서 이름은 실제와 부합하게 하고 의리는 성질에 맞게 베풀었다. 이것을 이치가 두루 통해 행복을 길이 가진다고 한다.

사람은 살아서 기쁜 것인가? 죽어서 슬픈 것인가? 만물의 변화 종류는 얼마나 되는가? 티끌이 물을 얻으면 곧 물 위의 먼지가 된다. 물위의 먼지가 물밑의 물과 흙이 붙은 곳을 얻으면 조개의 옷이라는 푸른 이끼가 된다. 언덕에 나면 수레 앞의 풀이 되고, 수레 앞의 풀이 비료를 만나면 검은 풀이 된다. 검은 풀의 뿌리는 굼벵이가 되고, 잎은 나비가 되며, 나비는 젓갈이라고도 한다. 그것이 또 변해서 벌레가 돼 부엌 밑에서 나온다. 그 모양은 허물을 벗은 듯하다. 그것이 천 날을 지나면 새가 된다. 이처럼 만물은 다 틀에서 나와서 자연의 틀로 들어간다.

정복은 문벌이 최상

문벌은 문덕 혹은 문교의 힘으로 정복한다는 뜻이다.
무력을 사용하지 않고 타국을 정복하는 것이 가장 좋은 병법이다.

문벌[1]은 문덕[2] 혹은 문교의 힘으로 정복한다는 뜻이다. 무력을 사용하지 않고 타국을 정복하는 가장 좋은 병법이다. 그러나 태공이 제시한 열두 가지 방법은 문덕이나 문교의 힘이라고 말할 수는 없다. 열두 항목 중에 어느 것도 간휼하고 비겁하지 않는 방법이 없기 때문이다. 원래 병법이란 전쟁하는 방법이다. 병법은 전쟁에서 이기느냐 지느냐에 따라 나라의 존망이 달린 심각한 최후의 수단인 것이다. 열두 종의 방법을 살펴보면 다음과 같다.

첫째, 타국 임금이 좋아하는 것을 그의 뜻대로 즐기게 하면 장차

---

1) 문벌(門閥)의 '문(門)'은 가문(家門)을 뜻하는 말이며, '벌(閥)'은 신하의 공로를 나타내는 표지이다. 본래 '벌'은 신하의 공을 등급으로 표시하여 문 왼편에 걸며, '열(閱)'은 문 오른편에 건다. 이 표지가 역사 용어로 쓰이면서 '대대로 내려오는 그 집안의 사회적 신분이나 지위'를 뜻하는 말로 쓰였다.
2) 학문의 덕이나, 문인(文人)이 갖춘 위엄과 덕망을 말한다.

교만한 마음이 생겨서 반드시 좋지 못한 일이 있게 된다. 그것을 잘 인용한다면 반드시 그를 제거할 수 있다.

둘째, 타국 임금의 친애하는 신하를 친밀하게 매수해서 그가 임금과 맞서게 하고 임금의 권위를 나누어 갖게 한다. 그러면 신하는 두 가지 마음을 가지게 될 것이고, 나라의 내부는 반드시 쇠약해질 것이다. 조정에 충신의 마음을 흔들면 국가는 반드시 위태하게 된다.

셋째, 타국 임금의 측근에 있는 자들에게 몰래 뇌물을 줘서 그들의 마음이 이쪽으로 완전히 쏠리게 만든다. 그러면 그들은 몸은 비록 제 나라 안에 있어도 마음은 뇌물 준 이쪽에 있어 그 나라에는 장차 해로운 일이 일어난다.

넷째, 타국 임금의 음탕한 오락을 도와주고 조장한다. 구슬과 옥 같은 값진 보물을 많이 뇌물로 보내고 예쁜 여인들을 보내서 즐기게 만든다. 이쪽은 한껏 저자세를 취해서 그의 하는 말이면 무엇이나 경청하고 명령대로 순종하는 척 한다. 그러면 그는 장차 우리가 하는 일에 옳고 그른 것을 따지지 않을 것이다. 그렇게 되면 그는 좋지 못한 행동으로 인해 곧 결정적인 운명을 맞게 될 것이다.

다섯째, 타국에서 먼저 보내온 사자에게 엄격하게 대하고 그에게 주는 보상을 박하게 하면서 오래도록 붙잡아 둔다. 그가 제의하는 일은 들어 주지 않으면서 다른 사자가 오면 성심성의로 대하는 체 하고 친근하게 대해서 그를 신임하는 듯이 보인다. 그러면 타국 임금은 먼저 보낸 충신보다는 뒤에 보낸 사자를 더욱 신뢰하게 된다. 충신을 신뢰하지 못하게 한 후 나라를 모략으로 정복한다.

여섯째, 타국 신하들을 이쪽에서 매수하고 그 나라와 외국과의 외교 관계를 이간시킨다. 그 나라의 유능한 신하들은 남의 나라를 돕게 되므로 그 나라는 침략을 당하게 될 것이다. 그렇게 되면 나라가 멸망하지 않을 수 없다.

일곱째, 타국 임금의 양심을 폐색[3]시켜야 한다. 그의 좌우에 있는 충군들의 마음을 매수하는 데에는 은연중 이익을 제시한다. 임금과 신하들이 이욕[4]에 급급해서 나라 안의 산업을 경시하고 저축이 없게 만든다.

여덟째, 귀중한 보물을 타국의 군주에게 뇌물로 주고, 그것을 인연으로 그와 함께 모리[5]를 계획한다. 모리를 계획해서는 그를 이롭게 한다. 이롭게 하면 반드시 이쪽을 믿게 된다. 이러한 친교가 거듭되면 그 군주는 반드시 우리 편에서 이용할 수 있다. 국가를 소유한 한 나라의 군주로 외국에 이용되면 그 나라는 반드시 패할 것이다.

아홉째, 타국의 군주를 천자니 황제니 하는 헛이름으로 높여주고 그의 몸에 곤란한 일이 없게 한다. 천하의 대세인 것처럼 시사하고 그에게 순종해서 반드시 믿음을 갖게 한다. 그가 스스로 위대하고 높은 존재라고 생각하게 만들어서 먼저 영화를 느끼게 하고 넌지시 그가 성인이라고 꾸며 칭찬한다. 그러면 반드시 정치를 게을리 하고 목전의 안일에 빠질 것이다.

열째, 타국의 군주에게 이쪽에서 스스로 저자세를 취하고, 성의를 보여 반드시 믿음을 주게 한다. 그의 호감을 얻으며 뜻을 받들고

---

3) 1. 닫혀서 막힘. 또는 닫아서 막음을 말한다. 2. 겨울에 천지가 얼어붙어 생기가 막힘을 의미한다. 3. 운수가 막힘을 뜻한다.

4) 이익을 탐하는 욕심을 말한다. 히브리 원어상 의미는 개인적인 행위로 얻는 이익을 가리킨다. 특히 이 말 속에는 '자르다'는 의미가 함축되어 있어서 자신에게 맡겨진 일 가운데서 일부를 떼어 자기 이익으로 삼는 것을 의미한다.

5) 모리(謀利)는 도덕과 의리는 생각하지 않고 오직 부정한 이익만을 꾀하는 것을 뜻한다.

그가 시키는 일에 응종하는 것을 마치 생사를 같이할 것처럼 한다. 그리하여 그의 충분한 신임을 받게 되면 조금씩 정복 계획을 진행시킨다. 장차 시기가 도래하면 마치 하늘이 그를 멸망시킨 것처럼 그 나라는 멸망하고 만다.

열한째, 사리에 맞는 방법으로 타국 군주의 총명을 가로막아 버린다. 남의 신하된 자는 누구나 높은 지위와 부를 소중히 여기고 위험과 죄과를 싫어한다. 이러한 심리를 이용하는 것이다. 먼저 그 나라의 호걸스러운 인물에게 몰래 높은 지위를 제시하고 귀중한 보물을 선사해서 마음을 매수한다. 이쪽은 몰래 저축을 많이 하면서 겉으로는 궁핍한 것처럼 보인다. 그리고는 그 나라의 지혜 있는 선비와 내통[6]해서 이편의 계획을 추진시키고, 용기 있는 무사와 내통해서 그들의 교만한 기풍을 조장한다. 그들에게 부귀와 이익을 늘려주면 이쪽과의 도당은 이미 이뤄진 것이다. 이런 방법을 타국 군주의 총명을 가로막는 일이라고 한다. 한 나라의 군주 주변을 가로막는 장막이 쳐졌는데 어찌 나라를 보존할 수 있겠는가?

열두째, 나라를 혼란하게 만들 타국의 신하를 몰래 육성시켜 임금의 판단을 혼미하게 만든다. 여색과 음란한 음악을 보내서 임금을 매혹하게 하는 한편 좋은 개와 말을 보내 임금이 사냥과 말달리기로 피로하게 만든다. 때로는 그의 강대한 세력을 두려워하는 듯 칭찬하며 구슬린다. 그리고 이쪽에서는 높은 안목으로 대세를 살펴서 천하 사람들과 함께 정복을 계획한다.

열두 가지 여건이 갖춰지면 곧 무력을 행사해도 좋다. 위로는 천시

---

6) 1. 외부의 조직이나 사람과 남몰래 관계를 가지고 통함을 말한다.
2. 남녀가 몰래 정을 통함을 의미한다.
3. 몰래 알림을 말하기도 한다. 비슷한 말로는 통내가 있다.

를 살피고 아래로는 지리를 살펴서 적국의 멸망할 징조가 보이면 정벌을 결행한다.

전쟁에서 우리는 송양지인(宋襄之仁)[7]을 강요할 수는 없다. 옛날 중국의 송나라에 양공이라는 임금이 있었다. 송나라와 초나라가 전쟁하게 됐을 때 초나라의 군사가 홍수라는 강물을 건너오고 있었다. 양공의 신하 목이가 초군이 강을 건너고 있는 기회에 공격하자고 했다. 그러나 양공은 "군사는 남의 약점을 기화로 삼지 않는다. 적군이 아직 진형을 정돈하지 않은 것을 공격하는 것은 비겁한 수법이다."라고 듣지 않았다. 결국 송나라는 초나라 군사에 패하고 양공 자신도 전상을 입어 죽고 말았다. 이것을 세상에서는 송양지인이라고 조소한다.

또 병법에 '용병한다는 것은 적을 속이는 일이다.'라고 했다. '용병에는 간사하게 속이는 일을 싫어하지 않는다.'라는 말도 있다. 이러한 병법에서의 속임수를 우리는 비난할 수도 거부할 수도 없다. 우리는 송양지인을 원하지 않는다. 그러나 용병이라고 해서 아직 피차

---

7) 1. 실질적으로 아무런 의미도 없는 어리석은 대의명분을 내세우거나 또는 불필요한 인정이나 동정을 베풀다가 오히려 심한 타격을 받는 것을 비유하는 말이다. 2. 송(宋)나라의 양공(襄公)은 초(楚)나라와 싸울 때 먼저 강 저쪽에 진을 치고 있었고, 초나라 군사는 이를 공격하고자 강을 건너는 중이었다. 이때 장군 공자목이(公子目夷)가 송양공에게 이르기를 "적이 강을 반쯤 건너왔을 때 공격을 하면 이길 수 있습니다." 하고 권하였다. 그러나 송양공은 "그건 정정당당한 싸움이 아니다. 정정당당하게 싸워야 참다운 패자가 될 수 있지 않은가?" 하면서 듣지 않았다. 강을 건너온 초나라 군사가 진용을 가다듬고 있을 때, 또다시 "적이 미처 진용을 가다듬기 전에 치면 적을 지리멸렬(支離滅裂)시킬 수 있습니다." 하고 건의하였으나, 송양공은 "군자는 남이 어려운 처지에 있을 때 괴롭히지 않는 법이다." 하며 말을 듣지 않았다. 그 결과 송나라는 크게 패하게 되었는데, 세상 사람들은 이를 비웃어 송양지인(宋襄之仁)이라고 하였다. 『십팔사략(十八史略)』에 나오는 이야기이다.

에 전쟁을 벌이고 있는 사이도 아닌데 장차의 적을 향해 여기에서 제시된 열두 조항과 같은 비겁한 수법을 무조건 문벌이라는 미칭을 써서 찬양할 수는 없다. 전쟁에는 전쟁의 도의가 있을 것이다. 또 때로는 열두 종목 중에서 몇 가지만 쓸 경우도 있다. 그러나 전쟁에서 위의 열두 조항 이외에 그야말로 문벌의 방법은 없을 것인가?

인생의 도리를 통달함

지극한 덕을 가진 사람은 땅속을 다녀도 막히지 않고
불을 밟아도 뜨겁지 않으며, 만물의 위를 다녀도 두려워하지 않는다.

우리가 하늘의 뜻에 따라 세상에서 활동하는 것은 형체[1]이다. 거기에 우리의 생이 구비된다. 그러므로 우리는 형체를 유지해야 하고 생명을 연장하려고 한다. 사람은 누구나 살기를 좋아하고 죽음을 싫어한다.

생사를 초월하기 위해 석가는 부귀영화(富貴榮華)를 버리고 길을 떠나 득도했다. 예수는 요사했으나 부활해서 영생을 입증했다. 양무제는 승로반(承露盤)[2]을 사용했고 진시황은 동남동녀(童男童女)[3]를

1) 형체(形體)는 원어적으로 '몸'이란 뜻으로, 곧 물건의 생김새와 바탕이 되는 몸을 말한다.
2) 승로반은 하늘에서 내리는 장생불사의 감로수를 받아먹기 위하여 만들었다는 쟁반을 말한다. 여기서 감로수는 이슬을 말한다.
3) 1. 동남동녀는 사내아이와 계집아이, 또는 소년 소녀를 말한다. 2. 중국 진시황 때 사자 '서불(徐福, 서복= 徐市, 서불)'이 삼신산의 하나인 한라산에서 불로초를 구하려고 동남동녀 500쌍을 거느리고 동쪽으로 왔다가 정방폭포 암벽에 '서불과지(徐市過之)'라는 글자를 새기고 서

보내 샅샅이 불사약을 찾게 했다. 그러나 양무제와 진시황은 하잘 것 없는 고깃덩어리로 썩고 말았다. 석가와 예수는 마땅히 힘써야 할 것을 힘썼지만 양무제와 진시황은 힘쓰지 않을 것을 힘썼기 때문이다.

이로써 우리는 얼마나 사느냐가 문제가 아니라 어떻게 사느냐가 문제인 것을 알 수 있다. 백년을 살아도 순간을 살지 못하고, 순간을 살아도 영원히 살 수 있으니 다 같은 시간이라도 어떤 것은 순간이고 어떤 것은 영원하다. 영원과 순간이 일치하는 곳, 성인의 생명은 그것을 포착하고 체험한 것이다.

장자는 사람이 존재해서 멸망하지 않는 이유는 세상을 뛰어넘어 하늘로 돌아가기 때문이라 했다. 장자는 '형체를 기르는 것은 형체를 온전히 하고 생을 잊은 뒤에 갱생을 얻는 것만 못하다. 갱생의 도는 형체를 기르는 것에만 있지 않고 동시에 정신에도 있다. 정신과 형체를 동시에 얻으면 하늘은 스스로 사람 속에 있다. 그래서 정신과 형체가 발전해서 깊어지면 사람은 반드시 하늘을 이긴다. 체가 먼저 있어 기를 수호하고, 신을 온전히 해서 정의 활동을 성취하기 때문이다. 형체 기르는 것을 떠나고자 하면 세상을 버려야 한다. 세상을 버리면 누[4]가 없다. 누가 없으면 평정하고, 평정하면 조화와 함께 화해서 일신하고 또 일신한다. 그래서 도에 가까워지고, 하늘

쪽으로 돌아갔다고 전해지고 있다. 서복(徐福)은 중국 진나라 때의 사람으로, 자는 군방(君房)으로, 『사기(史記)』에는 '서불(徐市)'로 기술되어 있다. 진나라 시황제(始皇帝)의 불로불사(不老不死)하려는 소원을 풀어주기 위하여, 그는 수천 명의 동남동녀(童男童女)를 데리고 영약(靈藥)을 찾아 바다 끝 신산(神山)으로 배를 타고 떠났으나 중국에는 다시 돌아오지 않았다고 한다.

4) 누(累)는 남의 잘못으로 말미암아 받게 되는 정신적인 괴로움이나 물질적인 손해를 말한다.

과 같아지고, 다시 나아가서는 천지의 화육을 돕게 된다.'고 했다. 그래서 지인은 땅속에 들어가도 숨이 막히지 않고 불에 들어가도 뜨겁지 않으며, 만물 위로 가도 두려워하지 않는 공을 이루게 된다.

생의 진상을 밝게 아는 사람은 생으로 할 수 없는 것을 알고 그것에 힘쓰지 않는다. 명의 정을 밝게 아는 사람은 지혜로 할 수 없는 것을 알고 그것에 힘쓰지 않는다. 몸을 기르기 위해서는 반드시 물질을 먼저 생각한다. 그러나 물질은 쓰고 남아도 몸을 기르지 못할 수도 있다. 생이 있으면 반드시 몸이 완전한 것이 우선이다. 하지만 몸이 완전해도 죽을 수 있다. 생이 와도 물리칠 수 없고, 생이 가도 붙들 수 없다. 그런데 세상 사람들은 몸만 기르면 생을 보존하기에 족하다고 생각한다.

아무리 몸을 길러도 생을 보존할 수 없으니, 세상일은 무엇에 힘써야 보람이 있는가? 힘쓸 보람이 없는 것인 줄을 알면서도, 그래도 힘쓰는 것은 일상생활을 어떻게 할 수 없기 때문이다. 일상을 떠나면 마음의 얽매임이 없고, 마음의 얽매임이 없으면 마음은 바르고 편하다. 마음이 바르고 편하면 자연의 조화와 더불어 날로 끝없이 새로워질 것이다. 날로 끝없이 새로워지면 곧 도에 가깝게 될 것이다.

그러면 무엇 때문에 일상에 얽매임을 버리지 않으면 안 되는 것인가? 무엇 때문에 생을 잊지 않으면 안 되는 것인가? 얽매임을 버리면 곧 몸이 괴롭지 않을 것이고, 생을 잊으면 곧 정신이 온전해지기 때문이다. 몸이 온전하고 정신이 본 자리인 자연에 돌아가면 하늘의 조화와 하나가 될 것이다.

천지는 만물의 부모다. 천지가 합하면 물형을 이루고 천지가 흩어지면 처음 물형이 생기기 이전으로 돌아간다. 몸과 정신이 온전하면 그것을 조화와 함께 날로 새로워진다고 한다. 그래서 지극하게 정성을 다하면 근본에 돌아가 천지의 활동을 도울 수 있다.

지극한 덕을 가진 사람은 땅속을 다녀도 막히지 않고 불을 밟아도 뜨겁지 않으며, 만물의 위를 다녀도 두려워하지 않는다. 순진한 기운을 지키고 있는 까닭이다. 지혜나 용기로 되는 것이다. 용모나 형상[5] 소리나 빛이 있는 것은 모두 물질이다. 이미 물질인데 다른 물질과 다를 것이 없다. 물질은 어느 물질이나 다른 물질에 앞서서 다른 물질을 제어할 수 없다. 물질일 따름이기 때문이다. 그러나 물질 가운데 물질의 형상이 있기 이전에 변화를 뛰어 넘은 경지에 머무는 것이 있다. 이것이 사람이다. 사람이 이 도리를 얻어 통달하면 치우치지 않는 중심을 지켜서 무위에 편안히 산다. 끝이 없는 활동의 법칙에 들어가며 만물의 변화하는 기틀에 노니는 것이다. 그래서 성질을 순하게 하고 기운을 기르며 덕을 합해서 물질이 조화하는 자연의 대도에 통한다.

자연의 대도[6]에 통한 사람은 자연의 대도를 지켜 온전하다. 정신에 틈이 없기 때문에 어느 물질도 침노할 수 없다. 술에 취한 사람은 수레에서 떨어져 앓더라도 죽지 않는다. 뼈마디는 다른 사람과 같으나 손해는 다른 사람과 다른 것은 정신이 온전하기 때문이다. 수레를 타는 줄도 모르고 수레에서 떨어지는 것도 모른다. 죽고 사

---

5) 1. 형상 (形象/形像)은 사물의 생긴 모양이나 상태를 말한다.
   2. 마음과 감각에 의하여 떠오르는 대상의 모습을 떠올리거나 표현함을 의미하거나 또는 그런 형태를 말한다.

6) 세상은 자연의 대도만이 존재하고 개인의 권한은 없다. 죽음은 죽음대로 삶은 삶대로의 역할이 있을 뿐이다. 서로 파괴하지 않는다. 해가 지고 뜨는 것처럼. 남여는 서로 상호보완적이다. 의존적이다. 언어를 넘어서 초월적인 현상을 말한다.

는 두려움이 마음에 들어갈 수 없어서 물질에 부딪혀도 두려워하지 않는다. 술기운으로 정신이 온전해서도 오히려 이와 같다. 하물며 정신의 온전함을 하늘에서 얻은 것이 아닌가?

성인은 자연과 더불어 있어 아무것도 그를 해치지 못한다. 이와 같이 사람이 모두 마음이 없으면 천하는 태평해질 것이다. 모두 무심과 자연의 천성으로 말미암기 때문이다. 지혜나 용기를 발휘하지 말고 무위자연의 천성[7)]을 발휘해야 한다. 하늘의 뜻을 발휘하면 덕이 생기고 사람의 뜻을 발휘하면 해가 생긴다. 하늘의 덕을 항상 지켜서 사람의 마음을 삼가면 백성은 교화되어 천진으로 돌아갈 수 있다.

7) 참된 본성만 품고 무위자연의 순박한 모습을 지키는 것이 다가 아니라는 것이다. 그런 정신으로 속세적인 삶을 살면서도 유유자적하는 경지를 보여야 제대로 된 것이라고 말한다. 장자는 내면과 외면을 동시에 다스릴 수 있어야 최고지, 어느 한 편만 지키는 것은 아직 부족하다고 분명히 말한다. 우리는 보통 대립 된 두 면 가운데 하나를 취하는 데 익숙하다. 이쪽 아니면 저쪽을 택하면서 상대방에게도 그러기를 은연중에 강요한다. 한 쪽을 택한 후, 그것을 철저하게 지키는 것을 순수하고 절실하고 진실한 삶의 태도로 여기기도 한다. 이단이나 극단적 근본주의는 다 이런 곳에서 성장한다. 하지만 두 면을 동시에 장악하거나, 두 면 사이의 경계에 처하지 않으면 전면적 인식이나 진보적 삶은 구현되지 못한다. 이것을 부정하다가 저것에만 빠지는 것은 부정의 고착화다. 지속 부정을 통해 부정을 살아있게 해야 한다. 그것이 성숙한 이탈이다. 한 쪽을 택하면 과거에 박히고, 경계에 서면 미래로 열린다. 한 쪽을 택하면 이념화되기 쉽고, 경계에 서면 생산적인 효과를 낸다. 한 쪽을 택하면 얼굴에 짜증기가 새겨지고, 경계에 서면 밝고 환해진다.

쓰임의 허와 실

쓸모없는 큰 나무는 하늘이 준 목숨을 지킬 수 있었다.
쓸모가 없었기에 도끼나 톱의 화를 면하고 그 몸을 보전했다.

장자가 산중을 지나다가 큰 나무를 보니 가지와 잎이 무성했다. 나무하는 사람이 옆에 있었지만 그 나무는 베지 않았다. 베지 않은 이유를 장자가 물었다. 나무하는 사람은 '쓸모없는 나무'라고 했다. 따라서 쓸모없는 큰 나무는 하늘이 준 목숨을 지킬 수 있었다. 쓸모가 없었기에 도끼나 톱의 화를 면하고 몸을 보전했다.

장자는 산에서 내려와 친구의 집에서 잤다. 친구는 매우 반가워하며 머슴에게 기러기를 잡아오라고 했다. 머슴이 주인에게 물었다. "한 놈은 잘 울고 한 놈은 잘 울 줄 모르는데 어느 놈을 잡을까요?"라고 물었다. 장자 친구는 "잘 울지 않는 기러기를 잡아라."하고 말했다. 이 이야기를 들은 장자의 제자는 "산중의 나무는 쓸 데가 없어 수명을 다할 수 있었고, 친구 집의 기러기는 쓸 데가 없어 죽었으니 선생님은 어느 쪽을 취하려 하십니까?"라고 물었다. 장자는 "중간을 취하려고 하는 것은 도가 아니므로 그것은 화를 면하지 못할 것이다."라고 말했다.

도덕에 기준을 두고 향방을 결정하는 사람은 화를 면할 수 있다. 그에게는 칭찬도 없고 비방도 없다. 용이 되기도 하고 뱀이 되기도 한다. 때를 따라 변화해서 한 가지 일에 얽매이지 않는다는 것이다. 또 올라가거나 내려와서 모든 것과 화동하는 것으로 도량을 삼는다. 만물을 도에 맡겨 노닐다 보면 물을 물로 부리고 물에 물이 되므로 화를 입지 않는다. 그러므로 어느 물이 내게 구속을 줄지 알 수 없다. 이것은 옛날 신농, 황제의 법칙이었다. 그런데 만물의 실정이나 인류의 습관은 그렇지 않다. 모이면 곧 떠나고, 이루면 곧 무너지며, 모나면 곧 깎이고, 높은 자리에 있으면 곧 비판을 받는다. 차오르는 일이 있으면 곧 이지러지고, 어진 사람의 부탁은 받고 어질지 않으면 이용당하니 언제나 일정할 수가 없다. 오직 도덕이 기준이 된다.

살찐 여우나 털이 아름다운 표범이 숲 속에 깃들고 바위굴에 엎드려 있는 것은 고요히 사는 것이다. 밤이면 나타나고 낮이면 숨는 것은 조심하는 것이다. 비록 굶주리고 목마름에 곤궁하더라도 멀리 사람의 마을을 떠나 자연에서 먹이를 찾는 것은 삶의 나아갈 바를 결정하는 것이다. 자신에게 죄가 있는 것이 아니라 오직 아름다운 가죽이 재앙을 만든다. 그러므로 자신의 몸을 잊어버리고 나라에 연연하지 않으며 지혜도 씻어버리고 욕심을 떨쳐버려야 한다. 도덕을 기준으로 삶의 자세를 정해야 한다. 욕심[1])을 적게 가질수록 양식[2])이

---

1) 욕심(欲心/慾心)은 분수에 넘치게 무엇을 탐내거나 누리고자 하는 마음을 말한다.
2) 양식(良識)은 사물을 올바르게 판단하는 능력으로, 일상적으로 쓰이는 의미는 사려깊게 행동하는 사람이 가진 상식이란 뜻이다. 우리는 양식의 힘으로 진실과 허위를 식별할 수 있으며, 그런 의미에서 이성

없더라도 족할 것이다.

많은 사람을 얻으려는 사람은 구속이 있다. 많은 사람들에게 부러움의 대상이 되고 싶은 사람은 걱정이 있다. 그러므로 요임금은 사람을 얻으려 하지도 않았고, 부러움의 대상이 되기 위해 노력하지도 않았다. 자신을 구속하지 않고 걱정을 떨쳐버려 오직 도와 더불어 허무의 경지에 노닌 것이다.

가령 배 두 척이 나란히 바다를 건널 때에 한 쪽의 빈 배가 내 배에 와서 부딪친다면 성급한 사람일지라도 주인 없는 빈 배에 성내지 않을 것이다. 그러나 만일 그 배에 한 사람이라도 있다면 곧 그 사람을 불러 배를 떨어지게 하거나 멀리가게 할 것이다. 또한 한 번 불러서 듣지 않고, 두 번 불러서 듣지 않으면, 세 번째는 고함을 치며 욕설을 퍼부을 것이다. 처음에는 성내지 않으면서 이번에 성내는 것은 처음에는 빈 배였고 이번에는 사람이 있기 때문이다. 사람이라도 만일 자기를 비워서 세상에 임한다면 누가 나에게 화내고 나를 해칠 것인가?

동해에 제비라는 새는 느릿느릿해서 얼른 보면 아무런 능력이 없는 듯하다. 하지만 날 때는 동무를 이끌어 날고, 쉴 때에는 동무와 함께 쉰다. 나아갈 때에는 앞에 서지 않고 물러날 때는 뒤에 서지 않는다. 먹이를 먹을 때는 먼저 맛보지 않고 반드시 나머지를 먹는

(理性)과 거의 같은 뜻으로 쓰인다. R.데카르트는 『방법서설』 서두에서 "양식은 이 세상에서 가장 공평하게 분배되어있는 것이다."라고 말하였다. 그러나 데카르트는 이성의 평등성을 반드시 낙관하고 있는 것은 아니다. 왜냐하면 "이것(양식)을 올바르게 사용하는 사람은 거의 한 사람도 없다."고 단언할 정도이기 때문이다. 그는 누구나 갖추고 있는 양식을 올바르게 적용하는 일, 즉 방법이 무엇보다 중요하다고 말하는 것이다. 양식은 단순히 학문적인 진리를 인식할 때 발휘되는 데에 그치지 않는다. 그것은 특히 인생의 그때그때의 장면에서 무엇을 선택해야 할 것인가를 결단할 때 중요하다.

다. 그러므로 그는 동무에게서 배척받지 않고 사람도 그를 해치지 않는다.

곧은 나무는 먼저 베이고, 맛난 샘물은 먼저 마른다. 울지 않는 기러기는 무용지물이라 해서 곧 몸이 죽어 손님을 대접하는 밥상에 오른다. 반대로 여우와 표범은 가죽이 아름다워 그물이나 덫에 걸려 죽는다. 우리는 이것을 어떻게 해석해야 하는가? 내 주장만을 고집하면 모가 나고, 이치만을 따지면 융통성이 없게 된다. 감정에만 빠져 있으면 흘러가 버린다. 어쨌든 이 세상은 헤쳐 나가기가 어렵다.

도덕은 만물의 시조로 때에 따라 조화를 이룬다. 도덕에 기준해서 사는 사람은 일시는 곤궁하지만 재환[3]은 없다. 장자가 혜왕에게 말한 "가난한 것이 나쁜 것은 아니다. 선비가 도덕이 있으면서도 행하지 못하는 것은 나쁜 것이지만 옷이 해지고 신이 뚫어진 것은 가난한 것이지 나쁜 것은 아니다."라고 말한 것과 같다. 인생에 우환이 많은 것은 도덕의 공이 옅은 데 있다. 도덕으로 삶을 살고자 하는 자는 반드시 먼저 자기를 비워야 하며 자연을 따라서 허무의 경지에 노닐어야 한다.

자기를 비우는 길은 무엇인가? 외형을 버리고 욕심을 버리며 공과 명예를 버려야 한다. 의료(宜僚)[4]는 노나라 왕에게 "환난을 면하자

---

3) 재앙(災殃)과 우환(憂患)을 아울러 이르는 말이다.

4) 의료(宜僚)는 춘추전국시대(春秋戰國時代) 초(楚)나라 장왕(莊王, 기원전 613~591) 때 인물로서, 농환(弄丸)에 능했다. 『장자(莊子)』「서무귀(徐无鬼)」편에는 "시남의 의료는 농환으로 두 나라의 전쟁을 멈추게 했다."라고 기록하고 있다. 전설에 의하면 의료는 항상 9개의 공을 가지고 다녔다고 한다. 초나라와 송(宋)나라의 전쟁 중에 군대가 서로 대치하고 있을 때, 의료가 초나라 진영의 전면에 나섰다. 그리고 9개의 공을 들고 8개의 공은 공중에, 1개의 공은 손에 두는 식으로 던졌다가 받았다. 양쪽의 군대가 넋을 잃고 바라보았고, 송의 군사가 패하여 물러났다고 한다. 『장자(莊子)』 주(註)에서는 "의료는 초나라

면 밖으로 왕이라는 형체를 버려 괴로움을 물리쳐라."라고 한 것이다.

한 마리 매미가 나무 그늘에서 제 몸을 잊고 혼자서 즐기고 있을 때 사마귀는 풀 속에 숨어 그것을 잡으려고 한다. 그러나 뒤에서 저를 잡으려고 벼르고 있는 까치를 몰랐다. 까치는 제 뒤에서 활을 가지고 따라오는 장자를 몰랐다. 장자 뒤에는 과연 무엇이 장자를 잡으려고 벼르고 있을 것인가? 욕심을 내는 자는 항상 화를 부른다. 그래서 공자가 마음을 비우고 짐승 떼가 노는 곳으로 갔을 때 짐승들은 공자를 싫어하거나 공자 때문에 놀라지 않았다. 그러므로 마음을 비워 욕심과 공명[5])을 버리고 화[6])를 멀리해야 한다.

용사로 농환을 잘했다."라고 기술했다. 『천자문(千字文)』에는 여포의 활솜씨와 의료의 농환을 지칭한 '포사요환(布射僚丸)'이라는 합성어가 있다. 의료가 농환을 대표하는 인물임을 단적으로 표현하고 있다. 『천자문(千字文)』 주(註)에는 "의료는 초나라 사람으로 능환에 능했는데, 8개는 공중에 1개는 손에 있었다. 지금의 농령(弄鈴)이 그것이다."라고 기록하고 있다.

5) 공명(功名)은 공을 세워서 자기의 이름을 널리 드러내거나 또는 그 이름을 말한다.

6) 화(禍)는 모든 재앙과 액화를 말한다.

큰 덕

자기의 공과 이름을 내세우지 않고 오히려 많은 사람에게 성과를 돌릴 줄 아는 사람은 큰 덕이 있는 사람이다.

자기의 공을 자랑하는 사람은 도리어 공이 없어진다. 공을 이루고도 물러나지 않는 사람은 반드시 실패한다. 이름을 떨치고도 그것에 머물러 있는 사람은 반드시 쇠락한다. 자기의 공과 이름을 내세우지 않고 오히려 많은 사람에게 성과를 돌릴 줄 아는 사람은 큰 덕이 있는 사람이다. 큰 덕이 있는 사람은 도가 천하에 두루 나타나도 드러난 공덕에 연연[1]해하지 않는다. 덕을 천하에 두루 베풀어도 이름을 내세우지 않는다. 마음을 순수하게 쓰고 행동을 오히려 평범하게 해서 꾸미지 않는다. 자기의 공로를 내세우지 않고 권세를 버려서 공명으로 삼지 않는다. 그러므로 남의 허물을 탓할 일도 없고, 남의 허물로 상처 받을 일도 없다.

---

1) 어떤 것에 대한 기억을 잊지 못하고 계속 생각하며 다른 일까지 연결해 걱정, 근심, 미련, 집착하는 것을 말한다.

이해관계로 맺어지면 궁화환해(窮禍患害)[2]에 처할 때 서로를 버리고, 천륜으로 맺어지면 궁화환해에 처해도 서로를 거둬주게 된다. 서로를 거둬주는 경우와 버리는 경우는 아주 큰 차이가 있다. 군자의 사귐은 담백해서 맑은 물과 같고, 소인의 사귐은 달콤해서 단술과 같다. 군자의 사귐은 담백하기 때문에 변함이 없어 더욱 친하고, 소인의 사귐은 달콤함이 사라지면 쉬이 끊어진다. 까닭 없이 맺어진 것들은 까닭 없이 헤어진다.

순임금이 죽음에 이르러 우임금에게 명령하기를 "형체는 물성을 따라야 하고 정은 솔직해야 한다."고 했다. 형체가 물성을 따르면 항상 물과 합해서 맞서지 않을 것이고, 솔직하면 언제나 써도 괴롭지 않을 것이다. 이렇게 남과 맞서지 않고 마음이 괴롭지 않으면 예절로 내 몸을 꾸미기만 하지 않을 것이다. 예절로 내 몸을 꾸미지 않으면 다른 사물을 더 이상 요구하지 않을 것이다.

사람이 처음 세상에 나설 때 사방에 아무 걸림이 없으면 가지가지 직책을 가져서 끝이 없을 것이다. 그러나 밖에서 오는 물질의 이익은 내게 본래 있은 것이 아니다. 내 운명에 밖에 있던 이익이 우연히 있었던 것이다. 군자는 도둑질을 하지 않고 현인[3]도 도둑질을 하지 않는다. 날짐승 중에는 제비처럼 지혜로운 것은 없다. 사람 집에 들어와 제 집을 지으려 할 때에 살기에 마땅한 곳이 아니면 살펴보지도 않을 뿐만 아니라 비록 입에 문 것이 떨어졌더라도 버리고 날아간다. 이처럼 사람을 두려워하면서도 사람 집에 드는 것은 사직을 그 곳에 두지 않으면 안 되기 때문이다.

---

2) 가난한 상태에서 모든 재앙과 액화, 환난(患難)을 당해서 손상을 크게 입은 상황를 말하므로, 근심과 재난을 통틀어 이르는 말이다.

3) 현인(賢人)은 어질고 총명하여 성인에 다음가는 사람을 말한다.

도는 만물을 낳아 변화가 끝이 없다. 하지만 사람은 그 가운데서 그것이 어떻게 계속하는지 모른다. 현재도 모르지만 어떻게 끝과 처음을 알 수 있겠는가? 다만 바르고 참됨을 지켜 자연과의 조화를 이룰 뿐이다. 사람도 하늘이 낳은 것이고, 하늘 또한 자연이 낳은 것이다. 그런데 사람이 자연 그대로를 완전히 가지지 못하는 것은 사람이 스스로 성품을 훼손하기 때문이다. 그러나 성인은 스스로 조화를 편안하게 유지해서 일생을 품위 있게 마친다.

장자가 밤나무 밭의 울타리 근처에서 노닐다가 이상한 까치가 남쪽에서 날아오는 것을 봤다. 날개의 길이는 일곱 자이고, 눈 둘레는 한 치나 됐다. 까치는 장자의 이마를 스쳐 밤나무 숲에 앉았다. 장자는 혼자서 '저 놈은 어떤 새이기에 저렇게 넓은 날개를 가지고도 높이 날지 못하고 밤 밭에 앉고, 저렇게 큰 눈을 가지고도 잘 보지 못하고 사람의 이마를 스치는가?' 하고 생각했다. 이에 옷깃을 걷어 올리고 빠른 걸음으로 화살을 잡아 까치를 겨눴다. 그러다가 문득 한 쪽을 보니 매미 한 마리가 나뭇가지 그늘에 앉아 즐기고 있었다. 그리고 그 곁에는 사마귀 한 마리가 풀잎에 숨어 그 매미를 잡으려고 정신이 팔려 제 몸을 잊고 있었으며, 그 까치는 또 기회를 타서 사마귀를 잡으려고 정신을 잃고 있었다.

장자는 이것을 보고 놀라며 두렵고 슬픈 일이라고 생각했다. 결국 만물은 원래 서로서로를 훼손하는 상대방이 있다는 것을 느낀 장자는 화살을 던져 버리고 도망치듯 달아났다. 밤숲의 주인은 그것을 보자 밤도둑이라고 생각하고 장자의 뒤를 좇으며 꾸짖었다. 장자는 집에 돌아와 석 달 동안을 뜰 앞에도 나앉지 않았다. 그의 제자 인조가 다가와 물었다. "선생은 무엇 때문에 요즘은 뜰에 나앉지 않으십니까?" 이에 장자는 "나는 생을 기르는 공부를 한다 하면서 그만 내 몸을 잊어버렸던 것이다. 그것은 마치 흐린 물을 보느라고 맑은 못물을 잊은 것과 같다. 노자 선생에게 듣기를 '그 풍속에 들어가거든 그 풍속을 따르라.'고 하셨다. 그런데 나는 조릉에서 노닐다가 내 몸을 잊었고, 저 까치는 내 이마를 스쳐 밤숲에서 놀다가 정신을 잊었고, 밤숲 주인은 나를 밤도둑이라고 욕을 했다. 그것 때문에 뜰에도 나가지 않았던 것이다."고 했다.

양자[4]가 송나라에 가서 여관에 들었다. 여관 주인에게는 두 첩이 있었는데, 한 사람은 미인이었고 한 사람은 못난이였다. 그런데 못난이는 귀염을 받았고, 미인은 천대를 받았다. 양자가 까닭을 물었더니 주인이 하는 대답은 "미인은 제 스스로 미인인 척하기 때문에 나는 그 아름다움을 모르겠고, 못난이는 제 스스로 못난 줄을 알기 때문에 나는 그 못남을 모르노라."고 했다.

행실이 어질고 스스로 어진 척하는 생각이 없으면 어디에 가도 사랑을 받는다. 어진 척하면 인정을 받지 못한다는 것이다. 큰 덕을 가진 사람은 자신을 드러내지 않으나 소인은 자기를 드러내는 우를 범한다는 것을 일깨워준다.

---

4) 양자(揚子)는 중국 전한의 학자로 문인 양웅(揚雄)을 높여 이르는 말이다.

마음속에 있는 도

도는 말로 전할 수가 없고 말을 들어서 받는 것도 아니다.

도는 사람의 외형에 있지 않고 마음에 있다. 그러므로 도는 말로 전할 수가 없고 말을 들어서 받는 것도 아니다. 공자는 제자 자로에게 "눈이 마주치면 이미 마음이 통했는데 다시 말을 들을 필요가 있겠는가?"라고 했다. 석가모니가 꽃을 들고 법상에 오를 때 아무도 그 뜻을 몰랐으나 오직 가섭만 빙그레 웃었다고 한 것과 같은 것이다. 이것을 이심전심, 교외별전이라 하는 것이다. 한자리에 앉아있어도 마음은 서로 천만리 떨어져 있고, 천만리 밖에 있어도 한자리에 앉은 듯 마음이 서로 통한다는 것을 말한다.

사람의 마음은 죽지 않기를 바라고 그것을 중요하게 생각한다. 슬픔이란 마음이 죽는 것보다 더 큰 것은 없다. 마음의 죽음이란 보는 것이 없는 것을 말한다. 비록 생은 있더라도 보는 것이 없으면 슬픔은 죽음보다 더하다.

마음이 죽지 않는 방법에는 무엇이 있는가? 이에 노자는 공자에게 말했다. “나는 마음을 만물의 시초[1)]라고 여긴다. 그 사실은 마음을 의식적으로 닦아 깨달아 알 수 있는 것이 아니고, 듣고 배운다고 그 이치를 알 수가 없다. 만물은 엄숙하고 냉정한 성정의 지극한 음과 붉고 밝은 성정의 지극한 양이 서로 조화를 이뤄 만들어낸다. 그것은 누군가의 주관으로 이뤄지는 듯하지만, 그 조화의 이치는 아무도 알 수 없다.”고 했다.

이런 현상을 만물의 시초라고 한다. 음은 만물의 시초에 있어 지극한 아름다움과 즐거움에 놀 수 없으면 물을 따라 흔들린다. 반드시 마음이 죽으므로 큰 슬픔을 겪게 된다. 그러므로 지극한 아름다움에는 아름다움이 없고, 지극한 즐거움에도 즐거움이 없다. 아름다움과 즐거움이 없는 곳에 노는 사람을 지인이라 한다. 지인의 심경도 말로 설명할 수 없는 것이다. 사람이 물을 마시더라도 물이 차고 더운 것은 오직 마신 사람만이 알 수 있을 뿐이다.

만물의 시초는 천하가 돌아가는 미미한 하나에 불과하나 그 하나를 얻으면 만물과 한 몸이 된다. 사실 보이는 사지[2)]와 백체[3)]는 먼지와 같다. 생사[4)]와 시종[5)]은 밤낮과 같으니 거기에 무슨 득실과 화

---

1) 시초(始初는 맨 처음을 말한다. 비슷한 말로는 본시(本始), 본초(本初)가 있다.
2) 1. 사지(四肢)는 사람의 두 팔과 두 다리를 통틀어 이르는 말이다.
2. 동물은 척추동물의 몸에서 뻗어 나온 두 쌍의 다리 부분을 의미하고, 보통 전지(前肢)와 후지(後肢)로 나눈다.
3) 백체(百體)는 육신을 이루는 모든 구성 요소로, 온몸 전체를 의미한다.
4) 1. 생사(生死)는 삶과 죽음을 아울러 이르는 말이다. 2. 불교에서 모든 생물이 과거의 업(業)의 결과로 개체를 이루었다가 다시 해체되는 일로, 생로병사의 시작과 끝이다. 3. 불교에서 중생의 업력(業力)에 의하여서 삼계(三界) 육도(六道)의 미혹한 세계를, 태어나고 죽음을 되풀이하며 돌고 도는 일을 말하기도 한다. 4. 비슷한 말로는 죽살이

복이 있어 마음을 어지럽고 슬프게 하겠는가? 마음을 만물의 시초에 두는 것이 마음 다스림의 엄격한 원칙이다.

마음이 진실을 잃어버리는 것처럼 큰 슬픔은 없다. 사람의 죽음은 그 다음이다. 진실이란 해가 동쪽에서 올라와 서쪽으로 들어가는 것과 같은 것이다. 해가 오르면 만물의 어느 것 하나 분명하지 않는 것이 없는 것과 같다. 그리고 눈이 있고 발이 있는 생물은 모두 해 뜨기를 기다려 각자 할 일을 한다. 이렇게 해가 뜨면 나타나 있고, 해가 지면 없어지는 것이다. 만물이 또한 그러하다. 조화 속에서 죽고 조화를 이루며 산다.

우리가 천지만물 조화의 힘으로 몸을 받은 이상 자기 뜻대로 몸을 함부로 쓰지 말고, 오로지 자연에 맡겨 마치기를 기다려야 한다. 천지만물[6]의 흐름대로 움직이면 밤낮으로 그 변화는 끝없이 새로워질 것이다. 사람이 천지만물로부터 몸을 받았으니 모든 것이 천명이다. 생사존망을 미리 알 수는 없는 것이다.

계절의 변화에 따라 추위와 더위는 끝없이 바뀐다. 해와 달의 이동과 함께 밤과 낮의 구별이 생기니 날로 바뀌고 달로 변해서 조화의 활동은 끊임이 없다. 하지만 공은 분명히 볼 수 없다. 만물의 생은 싹터 나는 곳과 돌아가는 곳이 있어 마침과 시작이 끝없이 되풀이 한다. 그 다할 바를 알 수 없는 것이니, 누구도 조화의 주재자가 될 수 없다.

풀을 먹고 사는 짐승은 숲을 바꾸기를 싫어하지 않고, 물에서 사는

가 있다.

5) 1. 시종(始終)은 처음과 끝을 아울러 이르는 말이다.
2. 비슷한 말로는 시말(始末)과 시필기(始畢期)가 있다.

6) 천지만물(天地萬物)은 사람이 사는 세상의 영역에 있는 갖가지 모든 것을 말한다.

벌레는 늪을 바꾸기를 싫어하지 않는다. 작은 변동이 있더라도 큰 떳떳함을 잃지 않으면 희노애락이 마음에 들어오지 않는다. 천하는 만물의 '하나'로 돌아가는 곳이다. 하나를 깨달아 합하면 우리 몸의 각 부분은 마치 하나의 티끌로 보일 것이다. 생사와 시종도 밤과 낮으로만 생각돼서 우리 마음을 어지럽히지 못할 것이다.

세상의 얻음과 잃음, 화복의 갈림길은 하나를 깨달으면 없어진다. 종노릇을 하지만 종이라는 생각을 버리는 것은 내 마음이 종보다 귀한 줄을 알기 때문이다. 참으로 귀한 것은 외계의 변화를 따라 잃는 것이 아니다. 끝없이 변화해서 본래부터 다함이 없는 것이니, 다른 어느 것도 내 마음을 걱정하게 할 수 없다. 이것은 오직 도를 닦는 자만이 알 수 있는 것이다.

도의 참모습

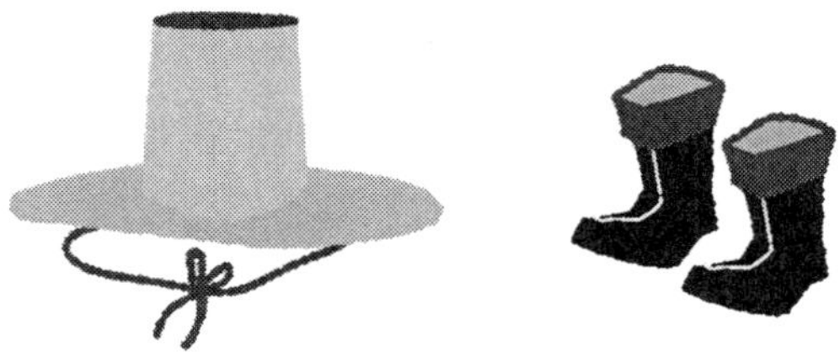

유학자가 둥근 모양의 갓을 쓰는 것은 하늘의 때를 안다는 뜻이고,
모난 모양의 신을 신는 것은 땅의 모양을 안다는 뜻이다. 오색의 실에 패옥을 꿰어 차는 것은 일에 다달아 결단한다는 뜻이다.

물이 사람이 써도 마르지 않는 것은 스스로 그런 것이 아니라 물의 본질이 그런 것이다. 지인의 덕도 스스로 닦지 않아도 만물이 저절로 따라 떠날 수 없는 것이다. 하늘은 저절로 높고 땅은 저절로 두터우며, 해와 달은 저절로 밝은 것과 같다. 무엇을 노력할 필요가 있을까?

공자도 도에 대해서 물독[1] 속의 벌레와 같이 깨우치지 못했다. 그는 노자가 뚜껑을 열어주지 않았다면 천지가 완전히 갖춰 모자람이 없다는 사실을 몰랐을 것이라고 회고했다.

장자는 "유학자가 둥근 모양의 갓을 쓰는 것은 하늘의 때를 안다는 뜻이고, 모난 모양의 신을 신는 것은 땅의 모양을 안다는 뜻이다. 오색의 실에 패옥[2]을 꿰어 차는 것은 일에 다달아 결단한다는

1) 물독은 물을 담아 두는 독을 말한다.

뜻이다. 그러나 참된 도를 지닌 군자는 꼭 그런 옷을 입진 않을 것이다. 옷을 입었다 하더라도 반드시 도를 아는 사람은 아닌 것이다." 라고 했다.

주의 문왕이 장(臧)이라는 지역에 놀 때에 한 사내(태공)가 낚시질하는 것을 봤다. 그러나 그 낚시질은 참 낚시질이 아니었다. 낚싯대를 잡았으나 고기를 낚으려는 것이 아니요, 고기를 낚는 흉내만 내는 것이었다. 문왕은 그에게 나라의 정치를 맡기고 백성들이 의지할 만한 정치를 펴도록 했다. 그랬더니 그는 들어와 법전을 고치는 일도 없었고, 명령을 내리는 일도 없었다.

3년이 지난 뒤에 문왕은 나라의 정정을 살펴봤다. 조정의 여러 선비들은 패거리를 깨부수고 당파를 짓지 않았다. 벼슬의 장들은 제 공을 내세우지 않았고, 양을 측정하는 기구는 공정해서 다른 나라 사람도 제 것을 가지고 들어오지 않았다. 조정의 선비들이 당파를 만들지 않는 것은 단결을 중요하게 여기기 때문이었다. 장관들이 제 공을 내세우지 않는 것은 부하들과 힘을 합하려고 하기 때문이었다. 측정도구가 다른 나라에서 들어오지 않는 것은 여러 제후들이 서로 미더워하기 때문이었다. 그래서 문왕은 처벌하는 일도 없었고, 명령도 내리는 일이 없게 됐다. 이로써 백성들이 괴로움에서 벗어날 수 있었다.

마음을 쓰면 말이 필요 없기 때문에 백성들은 편하다. 임금을 존경하게 돼서 통치행위 자체가 필요 없다. 입을 다물고 명령을 내리지

---

2) 패옥(佩玉)은 왕·왕비의 법복(法服)이나, 문무백관의 조복과 제복의 좌우에 늘이어 차는 옥을 말한다. 중국에서 유래한 것이다. 중국에는 손수건, 묶었던 노끈을 푸는 도구, 장식품 등을 한 벌로 만들어 혁대에 달고 다니는 풍속이 있었는데 이 물건을 패라고 하였고, 이 패에 달린 옥을 패옥이라 하였다.

않는 것은 백성들의 평상시 마음을 따르기 때문이다. 백성들의 불평·불만을 사지 않는다는 것이다. 백성들의 마음을 읽는 군주나 신하는 백성의 가려운 것을 긁어주고 아픈 것을 위로해 주는 것을 통치의 기본이요, 원칙으로 여긴다.

열자가 활을 쏠 때에 활을 화살촉까지 오도록 잔뜩 당기면 왼쪽 팔은 곧고 평평해서 그 위에 물잔을 얹어 두어도 엎어지지 않았다. 그리고 화살을 쏠 때는 한 화살이 떠났는가 생각하면 어느새 다른 화살이 시위 위에 놓여 있고, 시위 위의 화살이 떠났는가 하면, 어느새 또 다른 화살이 시위 위에 놓여 있었다. 이때 어구(禦寇)[3]라는 이는 마치 나무로 만든 것처럼 꼼짝하지 못했다.

상고[4]의 현인은 말했다. "이것은 결국 쏘기 위해 쏘는 것이요, 쏘고 싶은 마음이 있어 쏘는 것은 아니다. 이제 시험 삼아 너와 함께

---

3) 성은 열(列). 이름은 어구(禦寇). 본명 그대로 열어구라고 불리기도 한다. 기원전 4세기 전국 시대에 살았던 것으로 추정되는 도가(道家) 사상가이다. 정나라(鄭)의 은자(隱者)로서 기원전 4세기경의 인물로 알려져 있다. 저서로는 『열자(列子)』가 있다. 이 책의 제2권 2편인「황제(黃帝)」에는 열자가 관윤(關尹)과 나눈 담화가 기재되어서, 열자는 관윤을 통하여 노자의 사상을 배운 사람이 아닌가 추정하기도 한다. 노자는 현상의 본원을 도(道)라고 불렀으나 열자는 도를 태역이라고 바꾸어 불러 천지만물을 생성시키는 과정을 설명한다. 열자는 도가적 우주론을 노자 이상으로 깊게 구축하였다. 그리하여 우주를 통해 흐르고 있는 우주적인 법칙을 좇아 사는 것이 인간의 진실된 삶의 방법이라고 했다. 장자에 나오는 내용에 따르면 바람을 타고 날아다녔다고 한다. 물론 사람이 아무런 기구의 도움 없이 활강한다는 것 자체가 어불성설이므로 그저 어떤 비유라고 생각하면 될 것이다.

4) 상고(上古)는 일반적으로는 아주 먼 옛날을 가리키는 말로, 태고(太古)·상세(上世)·상대(上代)라고도 한다. 역사상의 시대구분에 있어서는 문헌(文獻)을 가지는 한 가장 오래된 옛날로서 선사시대(先史時代) 다음의 고대이다. 대체로 한국사에서는 단군시대로부터 삼한시대(三韓時代)까지를 말하며, 동양사에서는 BC 221년의 선진시대(先秦時代)까지, 서양사에서는 유사(有史) 이후 395년 로마제국이 동서(東西)로 분열할 때까지를 상고라 한다.

높은 산에 올라가 위태로운 돌을 딛고 밑으로는 백 길이나 되는 깊은 못 위에 서 보려고 하는데, 그래도 너는 능히 잘 쏠 수 있겠는가?" 하고 물었다. 무인은 드디어 높은 산에 올라가 위태로운 돌을 딛고 백 길이나 되는 못 위에 다달았다. 못을 등지고 산을 마주해서 뒷걸음을 치는데 발꿈치의 3분의 2는 벼랑 밖에 있었다. 그리고는 어구를 손짓해서 오라 했다. 어구는 두려워 땅에 엎드려 땀이 흘러 발꿈치에 이르렀다. 이에 무인은 말했다. "지인은 위로는 하늘의 끝을 엿보고 밑으로는 땅의 끝을 다해서 팔방[5]을 자유로이 날아도 신기[6]가 조금도 변하지 않는 것이다. 그런데 이제 너는 마음이 두려워 눈이 멍해지는구나. 나는 활을 쏘아도 과녁을 맞출 가망이 거의 없을 것이다."라고 하며 활쏘기의 부질없음을 일렀다.

견오가 손숙오에게 물었다. "자네는 세 번이나 영윤이 되어도 그것을 영화로 생각하지 않고 세 번이나 그 벼슬에서 쫓겨 나와도 걱정하는 빛이 없었네. 그래서 나는 처음에는 자네를 의심했네. 그런데 이제 자네의 코언저리를 보면 마음이 아주 평정해 보이니 자네는 어떻게 수양을 했는가?" 이에 손숙오는 "내가 무엇이 남보다 나을 것이 있겠는가? 나는 그저 부귀영화가 오는 것은 물리칠 수 없고, 그것이 가더라도 잡을 수 없다고 생각하네. 나는 그 얻고 잃음이 내가 만든 것이 아닌 줄로 생각하기 때문에 걱정하는 빛이 없을 따름일세. 내가 무엇이 남보다 나을 것이 있겠는가? 영화가 벼슬에 있는

---

5) 1. 팔방(八方)은 사방(四方: 동 · 서 · 남 · 북)과 사우(四隅: 동북 · 동남 · 서북 · 서남) 등 8개의 방위를 말한다.
   2. 여러 방면이나 방향을 말한다.
   3. 건방(乾方) · 감방(坎方) · 간방(艮方) · 진방(震方) · 손방(巽方) · 이방(離方) · 곤방(坤方) · 태방(兌方) 등 8개의 방위를 말한다.

6) 신기(神技)는 대단히 뛰어난 기술이나 재주를 말한다.

것이 아니라고 생각하네. 나는 가진 것이 없네. 만일 그것이 벼슬에 있는 것이라면 내게는 얻어도 기뻐할 것이 없는 것이요, 만일 내게 있는 것이라면 잃어도 슬퍼할 것이 없는 벼슬과 관계가 없는 것이네. 나는 유유자적하면서 살려고 하고, 팔방에 높이 날려고 하거늘 어느 겨를에 사람의 귀천을 마음에 두겠는가?"

공자는 이 말을 듣고 말했다. "옛날에 진인은 지자도 그를 달래지 못하고, 미인도 그를 꾀지 못하며, 도둑도 그를 위협하지 못하고, 복희, 황제도 그를 벗하지 못하며, 죽고 사는 큰일이라도 그 마음을 변하게 하지 못하거늘 하물며 벼슬이나 녹으로 변화시킬 수 있겠는가?" 그러한 사람의 심신은 태산을 지나도 돌에 걸리지 않고 깊은 못에 들어가도 물에 젖지 않으며 빈천하게 살아도 피폐하지 않고 천지에 가득차서 부족함이 없는 것이다.

초나라[7] 임금이 범나라[8] 임금과 마주 앉았다. 조금 있다가 초나

---

7) 초(楚)나라는 주(周)왕조시대 전국칠웅(戰國七雄)의 하나로 세력을 떨치던 제후국(諸侯國)(?~B.C.223)이다. 후베이성[湖北省]을 중심으로 활약한 나라로, 시조는 제(帝) 전욱(顓頊)의 자손 계련(季連). 웅역(熊繹) 때에 주나라의 성왕(成王)으로부터 초의 제후로 봉해져, 단양(丹陽)에 정착한 뒤부터 시작되었다고 한다. 원래, 초나라 백성은 중원제국(中原諸國)의 백성과는 종족을 달리하는 남방의 만이(蠻夷:荊蠻)로 불려 멸시를 받았다. B.C.704년 웅통(熊通)은 스스로 무왕(武王)이라 칭하였는데, 아들 문왕(文王)이 영(郢)으로 천도한 뒤, 더욱 국세가 신장하였다. 특히 장왕(莊王)은 B.C.597년 진(晉)나라 군대를 필(邲:河南省 鄭縣)에서 격파하여 결국 중원의 패자(霸者)가 되었다. 이로부터 초는 진나라와 남북으로 대립하여 약 1세기에 걸쳐 싸움을 계속하였는데, 그 사이에 양쯔강(揚子江) 하류에서 오(吳)·월(越)이 일어나자 한때 초나라의 소왕(昭王)은 오나라에 밀려 도읍을 약(鄀)으로 옮겼다. 그 후 오나라가 월나라에 망하고, 또 월나라가 쇠퇴해지자 초는 다시 세력을 회복, 양쯔강 중·하류를 모두 차지하는 강국으로서 전국칠웅의 하나가 되었다. 특히 위왕(威王)은 B.C.334년 월나라를 멸하고 저장성(浙江省) 서쪽의 땅을 차지하였는데, 다시 제(齊)나라 군사를 격파하여 세력을 중원으로 뻗치는 동시에, 영토를 사방으로 확대하였다. 이 무렵에 초는 7웅 가운데서 영토가 가장 컸을 뿐만 아니라

라 임금의 좌우 신하 가운데서 세 번이나 '범은 망할 것이다.'라고 하는 사람이 있었다. 범의 임금은 이렇게 말했다. "범나라가 망한다 해도 그것으로 내가 가지고 있는 도를 잃게 할 수는 없을 것이다. 대개 범나라가 망한다 해도 내가 가지고 있는 것을 잃게 할 수 없을 때에는 곧 초나라가 있다고 해도 있어야 할 도를 있게 할 수는 없는 것이다. 이렇게 본다면 범나라도 당초부터 망할 것이 아니고 또 초나라도 당초부터 있는 것이 아니다."라고 했다.

인구도 가장 많았다. 그러나 점차 진(秦)의 압박을 받아 B.C.278년 수도 영이 함락되자 진(陳)으로 천도하였고, 다시 B.C.241년 수춘(壽春: 安徽省 壽縣)으로 옮겼으나 B.C. 223년 결국 진에게 망하고 말았다.

8) 서주(西周) 시절 이야기다. 초왕(楚王)과 범군(凡君)이 마주 앉았다. 초왕의 신하들이 자꾸 말했다. "범은 망했습니다." 망한 나라 임금하고 대화할 필요가 없다는 뜻이었다. 세 번을 거듭 얘기하자 범군이 말했다. '범나라는 망했어도 내가 있지 않소. 범나라가 망해도 나의 실존을 어쩌지 못한다면 초나라가 존재함도 그 존재를 장담치 못할 것이오. 이렇게 보면 범은 망한 적이 없고, 초도 있은 적이 없었소.' 『장자』의 「전자방(田子方)」에 나온다. 있고 없고, 얻고 잃고는 허망한 것이다. 있다가 없고, 잃었다가 얻는 것이 세상 이치다. 있어도 있는 것이 아니고, 잃었어도 그걸로 끝이 아니다. 사람들은 잠깐의 존망에 안절부절못하며, 옳고 그름보다 득실만 따진다는 의미로 사용되는 말이다.

지혜의 참모습

아는 자는 말하지 않고, 말하는 자는 알지 못한다.

장자는 '아는 자는 말하지 않고, 말하는 자는 알지 못 한다.'고 말한 바 있다. 이는 무위로부터 도를 밝혀내는 것처럼 아는 것을 버려야 무위의 진의를 체득할 수 있다는 것을 말한다.

도는 천지의 기본으로 만물을 만물답게 만들지만 그 자체는 만물이 아니다. 이른바 도가 근본이라는 것이다. 그러므로 유라 해서 유가 아니고, 무라 해서 무가 아닌 것이다.

함허당[1]은 도를 일러 "여기 일물[2]이 있으니 이름과 상이 뛰어나서

---

1) 함허당(涵虛堂, 1376~1433)은 조선 초기의 승려로서, 호가 함허당이며 法名(법명)은 得通(득통)이다. 속성은 劉氏(유씨)이고, 이름은 기화(己和), 무준(無準(기화)이며, 본관 忠州(충주)이다. 21세에 중이 되었고 무학대사(無學大師)의 제자이며, 세종 2년(1420) 임금의 청으로 대자어찰(大慈御刹)에 4년간 있다가 세종 13년(1431) 봉암사(奉巖寺)를 넓혀 수리했다. 가송(歌頌) '영가집십장찬송(永嘉集十章讚頌)'이 유명하며, 저서에 '원각소(圓覺疏) 3권, 반야경오가해설의(般若經五家解說義)' 등이 있다.

고금을 꿰뚫고 있다. 티끌만큼 작지만 육합[3]을 두루 둘러싸며 앞으로는 모든 묘한 것을 머금었고, 밖으로는 무리에 순응한다."고 했다. 그러나 일물이라 하는 것도 다시 보면 일물의 이치에 맞지 않는다고 했다.

도를 체득한 사람은 무위로 근본을 향해 돌아가야 한다. 생각하지 않고, 말하지 않는 경지로 나아가야 한다. 도는 하나이다. 무위로 근본을 향해 돌아간다는 것은 하나를 귀하게 여기는 까닭이다. 아는 자의 소견[4]은 여기에 이르면 반드시 옳고 그름이 있다. 그러나 앎이 있는 것은 앎이 없는 것만 못하고, 말이 있는 것은 말이 없는 것만 못하다. 그러므로 말이 말할 길이 끊어졌고 마음이 갈 곳이 없어졌다고 한 것이다.

사람이 나는 것은 기운이 모이는 것으로 기운이 모이면 삶이 되고 기운이 흩어지면 죽음이 된다. 죽음과 태어남이 같은 종류라면 무엇을 걱정하는 것인가? 태어나는 것은 한 조각 구름이 일어나는 것이다. 죽는 것은 한 조각 구름이 없어지는 것이다. 구름은 원래 실체가 없어서 생사와 거래도 구름과 같다고 불가에서 말한다.

삶은 원래 사는 것이 아니다. 그러므로 죽음은 죽는 것이 아니다. 장수한 사람과 요절한 사람도 결국 죽음으로 똑같이 돌아간다. 이렇게 미뤄 본다면 우주 사이의 참과 비워짐, 사라짐과 무성함, 본말, 모임과 흩어짐은 결국 같다. 도를 무라고 하는 사람은 이것을 아주 어둡다고 말하기도 하고, 도를 유라고 하면서 비천[5]하다 하기도 한다. 유와 무를 초월한 것이 곧 도이다.

---

2) 일물 (逸物)은 아주 뛰어난 물건을 말한다.
3) 천지(天地)와 사방(四方), 즉 우주(宇宙)를 육합(六合)이라고 한다.
4) 소견(所見)은 각 사람이 사물을 보고 가지는 의견이나 생각을 말한다.
5) 비천(卑賤)은 신분이나 지위가 낮고 천함을 뜻한다.

도는 어디에 있는가? 이에 대해 장자는 "없는 데가 없다. 개구리와 매미한테도 있다. 기장이나 피에도 있다. 기왓장이나 벽돌에도 있다. 똥이나 오줌 속에도 있다."고 했다.

생각하는 것이 없고 헤아리는 것이 없어야 비로소 도를 안다. 사는 곳이 없고 일삼는 것이 없어야 비로소 도에 편안하다. 따르는 것이 없고 말미암는 것이 없어야 비로소 도를 얻을 수 있다. 참으로 도를 닦는 사람은 말하지 않고, 말하는 사람은 도를 닦지 않으므로 알지 못한다. 그러므로 성인은 말 없는 가르침을 행하는 것이다.

도는 말로 얻을 수 없는 것이고, 덕은 스스로 구하고자 하나 구해지는 것이 아니다. 세상의 인은 사랑하기를 힘쓰는 것이고, 의는 분별을 일삼는 것이며, 예는 거짓을 꾸미는 것이다. 그러므로 옛말에 '도를 잃은 뒤에 덕이 생기고, 덕을 잃은 뒤에 인이 생긴다. 인을 잃은 뒤에 의가 생기며, 의를 잃은 뒤에 예가 생긴다. 예는 도의 헛된 꽃으로 어지러움의 시작이다.'라고 한 것이다. 그러므로 도를 닦으면 모든 헛된 것이 날로 덜어질 것이다. 그것을 덜고 또 덜면 무위에 이를 것이니 무위이면 도리어 하지 않는 일이 없을 것이다.

천지는 훌륭한 공이 있어도 그것을 말하지 않고, 사시는 밝은 법칙이 있어도 그것을 헤아리지 않는다. 만물은 나고 자라는 이치가 있어도 그것을 설명하지 않는다. 성인은 천지의 꿈을 근본하고 만물의 이치를 밝게 알고 있다. 그러므로 지인은 말이 없고 대성은 마음이 없다고 했다. 이것은 천지의 이치를 잘 관찰한다는 뜻이다.

만물은 본래부터 우주에 가득 차 있는 것이다. 천지와 사방은 크다고 해도 안을 떠나지 못하는 한계가 있고, 가을 털은 작긴 해도 기다리면 결실을 볼 수 있는 것이다. 천하는 끊임없이 변화해서 언제나 새롭고 음양과 사시는 운행해서 제각기 차례를 얻는 것이다. 흐릿해서 없는 듯하나 떳떳이 있고, 무심한 모양으로 형상이 없으나 고귀하게 있다. 만물은 여기에서 나고 자라지만 스스로는 모르니 이것이야말로 근본이라 일컫는 것으로 자연의 도를 관찰할 수 있는 것이다.

대개 형상이 있어 똑똑히 보이는 것은 형상이 없어 헤아려 알기 어려운 것에서 생긴다. 형상이 있는 모든 만물은 형상이 없는 것에서 생기며, 사람의 정신은 도에서 생기고, 그 형체의 근본은 정에서 생기는 것이다. 이렇게 만물은 형상으로 서로 나는 것이다. 도는 원래 한정이 없지만 태어남과 만물로 볼 때는 한정이 있은 것이다. 만물이 한정이 있는 것도 도로 볼 때는 한정이 없는 것이다. 다시 영허[6)]와 쇠살[7)]로 말해 본다면, 도는 영허를 만들지만 영허가 아니고, 쇠살을 만들지만 쇠살이 아니다. 본말을 만들지만 본말이 아니요, 취산을 만들지마는 취산이 아니다.

지혜가 미치는 것을 알아도 지혜가 미치지 못하는 것은 모르는 것이다. 능력이 미치는 일은 할 줄 알아도 능력이 미치지 못하는 일은 알지 못하는 것이다. 무지와 무능은 사람이 구분해서 말할 수 없는 것이다. 사람으로 피할 수 없는 것을 억지로 피하려 애쓸 필요가 없다. 지극한 말과 활동은 버리고, 지혜로 알고자 한다면 그것은 지혜가 아니니 버리는 것이 지혜의 참모습이다.

---

6) 영허(盈虛)는 차는 일과 이지러지는 일을 말한다.
7) 쇠살(衰殺)은 쇠약하여 죽는 것을 의미한다.

큰 도

눈의 모양은 모든 사람이 다른 바가 없지만 장님은 스스로 볼 수가 없다.
귀의 모양은 모든 사람이 다른 바가 없지만 귀머거리는 스스로 들을 수가 없다.
마음은 모든 사람이 다를 바가 없지만 생각이 모자란 자는 스스로 지혜를 얻지 못한다.

큰 도는 삶을 편안하게 영위하고 몸을 보호하는 근본이 된다. 밖으로는 인연이나 이해에 얽매이지 않고 안으로는 생사, 출입으로부터 초월할 수 있는 무위를 본지로 한다. 세상에는 큰 도를 버리고 삶을 지키는 것을 목적으로 하는 사람이 있다. 그러나 삶을 지키는 것은 큰 도를 통해서만 가능하다. 자신의 의욕으로 삶이 지켜지는 것은 아니다.

노자는 남영주[1)]에게 이렇게 삶을 지키는 방법을 말했다. '어린애는 움직여도 하는 바를 모른다. 몸은 마른 나뭇가지와 같 고 마음은 죽

1) 남영주(南榮趎)는 춘추(春秋)시대 경상초(庚桑楚)의 제자이다. 경상초는 노자(老子)의 제자로 노자 학문의 진수를 체득한 사람이다. 때문에 많은 사람들이 그를 방문하여 가르침을 청했는데, 남영주도 그중 하나였다. 『장자(莊子)』「잡편(雜篇)」속에 경상초를 언급하는 가운데 남영주의 고사(故事)가 나온다.

은 재와 같은 것이다. 이 같은 사람에게는 화도 이르지 않고 복도 또한 오지 않는다. 화와 복이 거기에 없는데 어떻게 사람의 재앙이 있을 수 있겠는가?'라고 말했다. 이것은 불제자[2]들이 도달하는 최고의 경지인 아라한[3]과 같은 것이다.

큰 도는 원래 본성이 스스로 움직이는 것에 기초한다. 충실히 있어도 있는 곳이 없고, 영원히 있어도 본말이 없다. 차고 차 있어도 있는 곳이 없는 것을 우라고 하고 길이길이 있어도 본말이 없는 것을 주[4]라한다. 이렇게 지식으로 알 수 없고 글이라는 형체를 볼 수 없으나 생사, 출입이 있는 것은 천문[5]의 현상으로 이뤄지기 때문이다.

---

2) 1. 불제자(佛弟子)는 불교에 귀의한 사람들의 통칭으로, 부처님을 신봉하고 불법을 수행하는 사람을 말한다, 곧 불자다.
2. 부처님의 가르침에 따르고자 하는 사람이다.

3) 아라한(阿羅漢)은 소승(小乘)의 수행자들, 즉 성문승(聲聞乘) 가운데 최고의 이상상(理想像)을 말한다. 아라한의 준말로 나한(羅漢)이라고도 한다. 아라한은 본래 부처를 가리키는 명칭이었는데, 후에 불제자들이 도달하는 최고의 계위(階位)로 바뀌었다. 수행결과에 따라서 범부(凡夫)·현인(賢人)·성인(聖人)의 구별이 있는데, 잘 정비된 교학(教學)에서는 성인을 예류(預流)·일래(一來)·불환(不還)·아라한(阿羅漢)의 사위(四位)로 나누어 아라한을 최고의 자리에 놓고 있다. 아라한과(果)는 더 이상 배우고 닦을 만한 것이 없으므로 무학(無學)이라고 하며, 그 이전의 계위는 아직도 배우고 닦을 필요가 있는 단계이므로 유학(有學)의 종류로 불린다.

4) 동아시아의 인식체계에서 시간과 공간을 하나의 개념으로 이해했다. 동양에서 시간과 공간의 개념은 우주(宇宙)로 집약된다. 우(宇)는 공간적 개념이고, 주(宙)는 시간적 개념이다. 공간적 개념인 우(宇)와 시간적 개념인 주(宙)를 합하여 우주(宇宙)라는 하나의 개념으로 사용했다. 공간적 개념인 우(宇)를 앞에 둠으로써 공간을 더 중시했을 것이라고 유추해볼 수 있다. 서양의 과학적 인식체계에서는 시간과 공간을 분리된 개념으로 이해했다. 시간이란 개념은 물질이나 사건이 공간에서 이동하거나 변화하는 흐름을 파악하는 좌표로 이해했다. 아인슈타인의 상대성이론이 등장한 이후 시간과 공간이 분리되지 않은 시공간(時空間)의 연속된 것으로 이해하기 시작했다.

5) 천문(天文)은 우주 전체에서 일어나는 온갖 현상(現象), 또는 천체의 운행에 따라 역법(曆法)을 연구하거나 길흉을 예언하는 일을 말한다.

성인이 아니고서야 무와 유 가운데 숨어 있는 도와 체를 합할 수 있겠는가?

노담(노자)의 제자 중 경상자[6]라는 사람이 있다. 노담은 도를 배우고 깨우쳐서 북방의 외루산에 살고 있었다. 그는 종(臣)으로 똑똑하고 지혜 있는 사람은 버리고, 첩으로 살갑게 정이 있는 사람은 멀리하며, 오직 순박하고 지혜 없는 사람과 살고, 겉모양이나 예의에 얽매이지 않고 부지런히 일하는 사람만을 썼다. 3년이 되자 외루지방은 아주 풍성해졌다. 외루 사람들은 서로 이런 이야기를 했다.

'경상자가 처음 왔을 때 우리는 그를 이상한 사람이라고 생각했다. 그런데 이제 공을 날마다 헤어 보면 별 것이 없지만, 해를 넘기면서 생각해 보면 참으로 대단한 것이다. 그는 성인이다. 우리는 그를 신주나 신으로 높여 임금으로 섬기지 않아서 되겠는가?'라고 추앙했다. 그러나 경상자는 부끄럽게 생각하고 받아들이지 않았다.

큰 고기는 몸도 놀릴 수 없지만 작은 고기들은 제 마음대로 뛰놀고 있다. 나직한 언덕에서 큰 짐승은 몸을 숨길 수도 없지만 작은 여우들은 거기서 살아간다. 또 어진 이를 높이고 능한 이에게 지위를 줘서 사회의 선과 이익을 앞세운 것은 옛날 요.순도 마찬가지다.

수레를 삼킬 만한 큰 짐승도 혼자서 산을 떠나면 그물에 걸릴 작은 근심을 해소하지 못할 것이다. 배를 삼킬 만한 큰 고기도 뛰어서

---

6) 경상자(庚桑子)는 중국 도가(道家)의 사상가로 항창자(亢倉子) 또는 항상자(亢桑子)라고도 한다. 노자(老子)의 제자라고 하나 사실 여부는 확실하지 않다. 『장자(莊子)』 잡편 중 「경상초편(庚桑楚篇)」에 의하면 공자학파의 본거지인 노(魯)나라 외루(畏壘)의 산속에 살면서 노자에게 배운 무위자연(無爲自然)의 길을 오로지 실천하였다고 한다. 이 「경상초편」의 경상자와 그 제자 남영주(南榮趎), 그 스승 노자와의 문답은 남송의 주자(朱子: 朱熹)가 "경상초 1편이 모두 선(禪)이다."라고 감탄하였을 만큼 선에 가까우며, 훗날 도교는 여기에 실린 노자의 말을 중요한 교리로 삼고 있다.

물 밖으로 나오면 개미들까지도 그것을 괴롭힐 수 있다. 그러므로 새나 짐승은 높은 산을 싫어하지 않고 고기들은 깊은 물을 싫어하지 않는다. 몸이나 목숨을 온전히 하는 사람은 깊고 먼 곳을 싫어하지 않는다. 그러하거늘 저 두 사람(요 · 순)이야 무엇으로서 칭찬할 만하다 하겠는가? 그분들은 지혜와 변론으로 시비를 구별하는 것은 마치 함부로 담을 뚫고서 다북쑥[7])을 심으려는 것과 같다.

또 그들이 어진 이를 높이고 능한 이에게 지위를 맡기는 것을 흡사 머리털을 하나씩 가리어 빗질을 하고, 쌀알을 하나씩 세어 밥을 짓는 것과 같은 것이니, 그런 잔잔한 일로 어떻게 세상을 구제할 수 있겠는가? 어진 이를 떠받들면 백성은 곧 서로 다툴 것이고, 지혜로운 사람에게 지위를 맡기면 백성은 곧 서로 속일 것이다. 그런 것은 백성을 순후[8])하게 할 수 없는 것이다. 백성은 갈수록 자기의 이익을 추구해서 급기야 아들이 아비를 죽이고 신하가 임금을 죽일 것이고, 밝은 날에도 도둑질하고 한낮에도 남의 담을 뚫게 될 것이다.

눈의 모양은 모든 사람이 다른 바가 없지만 장님은 스스로 볼 수가 없다. 귀의 모양은 모든 사람이 다른 바가 없지만 귀머거리는 스스로 들을 수가 없다. 마음은 모든 사람이 다를 바가 없지만 생각이 모자란 자는 스스로 지혜를 얻지 못한다. 삶을 보호하는 떳떳한 방법은 자연에 순응해서 천성을 잃지 않고 점치는 일 없이 길흉을 알며, 그칠 곳에 그치고, 쉴 데에 쉬는 것이다. 남에게 구하지 않고

---

7) 1. 국화과에 속하는 식물로 쑥, 산쑥, 덤불쑥, 참쑥, 물쑥 따위를 통틀어 이르는 말이다.
2. 국화과의 여러해살이풀로서, 높이는 60~120cm이며, 잎은 어긋나고 달걀 모양이다. 7~10월에 분홍빛이 도는 흰색 꽃이 피고 열매는 수과(瘦果)이다. 어린잎은 식용하고 줄기와 잎자루는 약용한다.
3. 비슷한 말로는 봉애(蓬艾) · 봉호(蓬蒿) · 애초(艾草) 등이 있다.

8) 순후(醇厚)는 양순하고 인정이 두텁다는 말이다.

자기에게 구할 줄 알며, 욕심이 없고, 아는 것이 없으며, 어린애가 되는 것이다. 어린애는 온종일 울어도 목소리가 쉬지 않는다. 자연에 몸을 맡기기 때문이다. 온종일 주먹을 쥐고 있어도 굳어지지 않는 것은 자연과 합하기 때문이다. 온종일 물건을 보고 있어도 눈을 깜박이지 않는 것은 마음이 밖으로 움직이지 않는 까닭이다. 어디로 가도 어디로 가는지를 모르고, 가만히 있어도 무엇을 하고 있는지 모른다. 사물에 순응해서 물질을 따라 움직이는 것이 삶을 보호하는 방법이며, 큰 도에 이르는 길이다.

정해진 규정은 없다

인생이란 솥 밑에 붙은 그을음에 불꽃이 이는 것과 같이 실재가 없는 일시적인 환상이다.

인생이란 솥 밑에 붙은 그을음에 불꽃이 이는 것과 같이 실재[1)]가 없는 일시적인 환상이다. 그런데도 거기에 옳고 그름의 분별을 논한다. 옳고 그름도 일정하지 않아서 늘 변동하니 이것은 늘 변한다. 이렇게 늘 변하는 규정[2)]을 이야기해보려 한다. 말할 가치도 없는 것이지만 몰라서도 안 된다. 마치 제사를 지낼 때 소의 천엽이나 발톱은 버려도 좋은 것이지만 버려서는 안 되는 것과 같다. 버린다고 희생이라 말하지 않기 때문이다.

또 집을 보는 사람은 큰 방이나 사당을 두루 보고도 다시 옆방까

---

1) 실재(實在)는 1. 실제로 존재함의 의미다. 2. 변증법적 유물론에서, 인간의 의식으로부터 독립하여 객관적으로 존재하는 물질세계를 말한다. 3. 관념론에서, 사물의 본질적 존재를 의미한다.

2) 규정(規定)은 1. 규칙으로 정함을 말한다. 또는 그 정하여 놓은 것이다. 2. 내용이나 성격, 의미 따위를 밝혀 정함이다. 또는 그 정하여 놓은 것이다. 3. 양이나 범위 따위를 제한하여 정함을 말한다.

지 보는 것이다. 가치는 없다고 해도, 변하는 규정을 예를 들어 말해보기로 한다. 변하는 규정은 차기의 인생을 근본으로 삼고 지기의 지혜를 스승으로 삼는다. 그래서 시비가 생기는 것이지만, 이름과 내용의 구별은 확실히 있다. 자기를 주인으로 세우고, 타인이 자기를 위해 절개를 다하게 한다. 죽음으로 절개를 갚으려는 것이다. 쓸모 있음으로 지혜롭다 하고 쓸모없음으로 어리석다 한다. 운이 트임으로 명예로 삼고 운이 막힘으로 욕을 삼는다.

변하는 것들은 이 시대 사람들의 큰 병으로 마치 매미나 비둘기가 봉새[3])를 비웃는 것과 같다. 장터를 오가는 사람의 발을 밟으면 삼가지 못한 자기의 허물을 사과한다. 형의 발을 밟으면 조금 만져볼 뿐이다. 어버이 발을 밟으면 부모의 정이 있기 때문에 사과도 만져 보려고도 하지 않는다. 옛말에 지극한 예는 자타의 관념이 없음으로 남을 남으로 보지 않는다. 지극한 의는 물에 대한 구별이 없으므로 물을 물로 보지 않는다. 지극한 지혜는 저절로 깨달아서 꾀하지 않는다. 지극한 인은 널리 사랑하므로 친함이 없다. 지극한 신은 물질이 아닌 마음으로 친해서 금을 물리친다고 했다.

뜻을 어지럽게 하는 것을 없애고 마음을 그르치는 것을 떨어 버린다. 덕을 구속하는 것을 벗어버리고, 도를 막는 것을 틔워야 한다. 귀·부·현(권세)·엄(위엄)·명(명예)·이(이익), 이 여섯은 뜻을 어지럽게 하는 것이고, 용모·동작·안색·언어·기조·정의, 이 여섯은 마음을 그르치게 하는 것이다. 미움·욕심·기쁨·성냄·슬픔·즐겨함, 이 여섯은 덕을 구속하는 것이고, 배반·순종·취함·베품·지혜·재능, 이 여섯

---

3) 봉새(鳳)는 상상의 큰 새를 말한다.

은 도를 막는 것이다. 이 네 종류의 각 여섯 가지가 우리의 가슴 속을 어지럽게 하지 않으면 심신은 평정된다. 평정하면 고요하고, 고요하면 밝고, 밝으면 비고, 비면 무위로 만사에 응해 하지 않는 것이 없을 것이다.

도란 덕을 지녀서 공경받는 모습이고, 생이란 덕이 나타내는 빛이며, 자연의 본성이란 생의 본질이다. 본성의 움직임을 위함이라 하고, 위함의 거짓을 참모습의 잃음이라 한다. 앎은 사물을 접촉하고 일을 꾀한다. 그러나 그 앎이 알지 못하는 것은 마치 어린애가 물건을 보는 것과 같이 충분히 인식하지 못한다. 할 수 없이 움직이지 않으면 안 될 때에 움직이는 것을 덕이라 하고, 움직임을 참는 것은 도를 떠나지 않으므로 본성을 어지럽히지 않는다. 이 덕과 다스림은 그 이름은 다르나 내용은 서로 부합한다.

활의 명인은 극히 작은 물건을 쏘아 맞히는 데는 능했지만 타인이 숨겨진 본성까지 칭찬하지 못하게 하는 데는 활솜씨가 소용이 없다. 성인은 하늘과 합하는 데는 교묘했지만 사람들의 피상적인 칭찬을 피하는 데에는 소용이 없었다. 하늘의 뜻에 부합하고 사람들과 함께하기는 오직 전인[4]이라야 능히 할 수 있는 것이다. 벌레도 능히 벌레로서 스스로 편안하고 하늘의 뜻에 부합하는 것이다. 전인이 하늘을 미워한다는 것은 -하늘을 미워한다는 것이 아니라 사람의 하늘을 미워하는 것이다. 그런데 하물며 내 하늘이니 내 사람이니 할 수 있겠는가?

한 마리의 새가 궁술의 명인 앞에 가면 명인은 반드시 이것을 쏘

4) 전인(全人)은 지(知), 정(情), 의(意)가 고루 발달하여 편중되지 않고 인간이 가지고 있는 모든 자질을 다 같이 조화롭게 발전시켜서 원만하게 일을 수행할 수 있는 사람을 가리킨다.

아 맞출 것이다. 그것은 화살의 위력이다. 그러나 온 천하를 새장으로 생각한다면 그 새는 빠져나갈 곳이 없을 것이다. 그러므로 탕임금은 요리사로 이이를 손에 넣었고, 진의 목공은 다섯 빛깔을 가진 염소의 가죽 명인으로 백리해를 손에 넣었다. 기능에 맞게 그들을 쓰지 않고서 성공하는 일은 있을 수 없다.

발꿈치를 다친 사람이 옷치레를 하지 않는 것은 세상의 비방과 칭찬을 돌아보지 않는 까닭이다. 사형수가 높은 곳에 올라가서 두려워하지 않는 것은 살고 죽음을 마음에 두지 않는 까닭이다. 부지런히 공부하는 것이 오로지 자기를 위하는 것이 아니어서 남에게 주려하는 것은 하늘과 사람을 잊지 않은 까닭이다. 그러므로 존경받아도 기뻐하지 않고 업신여김을 당해도 성내지 않는다. 그러나 오직 자연의 조화에 합한 사람이라야 그렇게 될 수 있다. 그러므로 고요하고자 하면 기운을 편안하게 하고, 마음이 신령스럽고자 하면 마음을 순하게 해야 한다. 하는 일이 모두 잘 되려면 성공에 대한 욕심을 버려야 한다. 하고자 하는 마음 없이 하는 것, 이것이 성인의 마음이다.

무위의 참모습

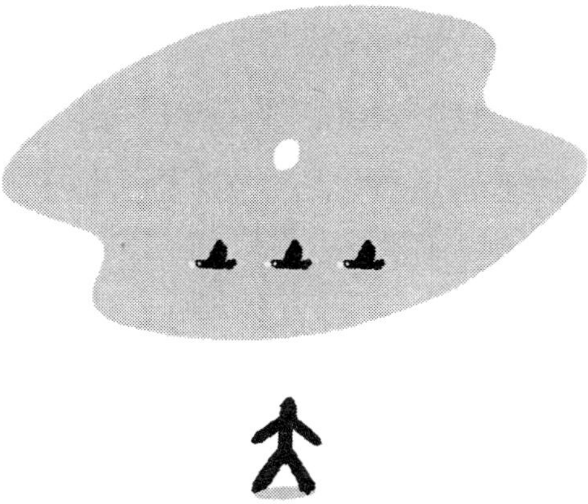

하늘을 아는 것은 참이고, 사람은 아는 것은 위선이다.

사람들은 마땅히 알아야 할 것은 알려고 하지 않고, 알지 않아도 좋을 것을 알려고 한다. 천지의 대도를 알려고 하지 않고, 인간의 교묘한 재주와 지혜를 알려고 한다. 그러므로 대를 버리고 소를 따르며 바름을 버리고 사악[1]함을 따른다.

하늘을 아는 것은 참이고, 사람을 아는 것은 위선[2]이다. 안으로는 자기를 다스리려고 애쓰고, 밖으로는 세상을 다스리려 고 도를 거역하는 전쟁을 일으킨다. 기교와 지모와 쟁탈로 사람을 이기려 하며, 제각기 주장을 세워 모습과 정신을 괴롭히는 것은 하늘의 참 모습을 모르는 사람이 하는 일이다.

말을 먹이는 동자는 황제에게 천하를 다스리는 법을 이렇게 가르

---

1) 사악(邪惡)은 간사하고 악함을 뜻한다.
2) 위선(僞善)은 겉으로만 착한 체하거나 또는 그런 짓이나 일을 말한다.

쳐 주었다. "천하를 다스리는 법도 말을 기르는 법과 다름이 없다. 말의 천성에 맡겨 해치지 않도록 하되, 자갈과 채찍을 쓰지 않으면 된다."고 했다. 그러므로 옛날 사람들은 인위를 버리고 하늘의 참 모습을 따랐다. 형체가 있는 것은 자연히 서로 누가 되고, 형체가 없는 것은 아무리 갈아도 엷어지지 않는다. 손해가 되기 때문이다. 세상 사람은 하늘을 더욱 멀리하고 한갓 형세에 다가가니 반드시 만물에 자취를 남기지 않을 수 없다.

하늘을 버리고 사람을 따르면 재앙은 길어지고 위태한 상황만 계속된다. 내 몸을 닦고 세상을 다스리는 도를 손상시키지 않을 수 없게 된다. 시남의료[3]와 손숙방은 부도의 도로 사람을 하늘로 인도했다. 공자는 불언의 변으로 하늘로 인도해서 사람과 하늘을 포괄했다. 하늘과 사람이 두루 어울려야 비로소 하늘의 참모습에 가까워진다. 하늘의 참모습이란 지식으로 아는 것이 아니고 부지로서 아는 것이다. 자연의 이치를 모두 알아야 하늘의 참모습을 알 수 있다. 그러나 이것 또한 부지로 아는 것이다. 세상은 이것을 깨닫지 못하고 공연히 미혹하고 있다.

착하고 아름다운 일을 하려는 마음은 악의 그릇이다. 설령 인의를

---

3) 춘추 시대 초(楚)나라 사람으로, 시남(市南)에 살아 시남의료(市南宜僚) 또는 시남자(市南子)로 불렸다. 구슬을 잘 다루었다. 힘이 세서 한 번에 5백 명의 사람과 맞설 수 있었다고 한다. 석걸(石乞)이 백공승(白公勝)에게 천거했다. 그에게 자서(子西)를 죽이라고 했는데, 끝까지 거절하자 칼로 위협을 했어도 두려워하지 않자 결국 포기하고 말았다. 그만큼 담력이 좋았다. 일설에 구슬을 아래위로 굴리면서 놀 줄 알았다고 한다. 초나라가 송나라와 전쟁을 벌였는데 전세가 불리해지자 군진(軍陣) 앞에서 칼을 가슴에 대고 쇠 방울을 빙빙 돌리는 묘기를 보였다. 이에 정신이 팔린 송나라 군대를 쳐서 마침내 적을 무찔렀고, 초장왕(楚莊王)은 위기에서 벗어나 춘추오패(春秋五霸)가 될 수 있었다.

행한다 해도 그것이 착한 일이라는 생각이 있으면 장차 거짓이 될 것이다. 인의의 생각을 가지면 반드시 인의의 형적을 만든다. 그것으로 이룬 일이 있으면 자랑이 생기며, 그에 따라 사정이 변하면 남과 싸우게 된다. 그러면 군사의 진을 문루의 가까운 곳에서 세우지 말고, 보병[4)]과 기병[5)]을 제단[6)]의 깊은 곳에 배치하지도 말라. 이득을 위해서 도에 어긋나는 마음을 간직하거나 용한 재주나 묘한 꾀를 부리지도 말라. 또 싸움으로 남을 이기려고 하지 말라. 남의 백성을 죽이고 남의 땅을 빼앗아 자기의 개인 욕심과 정신을 채우지만 누가 착한 것이며, 또 그 승리는 어디에 있는지도 모르는 것이다. 이런 전쟁에 대한 마음을 비우면 착함과 승리를 찾을 수 있다. 부디 마음속의 정성을 닦고 천지자연의 이치에 순응해서 백성의 마음을 어지럽게 하지 말아야 한다. 그렇게 되면 백성은 죽음에서 벗어날 것이니 새삼스럽게 전쟁을 그만둔다고 할 필요가 없다.

---

4) 보병(步兵, Infantry)은 인류의 역사와 함께 시작되었을 만큼 오래되었고 가장 기본이 되는 병과다. 군은 기본적으로 사람과 장비로 이루어진 조직이므로 아무리 기계화·첨단화되었다 하더라도 반드시 사람이 담당해야 할 임무와 역할이 있다. 그래서 여러 병과들이 참여해서 작전을 벌일 때 보병이 모든 것을 조율할 수밖에 없다. 한마디로 보병 없는 군대는 존재하지 않는다. 사전적 의미로 보면, 보병은 장비를 휴대한 채 도보로 이동하며 전투를 벌이는 병과를 의미한다. 오로지 걸어서 이동했던 과거와 달리 속도를 중시하는 현대에 와서는 다양한 종류의 수단을 이용해 신속히 이동한다. 하지만 작전 지역에 도착해서는 도보로 움직이는 것이 원칙이다. 특히 점령 후 평화 유지 활동, 산악전, 특수전 등은 아무리 시대가 바뀌었어도 보병만이 할 수 있는 임무다. 상대적으로 운용에 많은 비용과 기술이 필요하지 않으므로 만일 아무런 외부의 지원 없이 같은 규모의 보병 간에 전투가 벌어진다면 강대국 군대와 약소국 군대의 전투력 차이가 그다지 없는 병과이기도 하다. 최근에 와서 보병의 작전 범위가 상당히 커졌지만 이는 개별 병사들의 능력이 향상되어서가 아니라 이동, 통신, 정찰, 화력처럼 기술의 발전에 힘입어 지원 수단이 바뀌었기 때문이다.

5) 기병(騎兵)은 말을 타고 싸우는 병사를 말한다.

6) 제단(諸團)은 여러 병과의 편대를 말한다.

지혜 있는 사람은 생각의 변화가 없으면 즐겨하지 않는다. 말 잘하는 사람은 말의 조리가 없으면 즐겨하지 않는다. 일에 밝은 사람은 남의 잘못을 따져 분석하지 않으면 즐겨하지 않는다. 이들은 모두 외부 환경이나 조건에 구속을 받는 사람들이다. 이름을 좋아하는 사람은 조정에 나타나고, 재능이 있는 사람은 벼슬을 영화로 삼는다. 힘센 사람은 어려운 일을 자랑하고, 용감한 사람은 우환에 더욱 떨친다. 무장한 군인은 전쟁을 즐기고, 숨어서 사는 사람은 명성을 뜻에 둔다. 법률하는 사람은 조리를 따져서 일을 다스리고, 예악을 높이는 사람은 얼굴과 동작을 꾸민다. 인의를 숭상하는 사람은 남과의 사귐을 귀히 여긴다. 또 농부는 밭 갈고 김매는 일이 없으면 서로 친하지 않고, 상업하는 사람은 사고파는 일이 없으면 서로 친하지 않는다. 백성은 아침저녁의 직업이 있으면 힘써 나아가고 기계의 교묘한 것이 있으면 드러내어 펼친다. 돈이나 재물이 쌓이지 않으면 욕심 많은 사람은 걱정하고 권세가 남보다 뛰어나지 않으면 잘난 체 하는 사람은 슬퍼한다. 부귀한 자에 붙어 공을 이루려는 무리는 어떤 일의 변역을 즐기는 것이다. 때를 만나 쓰일 데가 있기 때문에 언제나 조용히 지낼 수가 없다. 이들은 모두 때의 변천을 따라 항상 움직이는 사람들로 모든 만물과 자연의 변역에 순응하지 못하는 사람이다. 그래서 몸과 본성을 끊임없이 움직여 바깥일을 추구하기에 겨를이 없으면서 본원(무위를 가리킴)으로 돌아올 줄도 모르니 진실로 안타까운 일이다.

대인의 덕

사람 됨됨이가 우수한 자는 자신의 능력을 내세우지 않기 때문에 윗사람들에게는 능력을 인정받기 어렵다. 하지만 아랫사람들에게는 배반을 당하지 않을 것이다.

사람 됨됨이가 우수한 자는 자신의 능력을 내세우지 않기 때문에 윗사람들에게는 능력을 인정받기 어렵다. 하지만 아랫사람들에게는 배반을 당하지 않을 것이다. 스스로 뛰어나지 못한 것을 부끄러이 여기고 자기보다 못한 사람을 불쌍하게 여기는 사람은 됨됨이가 우수한 사람이다. 덕으로 여러 사람에게 베푸는 것을 성이라 하고, 재물로 여러 사람에게 베푸는 것을 현이라고 한다. 그러나 현을 자랑하며 타인에게 다가서면 상대방의 마음을 얻을 수 없다. 현을 잊고 남에게 공손하면 사람을 얻을 수 있다. 나라를 다스리는 데 있어서도 현을 내세우는 말은 듣지 않아야 한다. 집을 다스리는 데 있어서도 현과 재능을 자랑하는 것에 현혹되지 말아야 한다.

오나라 왕이 강에 배를 띄우자 원숭이들이 놀라 모두 산에 올라서 깊은 숲 속에 숨었다. 그 중 한 마리는 도망가지 않고 날뛰며 나뭇가지를 거머쥐기도 하고 타고 다니기도 하면서 여러 가지 재주를 오왕에게 보였다. 임금은 이것을 보고 활을 쏘았다. 그러자 원숭이는 빠른 화살을 재빠르게 손으로 받아 잡았다. 임금은 다시 좌우의 신하를 시켜 끊임없이 활을 쏘게 했다. 원숭이는 화살을 손에 받아 쥔 채 화살에 맞아죽었다. 임금은 친구 안불의[1]를 돌아보며 "이 원숭이는 재주를 자랑하며 빠른 것을 믿고서 내게 방자했다. 그래서 이렇게 죽게 된 것이다. 진실로 능력을 드러냄을 조심해야 한다."라고 했다.

사람은 처음에는 자신감을 잃은 자신을 보고 슬퍼한다. 그 다음에는 자신감을 잃고 슬퍼하는 사람이 자기를 반성할 줄 모르기 때문에 다른 사람은 그 사람을 슬퍼한다. 그 다음에는 남의 슬픔을 슬퍼할 줄 알면서 자기 자신의 모자람을 슬퍼할 줄 모르는 사람을 슬퍼한다. 남의 잘못된 점은 안타까워하면서 본인의 모자람은 알지 못하는 것이다. 그 모자람을 알게 된 뒤로부터 세상 사람들의 근심이 줄어들고 날로 편안해진 것이다.

---

1) 오나라 왕이 강에 배를 띄우고 놀다가 강변의 원숭이 동산에 이르렀다. 원숭이들은 왕의 일행을 보자 모두 겁에 질려서 나무 꼭대기로 도망쳤다. 그런데 한 마리 원숭이만은 무관심한 듯 나뭇가지 사이로 이동하며 재주를 왕에게 자랑하는 듯했다. 왕이 활을 들어 그 원숭이를 향해 화살을 쏘았다. 그러자 원숭이는 날아오는 화살을 능숙하게 손으로 잡았다. 이에 왕은 신하들에게 일제히 원숭이를 향해 활을 쏘라고 명령했다. 원숭이는 온몸에 화살을 맞고 떨어져 죽었다. 왕은 친구인 안불의를 돌아보면서 말했다. "방금 일어난 일을 보았는가? 이 원숭이는 자기 영리함과 재주를 너무 믿었다네. 아무도 자기를 잡을 수 없다고 생각했겠지. 하지만 이것을 기억하게. 사람들과 상대할 때 자신과 재능에만 의존하지 말게나." 집에 돌아온 안불의는 그 길로 한 현자의 제자가 되었다. 자기를 돋보이게 하는 모든 것을 제하기 위해서였다. 그는 지금까지의 모든 쾌락을 버렸으며 자신의 뛰어남 또한 감추는 법을 배웠다. 그리하여 그는 다른 사람들의 존경을 받는 현자가 되었다. 이는 매사 겸손함과 성실함을 강조한 말이다.

공자는 말하지 않고 도를 얻는 것을 부도의 도라 했다. 말하지 않고 뜻을 아는 것을 불언의 변이라고 해서 불언의 교육을 하고 싶다고 말했다. 그러므로 도를 기본으로 해서 말을 앞세우지 않고 실천하는 것을 진정한 덕으로 본다. 바다가 거대한 이유는 모든 물을 사양하지 않기 때문이고, 성인은 낮은 자세로 천지를 아우르고 있어서 은택이 천하에 미치지 않는 곳이 없다. 그렇지만 천하의 사람들은 성인의 은택이 어떻게 고루 미치는 것인 줄 모른다. 성인은 살아서는 벼슬이 없고, 죽어서는 시호도 없다. 또 실체의 이익도 그에게는 모이지 않고 이름도 세상에 드러나지 않는다. 이런 이를 대인이라 일컫는 것이다.

개는 잘 짖는다고 해서 좋은 개가 아니고, 사람은 말을 잘한다고 해서 현인이 아니다. 그렇다면 누구를 대인이라 하겠는가? 이미 대인이라고 이름난 이는 벌써 참다운 대인이 아니다. 덕을 온전히 한 사람을 대인이라고 말할 수 있겠는가? 크게 갖춘 것이라고 하면 천지보다 더한 것은 없다. 그러나 천지는 어떠한 것을 구해서 이뤄지지 않는다. 저절로 크게 갖춰진 것이다. 자기가 이미 크게 갖춰진 것을 아는 사람은 따로 구할 것도 없다. 잃어버릴 것도 없으며 내어버릴 것도 없다. 본래부터 갖추어져 있는 성질, 소명과 노력해서 만들어낸 많은 것들과 바꾸지 않는다. 이렇게 본성으로 돌아가 인위적인 노력을 하지 않고 태고의 순박함을 따를 뿐이다.

대인은 하늘에 순응해서 스스로 즐거워하고 땅에 순응해서 스스로 먹고산다. 대인은 세상일을 도모하지 않고 지혜로운 꾀를 쓰지 않으며 부자연스러운 행동을 하지 않는다. 다만 천지의 본성을 지키며 세상 돌아가는 현상에 마음이 흔들리지 않고, 조용히 자연에 순응한다. 일의 적당하고 적당하지 않는 것도 생각하지 않는다.

그런데 세상에 인과응보(因果應報)[2]가 있다는 것은 참으로 이상한 일이다. 인과응보가 있다는 것은 자연에 순응하지 않고 작위적이고 욕심을 부리는 행동이 있었기 때문이다. 그러나 이것은 나와 내 자

---

2) 부귀영화, 좋은 처 · 자, 건강한 몸을 아무리 갖고 싶어도 마음대로 안 된다. 몸이 병들고, 사고를 당하고, 도둑을 맞는 등 안하려고 해도 되어오는 것이며, 좋은 일, 나쁜 일, 모두 보고, 듣고, 당하는 것이 전생 인연이 있으므로 해서 겪게 되는 것이다. 전생 인연이란 것은 금생의 자기 모습에 나타나 있다. 전생에 뿌려놓은 마음씨가 모두 입력된 유전자는 금생에 다시 태어나, 전생을 뿌리로 하여 성장해 가고 있는 것이다. 그 성장을 도와주는 사람이 부모이고, 그 부모에게 얼마나 도움을 받을 수 있는지의 정도는 전생에 제 자식에게 해 놓은 만큼 자기 부모에게 되돌려 받는 것이다. 이런 것을 인과응보(因果應報)라 한다. 그러나 아무리 정해진 인연이라 해도 부모의 수양(修養)정도에 따라 새 생명의 악인연이 정화(淨化)될 수도 있고 중(重)해질 수도 있는데, 부모가 수양이 쌓여서 마음이 맑아진 사람이라면 혹시라도 겪게 될 악인연이 있다 해도 정도(正道)를 혼돈하지 않고 악인연의 고리를 하나하나 풀어서, 대난(大難)을 소난(小難)으로… 또 소난(小難)을 무난(無難)으로 업(業)을 소멸시켜가며 앞날을 열어 갔을 것이고, 그의 자손은 부모를 흠모하며 밝은 인생을 펼치게 될 것이다.

그러므로 현재 자신의 모습이란 것은 전생 인연의 유전자로 그 정도가 정해진 운명 속에서 자신이 선(善)과 악(惡)을 선택하며 성장 해온 모습이다. 운명이 정해졌다 하는 것은 그 사람이 일생을 살아가는 동안 종사할 분야와 겪어야 할 일들이 정해져 있음을 말하는 것이며, 운명이 달라질 수 있다는 것은 같은 일을 겪게 되더라도 사람마다 받아들이는 방법과 대처하는 방법이 다르기 때문에 어떤 길을 선택하느냐에 따라 인생의 모양새가 달라진다는 뜻이다. 그래서 같은 유전자에 뿌리를 둔 쌍둥이도 살아가는 모습이 같을 수도 있고 다를 수도 있는 것이다. 또 사람마다 종사할 분야가 정해져 있는 것인데, 새는 날개가 있어 공중을 날 수 있고, 물고기는 물에서 살아야 되고, 짐승들은 들에서 살아야 되듯이 사람도 그 유전자에 따라 각자 특성이 다르기 때문에 세상에 태어날 때 이미 그 몸은 쓰여질 용도가 정해져 있는 것이다. 그래서 사람마다 옳은 진로를 잘 선택해서 자신의 소질을 계발하여 잘 갈고 닦아서 알맞은 제자리를 찾아 종사하는 것이 중요하다. 사람이 오늘날에 이르기까지 많은 진화를 해 왔는데 그 사람들 중에서도 각자는 또 다른 특성을 진화시키고 있는 것이다. 운동을 오래하면 근육이 발달되듯이 한 분야에 오래 종사하면 그 분야에 달인(達人)이 되는 것도 발달 되는 것이며, 진화되는 것이다.

손들의 죄가 아니며 아마 하늘이 내려준 것이다. 우리는 이것을 모르고 슬퍼만 한다.

요(堯)는 몹시 악착스럽게도 인을 행하려고 허덕이며 노력했다. 욕심이 생겼던 것이다. 그러나 인을 행하려는 노력이 오히려 천하의 웃음거리가 됐다. 왜냐하면 그 노력으로 후대 사람들이 서로 인을 행하기 위한 노력을 경쟁하면서 혈투를 벌였기 때문이다. 경쟁의식만 부추기는 결과를 가져왔던 것이다. 백성이란 도움을 주기 위해 노력을 하면 쉽게 마음을 얻을 수 있다. 그를 사랑하면 곧 친해지고 그에게 이익을 주면 곧 달려온다. 칭찬하면 곧 서로 힘써 권한다. 그러나 그들이 싫어하는 일을 하면 곧 흩어지고 만다. 사랑과 이익은 욕심이 서린 노력의 대가가 아니라 자연스러운 인의에서 생기는 것이다. 따라서 요는 현인이 천하를 이롭게 하는 것만 알고 그것이 천하를 해치는 것은 모르는 것이다. 이것은 능력을 자랑하지 않는 사람만이 알 수 있다. 사람은 꾸밈없이 있는 그대로의 모습일 때 대인에 가까운 것이 아닌가 생각해 본다.

진인의 순응

순임금에게는 인의를 우선시 하는 비린 행동이 있었다. 그래서 백성들은 즐겨 모여들었다.

세상에는 얕은 소견으로 스스로 기뻐하거나, 권세와 이익에 탐착함이 있거나, 스스로 괴로워함이 있다. 얕은 소견으로 스스로 기뻐함은 한 선생의 가르침만을 배워도 마음으로는 충분하다고 여겨 기뻐하는 것이다. 그것에 스스로 만족해서 도의 본원이 아무것도 없다는 것을 모르는 것을 난주(暖姝)[1)]라고 한다.

권세와 이익에 탐착[2)]함은 돼지에 붙어 폐해를 끼치는 곤충과 같은 것이다. 돼지의 성긴 털 사이를 넓은 궁전이나 큰 동산으로 생각하고, 발톱이 갈라지고 꼬부라진 곳이나 젖통이나 다리 사이에 있으면서 편안한 방이나 편리한 처소라 생각하는 것이다. 그러다가 백정[3)]

---

1) 1. 난주(暖姝)는 즐겁고 만족스럽다고 생각하나 근본을 잊고 모르는 상태를 말한다. 2. 뼛골이 없는 아첨쟁이를 난주라고 부른다.
2) 탐착(貪着)은 만족할 줄 모르고 더욱 사물에 집착함을 의미한다.
3) 백정(白丁)은 소나 개, 돼지 따위를 잡는 일을 직업으로 하는 사람을

이 돼지를 죽이면 저도 돼지와 함께 타 죽는 줄을 모른다. 이것은 환경과 함께 나아가고 환경과 함께 물러나는 것을 모른다는 것으로 유수(濡需)[4]라는 것이다.

스스로 괴로워함은 순임금과 같은 사람이다. 양은 개미를 생각하지 않지만 개미는 양을 생각한다. 그것은 양고기가 비리기 때문에 개미가 좇아가는 것이다. 순임금에게는 인의를 우선시 하는 비린 행동이 있었다. 그래서 백성들은 즐겨 모여 들었다. 순은 세 번이나 자리를 옮겼지만 백성이 모여 도읍을 이뤘다. 등이라는 고을에 있을 때는 십여 만의 민가가 생겼다. 그래서 요는 순의 어질다는 말을 듣고 순을 동토의 땅으로 불러올리면서 "원컨대 와서 백성들에게 은택을 베푸시오."라고 했다. 순은 동토의 땅으로 나아가 임금이 됐다. 그러나 나이 늙고 총명이 쇠해서 돌아가 쉴 수가 없었으니 이것이 권루(卷婁)[5]다.

초인[6]은 여러 사람이 모여 오는 것을 싫어한다. 여러 사람이 모이면 화합하지 않고 화합하지 않으면 마음을 해치기 때문에 이롭지 않다고 생각했다. 초인은 사람들 중에서 친하거나 성기는 일 없이

말한다.

4) 유수(濡需)란 돼지의 몸에 기생하는 이(蝨)를 말한다. 털이 길고 성긴 곳을 골라 크고 넓은 집으로 살고, 겨드랑이나 사타구니와 같이 은폐된 곳을 안식처로 여겨 지낼 뿐, 어느날 갑자기 도살꾼이 팔을 휘두르며 나타나 마른 풀더미를 져다가 불을 붙이면 돼지와 함께 불에 타 죽는다는 것을 알지 못한다. 그래서 잠깐의 편안함만을 도모하는 자를 '유수'라고 부른다. 즉 남의 그늘에서 편안함을 구하는 자를 유수라 부른다.

5) 1. 수족이 굽어 몸이 괴로운 병신을 권루(卷婁)라 부른다. 2. 외부 대상에 사로잡혀 부질없이 몸과 마음을 괴롭히는 것도 권루라 말한다.

6) 초인(超人)은 1. 보통 사람으로는 생각할 수 없을 만큼 뛰어난 능력을 가진 사람을 말한다. 2.철학적인 의미는 기성도덕을 부정하고 민중을 지배하는 권력을 행사하면서, 자기의 가능성을 극한까지 실현한 이상적인 사람을 말한다.

덕을 안고 화를 따뜻하게 해서 천하에 순응하는 사람을 진인[7]이라 한다. 진인은 개미의 지극히 작은 것이라도 취하지만 개미에 대해 안다고 생각하지 않는다. 모기의 무심을 좇아서 그의 계교[8]를 가지며 염소의 순한 것은 취하지만 그의 뜻은 모른다고 한다. 또 진인은 눈으로 눈을 보고 귀로 귀를 들으며 마음으로 마음을 헤아린다. 이러한 사람의 마음은 평평하기는 물과 같고 곧기는 먹줄 같으며 움직이는 변화에는 순응한다.

진인은 자연의 도로 사물을 보존하고 사람의 마음으로 자연의 도를 어지럽히지 않는다. 진인은 생사에 득실이 없기 때문에 얻는 것을 생이라 하면 잃는 것은 죽음이라 생각하고, 얻는 것을 죽음이라 하면 잃는 것도 생이라 생각한다. 죽고 삶은 약과 같은 것으로 그때 그 때의 병에 따라 주요한 기능을 달리한다. 이런 예는 이루 다 셀 수 없는 것이다.

초나라 임금 구천[9]이 오왕 부차[10]에게 패해서 군사 3천을 거느리

---

7) 1. 진인(眞人)은 도교에서, 도를 깨쳐 깊은 진리를 깨달은 사람을 이르는 말이다. 2. 불교용어로는 '아라한'을 달리 이르는 말이기도 하다.

8) 계교(計較)는 서로 견주어 살핌을 의미한다.

9) 구천을 보좌해 부차를 격파한 두 사람, 범려(范蠡)와 문종(文種)의 훗날 행적도 흥미롭다. 초나라 출신의 친구 사이로 경륜을 펼치기 위해 함께 월나라로 넘어가 구천을 모신 사람들이었다. 구천이 패업을 이룬 후 범려는 그를 떠나 제2의 인생을 꾸린 것으로 전해진다. 송(宋)나라 도(陶) 땅에 가서 주공(朱公)이란 이름을 쓰며 장사로 엄청난 재물을 모았다고 하여 '도 주공'은 재신(財神)의 대명사가 되었다. 범려가 떠나면서 문종에게 "구천은 어려움을 함께 겪을 사람이지 편안함을 함께 누릴 사람이 아니"라며 함께 떠날 것을 권했지만 문종은 남아 있다가 얼마 후 오자서와 비슷한 억울한 죽임을 당했다고 한다.

10) 구천 3년에 구천은 오왕 부차가 밤낮으로 병사를 훈련시켜 월나라에 보복하려 한다는 소식을 듣고는 오나라가 나서기 전에 월나라가 먼저 오나라를 정벌하려 했다. 범려(范蠡)가 "안 됩니다. 신이 듣기에 군대는 흉기이며, 전쟁은 덕을 거스르는 일입니다. 싸움은 모든 일의 맨

고 회계산[11]에 숨어 있었다. 그때 오직 초나라 대부인 문종만이 월

마지막입니다. 음모로 덕을 거스르고, 흉기를 즐겨 사용하여 자신의 몸을 보잘 것 없는 곳에다 시험하려는 것은 상제께서 금할 뿐만 아니라 행동으로 옮겨도 이로울 것이 없습니다."라고 충고했다. 월왕은 "내가 이미 결심했다."고 하면서 드디어 군대를 일으켰다. 오왕이 이를 듣고는 정예병을 모두 징발하여 월나라를 공격하여 부추(夫椒)에서 패배시켰다. 월왕은 남은 병사 5천을 수습하여 회계산(會稽山)을 거점으로 수비에 들어갔고, 오왕은 추격하여 이곳을 에워쌌다. 월왕은 범려에게 "그대 말을 듣지 않은 까닭에 이 지경에 이르렀으니 어찌하면 되겠소?"라고 했다. 범려는 "가득 찬 것이 지속되려면 하늘이 도와야 하고, 기운 것을 바로 세우려면 사람이 도와야 하며, 절제할 수 있으려면 땅이 도와야 합니다. 자신을 낮추는 말과 넉넉한 예물을 그 쪽에 보내십시오. 허락하지 않으면 몸이라도 아끼지 말아야 합니다."라고 말했다. 구천이 "좋소"라 하고는 바로 대부 문종(文種)에게 오나라로 가서 일을 성사시키게 했다. (문종이) 무릎으로 기어 머리를 조아리며 "군왕의 망한 신하 구천이 심부름꾼 신 문종을 보내 여러분들께 '구천은 신하가 되고, 처는 첩이 되길 청합니다.'라고 감히 아뢰라고 했습니다."라 했다. 오왕이 이를 허락하려 하자, 오자서(伍子胥)가 오왕에게 "하늘이 월나라를 오나라에게 주시려는데 허락해서는 안됩니다."라고 했다. 문종이 돌아와 구천에게 보고하자 구천은 처자식을 죽이고 보물을 불태워, 죽음으로 맞서 싸우려 했다. 문종이 구천을 말리며 "보아 하니 오나라의 태재(太宰) 백비(伯嚭)가 탐욕스러워 이익으로 그를 유혹할 수 있으니, 몰래 가서 이를 알리도록 하십시오."라고 했다. 이에 문종을 시켜 미녀와 보물을 몰래 오나라 태재 백비에게 바쳤다. 백비가 이를 받고는 바로 대부 문종을 오왕에게 보였다. 문종이 머리를 조아리며 "대왕께 원하옵건대 구천의 죄를 용서하시고, 그의 보물을 다 거두어주시기 바랍니다. 불행하게도 용서하지 않으신다면, 구천은 그의 처자식을 다 죽이고 보물을 불태운 다음 5천명을 모두 거두어 죽기로 싸울 것이니 (대왕께서도) 분명 상당한 대가를 치를 것입니다."라고 했다. 이에 백비가 오왕에게 "월나라가 항복하여 신하가 되었으니 용서하시면 나라에 이익이 될 것입니다."라고 했다. 오왕이 이를 받아들였다. 오자서가 나서며 "지금 월나라를 멸망시키지 않으면 훗날 틀림없이 후회할 것입니다. 구천은 현명한 국군이고 문종과 범려는 좋은 신하들입니다. 저들 나라로 돌려보내면 장차 난이 일어날 것입니다."라고 직언했다. 오왕은 듣지 않고 끝내 월나라를 용서하고 군대를 철수시켜 돌아갔다.

11) 회계산(會稽山)은 중국 저장성(浙江省) 사오싱현[紹興縣]에 있는 산이다. 『주례(周禮)』『산해경(山海經)』『월절서(越絶書)』 등에 이미 기록되어, 예로부터 알려져 있었다. B.C. 5세기 초 이곳에서 월왕(越王) 구천(勾踐)이 오왕(吳王) 부차(夫差)에 포위되어 패하였다가 20년의 신고(辛苦) 끝에 부차를 격파하여 '회계(會稽)의 치욕'을 설욕하였다는

이 지금 망하는 것은 다른 날 다시 일어날 원인이 되는 줄 잘 알고 있었다. 과연 그의 생각대로 월은 오나라에 항복해서 화친을 청했다가 그 뒤 22년 만에 오를 멸망시켰다. 그것이 자신에게는 화의 원인이 되는 줄 몰랐던 것이다. 월왕은 오를 멸망시키고 참소를 들어 문종을 죽였다. 그는 월을 떠나지 않았기 때문이었다.

옛말에도 올빼미의 눈이라도 쓸모가 있는 경우가 있고, 학의 다리는 가늘지만 절도가 있으므로 함부로 여겨서는 안 된다고 했다. 이것은 능함이 있는 사람은 반드시 졸함이 있다는 뜻이다. 또 옛말에 바람이 강물 위를 지나가면 물을 불어 날리기 때문에 강물은 손해를 입고, 햇빛이 강물 위를 지나가면 수증기로 증발시키기 때문에 강물이 손해를 입는다 했다. 아무리 바람과 해가 강물에 손해를 입게 해도 강물은 그 때문에 이지러지지 않는다. 그것은 끊임없는 근원을 믿고 흐르기 때문이다. 이것은 근본이 온전하면 어떤 위해를 당하더라도 관계없다는 뜻이다. 물이 흙을 지키고 떠나지 않는 것은 자연의 일정한 법칙이다. 그림자가 사람을 지키며 떠나지 않는 것도 자연의 일정한 법칙이다. 만물이 조물주를 지키며 떠나지 않는 것도 자연의 일정한 법칙이다.

눈은 눈이 밝음으로 위태하고, 귀는 귀가 밝음으로 위태하며, 마음은 지혜로움으로 위태하다. 이미 위태롭게 되면 고치려 해야 고칠 수 없어 화는 더욱 날로 쌓일 것이다. 이제 자연으로 돌아가려면 수양의 공에 의지해야 한다. 그 결과도 오랜 시간을 기다려야 한다. 그런데 범인은 능력 발휘를 자기의 보배로 삼으니 더욱 슬픈 것이다.

고사로 유명하다. 진(秦)나라의 시황제(始皇帝)는 천하순행(天下巡行) 때 이 산에 이르러 석비(石碑)를 세웠으며, 또 이 산에 연유하여 콰이지군[會稽郡](군청소재지는 吳縣)을 설치하였다.

나라를 망치고 백성을 죽이는 일이 끊이지 않는 것은 드러나는 능력만을 우선시하고 근본으로 돌아감을 모르기 때문이다. 사람의 발은 땅을 밟는다. 밟는다고 하지만 밟는 땅은 극히 적어서 그 밟지 않는 넓은 부분을 믿어서야 능히 자유롭게 걸을 수 있다. 사람의 지식은 극히 적지만 알지 못하는 것을 믿어야 자연의 말하는 바를 알 수 있다.

대일[12]을 알고, 대음[13]을 알며, 대목[14]을 안다. 대균[15]을 알고, 대방[16]을 알며, 대신[17]을 알고, 대정[18]을 아는 것은 지극한 것이다. 대일은 도로서 만물에 통하는 것이고, 대음은 지극히 고요한 것으로서 만사를 풀어 아는 것이다. 대목은 절대의 눈으로서 모든 것을 자연 그대로 보는 것이다. 대균은 지극한 균형으로서 만물의 변화에 순응하는 것이고, 대방은 넓고 큰 것으로서 흔연히 한 몸인 것이다. 대신은 진실로 만물의 진상에 이르게 하는 것이다. 대정은 변화하지 않는 것으로 자연에 순응해서 틀림이 없는 것이니 이것은 모두 대자연의 활동이다.

자연에 순응하면 천도가 거기 있고, 이것을 따르면 사리가 나타나고, 이것에 가만히 합하면 가장 중요한 것을 얻는 것이다. 태초에 주재자가 있었다. 이것을 깨닫는 것을 오히려 깨닫지 않는 것 같고, 이것을 아는 것은 오히려 알지 못한 것 같아야 한다. 모르는 것 같은 뒤에야 참으로 알 수 있다.

---

12) 대일(大一)은 만물의 근원은 하나라는 뜻이다.
13) 대음(大陰)은 만물의 근원이 지극히 고요하고 움직임이 없다는 의미다.
14) 대목(大目)은 만물을 분별없이 하나로 보는 것이다.
15) 대균(大均)은 자연의 조화가 균등하게 작용한다는 의미다.
16) 대방(大方)은 자연에는 일정한 법도가 있다는 뜻이다.
17) 대신(大信)은 자연은 진실하다는 말이다.
18) 대정(大定)은 자연은 안정된 상태라는 것이다.

큰 도는 끝이 있다고도 할 수 없지만 끝이 없다고도 할 수 없는 것이다. 위에 있다가 아래 있다가 또 이리 변하고 저리 돌아서 어떻게 붙잡을 수는 없지만 확실한 실리가 있다.

고금[19]에 걸쳐 바뀜이 없지만 그렇다고 조금도 흠이 없는 것이다. 이는 도의 본뜻을 크게 나타낸 것이라고 말할 수 있다. 도를 묻지 않으면서 오랫동안 미혹에 헤매면 시간을 낭비하게 된다. 미혹[20]되지 않는 것으로 미혹을 풀어 미혹되지 않는 곳으로 돌아가는 것이야말로 불혹이 될 것이다.

---

19) 고금(古今)은 예나 지금을 말한다.

20) 1. 미혹(迷惑)은 무엇에 홀려 정신을 차리지 못함의 의미한다.
2. 다른 사람을 나쁜 길로 유혹하는 것이다.
3. 불교적으로는 마음이 무명에 가려져 번뇌 망상이 일어나고 사리에 어두운 것이다.
4. 미(迷)는 사리를 잘못 아는 것이고, 혹(惑)은 사리를 분명히 알지 못하는 것을 의미한다.

상대를 빛나게 하는 존재

"달을 없애면 해가 없고 안이 없으면 밖이 없다."고 했다.
상대적인 존재가 있어야 더욱 존재가치가 빛난다는 것이 세상의 이치이다.

이 세상에는 절대적인 존재가 있을 수 없다. 장자는 소요유에서 큰 것의 끝이 없음을 말했고, 작음의 한계가 없음을 말하고 있다. 이것을 헤아려 보면 결국 크고 작은 것도 있다고 할 수 없고 수명의 길고 짧음도 없다는 것이다.

사람은 각각 성정의 적당함을 따라 행할 때에는 어디서나 스스로 덕을 베풀 수 있다는 것이 장자의 뜻이다. 닭이 울고 개가 짖는 것은 누구나 들을 수 있는 일이나 아무리 많이 아는 사람이라도 그 미묘한 이치를 말할 수가 없고, 또 장차 발생할 수 있는 사물의 중요한 현상을 말할 수도 없다. 이렇게 도는 하늘에 근본하고 만물이 좇아서 스스로 생겨나는 것이다. 자기를 보전하는 데나 만물을 이룰 수 있게 하는 데 있어서 다 같이 무궁한 뜻을 가지고 있다. 그러나 도의 무궁함은 말로 나타낼 수 없다. 도를 말하기 어렵다는 것은 도가 어려운 것이 아니고 말하기가 어렵다는 것이다.

만물은 생겨나지만 사람은 근본을 보지 못하고, 만물이 나오지만 출구를 보지 못한다. 그런데 사람들은 모두 자기 지혜로 알 수 있는 것만을 존중한다. 자기의 지혜로 알 수 없는 것의 묘리를 알지 못하므로 큰 미혹이라 할 수 있다. 이렇게 도는 모이기도 하고 흩어지기도 하며 같기도 하고 다르기도 하니 진실로 알 수 없는 무엇이 존재하고 있는 것 같다.

성인이라고 일컬어지는 초왕의 사람됨은 품격이 높고 엄해서 사람의 죄에 대해서는 용서가 없고 호랑이 같은 사람이었다. 그에게는 아첨하는 사람이나 바른 덕을 가진 사람이 아니면 누구도 감히 그를 움직일 수 없었다. 그는 궁할 때에도 집안사람이 가난한 것을 잊게 했다. 벼슬할 때에는 임금에게 작록[1]을 바라지 않아 자기를 낮췄다. 사물에 접근할 때에는 자연과 함께 즐기고, 사람을 대할 때에는 그와 함께 도를 통하기를 즐기면서 자기를 보전[2]했다. 또 바른 덕을 가진 사람은 사나움을 두려워하지 않기 때문에 초왕은 아무 말 없이 그 사람과 동화해서 친근하게 다가오게 하고, 사람과 맞서서 사귈 때에는 부모와 자식 간의 정과 같이 만들었다.

성인은 모든 구속을 벗어나 만물을 두루 살펴 자기와 한 몸이 되는 것이다. 그러나 그렇게 되는 까닭을 모르니 그것은 천성 그대로이기 때문이다. 천성으로 돌아가 활동해서 하늘을 스승으로 삼을 뿐인데 세상 사람은 이것을 성인이라 한다. 세상 사람은 자기 지혜의 모자람을 걱정할 뿐 아니라 행하는 바도 적절하지 못해서 때로는 중도에 행위를 그만 둘 수밖에 없다. 시행착오를 겪을 수밖에 없는

---

1) 작록(爵祿)은 관작(官爵)과 봉록(俸祿)을 아울러 이르는 말이다.
2) 보전(保全)은 온전하게 보호하여 유지함을 말한다.

것이다. 나면서부터 아름다운 사람도 남이 그에게 거울을 줘서 알리지 않으면 남보다 아름다운 것을 자신은 모를 것이다. 그가 아름다움을 알거나 모르거나, 아름답다는 말을 듣거나 혹을 듣지 못하거나 그 기뻐함은 그침이 없다. 사람들이 아름다움을 좋아하는 것도 끝이 없으니 아름다움이 천성이기 때문이다.

성인이 사람을 사랑하는 것도 사람이 알리지 않으면 사람들은 모를 것이다. 그 사랑하는 마음을 알거나 모르거나 또는 사랑한다는 말을 듣거나 듣지 못하거나 성인이 사람을 사랑하는 것은 그침이 없다. 사람이 사랑에 편안해 하는 것도 그침이 없을 것이니 사랑이 천성이기 때문이다.

초왕은 오랜 나그네 생활에서 돌아와 자신의 나라와 고장을 바라보니 못내 기뻤다. 산이나 언덕에는 초목이 우거져 옛날 모양이 대부분 없어져도 그나마 남은 것을 보면서 마음은 몹시 흐뭇했다. 그런데 하물며 도를 찾는 사람이 자기의 본성을 깨달아 볼 것을 보고 들을 것을 들음에 있어서 매우 기쁘지 아니할 것인가? 또 팔십 척의 높은 누각을 세워서 거기에 올라가 만물을 바라볼 수 있음을 역시 기뻐했다. 사람들이 진실로 비움의 이치를 깨달아서 만물이 스스로 생성하는 것을 따르기 때문에 만물과 더불어 끝없이 변화한다. 끊임없이 만물과 더불어 변화해도 도의 본체를 체득해 있으므로 본질은 조금도 변화하지 않는다. 대개 하늘을 스승으로 삼고도 하늘의 이치를 깨닫지 못하는 것은 곧 마음이 본성을 떠나 세상의 영리와 사물을 따르기 때문이다. 사물을 따르려는 짧은 생각으로 사물에 영합한다면 사물에 대한 욕심에 불과하다. 성인은 처음부터 하늘도 없고 사람도 없으며, 처음도 없고 만물도 없다고 여긴다. 세상과 함께 변해가지만 그 때문에 허물어짐이 없고 하는 일은 모두 완전하다.

성인의 도에 부응하려면 어떻게 해야 할까? 옛날 은나라 탕임금은 사어[3]라는 벼슬에 문윤, 등항을 발탁해서 곧 스승으로 삼았다. 스승으로 따랐지만 그들에게 속박되지 않았던 것은 만물이 스스로 되는 이치를 알았던 까닭이다. 그러므로 성왕이라는 이름을 얻었다. 그러나 이름이라는 것은 원래 쓸 데 없는 것이니 여기에서 두 가지의 소견이 생긴다. 자연의 섭리를 받아들이고, 그에 맞게 행동해야 한다는 것이다. 공자가 이러한 이치를 깨닫고 그에 맞는 행동을 해서 스승이라는 이름을 얻었다. 그래서 용성자[4]는 "달을 없애면 해가 없고 안이 없으면 밖이 없다."고 했다. 상대적인 존재가 있어야 더욱 존재가치가 빛난다는 것이 세상 이치가 아닌가 생각한다.

---

3) 사어(司禦)는 세자익위사(世子翊衛司)의 종5품직으로 좌사어(左司禦) · 우사어(右司禦)의 2원(員)이 있었다.

4) 용성자(龍成子)는 도가의 시조이며 음양이론의 창조자로 보고 황제의 스승으로 주문왕과 강태공도 숭상한 인물로 주역팔괘의 틀을 만든 사람이라 한다.

드러나지 않는 도

만물이 생기는 것은 음양이 서로 작용하고 합하며 다스리고,
사계절이 변화해서 서로 내고 죽이는 데서 만들어지는 것이다.

만물이 생기는 것은 음양이 서로 작용하고 합하며 다스리고, 사계절이 변화해서 서로 내고 죽이는 데서 만들어지는 것이다. 욕심과 미움, 거스름과 순종함이 음양에서 일어나고 암컷과 수컷이 갈라지고 합하는 것도 여기에 순리가 있는 것이다. 편안함과 위태로움이 서로 바뀌어 변화하고, 화와 복이 서로 기대어 생겨난다. 느리고 급함이 서로 바뀌고, 모이고 흩어짐이 서로 엮이어 끝이 없으니 모두가 음양의 작용이다. 일의 명분과 실리도 얻을 수 있고, 자연현상의 미미한 징후까지도 모두 음양의 일이기 때문에 서로 알 수 있는 것이다.

사계절이 순환하며 서로 다스리고, 끝나면 곧 비롯하며 서로 바뀌서 주기가 다하면 곧 돌아오는 것은 만물의 자연스러운 상태이고 음양의 조화로운 현상이다. 말로 표현할 수 있는 것이나 지식으로 알 수 있는 것은 모두 음양의 조화로움에서 만물을 깨닫는 것이다. 그러므로 도를 본 사람은 사물이 없어지는 것도 이유를 묻지 않는다. 사물이 일어나는 것도 끝이 없는 것을 알기 때문에 자연에 맡긴다. 원인을 캐내지 않고, 더 이상 규명하려 들지 않는다.

제나라의 현인인 계진[1]은 도는 무위이며 주재자가 없기에 만물은 우연히 생기는 것이라 했다. 또 다른 제나라의 현인인 접자는 도는 유위이며 주재자가 있어서 만물을 생기게 하는 것이라고 했다. 어느 것이 진실이고 이치에 두루 정통한 것인지는 알 수 없다. 닭이 울고 개가 짖는 것은 사람이 다 알아차릴 수 있는 것이다. 그러나 아무리

---

1) 제나라의 현인이었던 계진(季眞)은 아무도 우주를 만들지 않았다는 '막위(莫爲)설'을 주장했다. 역시 제나라의 현인이었던 접자(接子)는 누군가 우주를 만들었다는 '혹사(或使)설'을 주장했다. 장자는 소지와 태공조의 대화를 통하여 아무리 지혜가 있어도 우주의 생성과 소멸을 명확히 알 수는 없다고 했다. 소지(少知)가 말했다. "계진(季眞)은 '막위(莫爲)설'을 주장했고, 접자(接子)는 '혹사(或使)설'을 주장했다. 이 두 사람의 주장 중 어느 쪽이 옳은지는 판단하기 어렵다. 그렇게 만든 주재자가 있다는 주장과 그렇게 만든 주재자가 따로 없다는 주장은 사물의 세계를 벗어나지 못한 것이니 모두 잘못되었다. 접자(接子)의 '혹사(或使)설'은 실(實)이고, 계진(季眞)의 '막위(莫爲)설'은 허(虛)가 된다. 명칭이 있고 실질이 있으면 이것은 사물이 존재하는 현상을 말하는 것이 되고 명칭도 없고 실질도 없으면 사물이 공허함에 떨어지고 마니 말로 표현하고 뜻으로 추측할 수는 있을 것이나 말이란 할수록 더욱더 진실에서 멀어지고 만다. 세상에 태어나기 전에 태어남을 거부할 수 없으며, 죽은 후에 죽음을 거부할 수 없으니 생사가 멀리 있는 것이 아니지만 그 이치는 쉽게 알 수 없다. 그러니 누군가 창조했다는 주장과 아무도 창조하지 않았다는 주장은 의문을 가지고 도달한 가설(假說)에 불과하다. 그 미래의 시간은 멈춤이 없다. 이처럼 무궁하고 끝이 없으니 말이 없게 되어야만 만물과 더불어 이치를 알게 될 것이다. 혹사설과 막위설은 말을 바탕으로 생겨난 표현이니 사물과 더불어 끝과 시작이 있는 것이다. 참다운 도란 있는 것도 아니고 또 없는 것도 아니니 도 역시 이름을 빌려서 통용(通用)하는 것일 뿐이다. 도는 만물의 근원이요 궁극적인 것인지라 말이든 침묵이든 그것을 싣기에는 부족한 것이다. 언어도 아니고 침묵도 아니어야 비로소 궁극의 경지를 논할 수 있게 될 것이다.

깊은 지혜가 있는 사람이라도 닭이나 개가 무엇으로 말미암아 그렇게 울도록 되어 있는지 알 수 없는 것이다. 그뿐 아니라 그들이 장차 무엇을 하려고 하는지도 생각할 수 없는 것이다.

도의 활동은 작은 것은 지극히 작아서 비할 데가 없는 데까지 이를 것이다. 큰 것은 지극히 커서 감쌀 수가 없는 데까지 이를 것이다. 도는 결국 유위나 무위를 따지는 것 자체가 소용이 없다는 의미이다. 그러므로 개와 닭이 왜 우는지, 앞으로 무엇을 하려 하는지 따지는 것은 마침내 허망한 일이 되고 마는 것이다.

무엇을 인위적으로 조작한다는 것(유위설)은 욕심이 세상에 가득하다는 주장이다. 어떠한 인위적인 조작함도 없이 자연적이라는 것(무위설)은 마음이 욕심으로부터 멀어져 텅 비어있다는 것이다. 이름이 있고 현상이 있는 것은 욕망의 가운데 있는 것이다. 이름도 없고 현상도 없는 것은 욕망이 없는 빈 곳에 있는 것이다. 유위적인 것은 모두 말로 나타내고 생각으로 헤리려고 하는 것으로 갈수록 도와 거리가 멀어지는 것이다. 나고 죽는 것도 그러해서 아직 나지 않은 것은 못 나게 할 수도 없는 것이다. 이미 죽은 것은 머물게 할 수가 없다. 죽고 사는 것은 일상이지만 이치는 알 수 없다. 그러므로 주재자가 생과 사를 컨트롤할 것이라는 주장은 사람의 의심을 만들 뿐이다.

인간은 항상 도의 근본을 깨닫기 위해 노력한다. 하지만 지나간 것은 끝이 없어서 처음을 알 수 없다. 앞으로 올 것은 끊임이 없기 때문에 마침을 알 수가 없어 깨달을 수가 없다. 과거와 미래의 흔적을 찾아가는 것은 무의미하므로 오직 만물과 더불어 절대의 이치인 도와 함께할 뿐인 것이다. 만물이 존재하는 현상에 주재자가 있다거나 없다거나 하는 논쟁은 언제나 만물과 함께 있으므로 집착을 면하지 못해서 욕망을 버릴 수 없는 것이다.

도는 원래 있는 것이라고 할 수 없고, 없는 것이라고 할 수도 없다. 노자는 도라는 이름조차도 거짓으로 빌려서 쓰는 것이라고 말했다. 그러므로 주재자가 있느냐 없느냐 하는 것은 논란의 한 부분에 지나지 않는 것이며 도에 있어 무엇을 할 수 있는 것이 없다. 그러나 다 같은 말이라도 그 말이 깨달음의 경지에 이른 말이라면 온종일 말을 해도 그것은 모두 도의 것이다. 또 말이 깨달음의 경지에 오르지 못한 것이라면 온종일 도를 말해도 그것은 모두 욕망을 떠나지 못할 것이다. 도는 원래 만물이 지극한 경지에 이른 것이다. 말이나 침묵으로 그것을 표현할 수가 없는 것이다. 말도 아니고 침묵도 아닌 마음으로 지극함의 경지를 찾아봐야 도를 볼 수 있을 것이다.

사람은 교활해서 작은 지혜를 얻고도 마치 큰 깨달음을 얻은 것처럼 행동한다. 사실은 보잘 것 없는 것에 불과하다. 아무리 지혜가 크고 바르며 자연과 화합할 수 있는 행위라도 도를 칭하며 드러내는 순간 그것은 도가 아니라고 노자는 설파했다. 드러내지 않고 무위자연의 상태를 유지하는 것이 도의 완전한 모습이라고 말할 수 있다. 사실 진정한 도는 표현할 수 없고 보일 수 없는 것이다.

세상에 깃든 음양의 조화

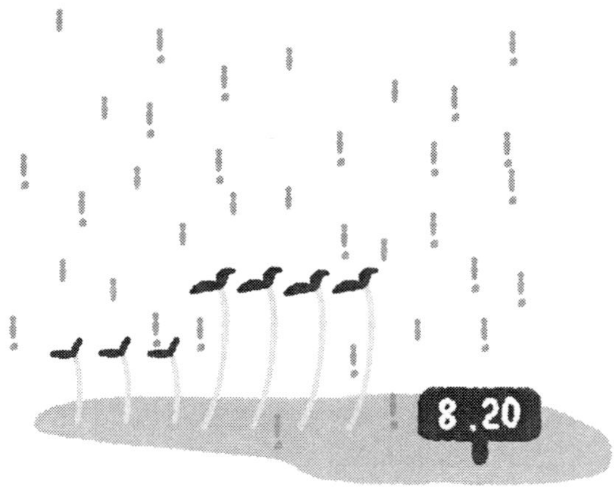

인과응보도 일정한 것이 아니므로 거기에 집착하지 않아야 한다.

내가 의도한 일을 제외한 모든 현상들은 일정한 것이 없어서 믿을 수가 없다. 인과응보도 일정한 것이 아니므로 거기에 집착하지 않아야 한다. 선을 행해도 화를 면하지 못하고 악을 행해도 복을 받을 수 있으므로 선악의 과보는 어느 하나 믿을 것이 없다. 충도 믿을 수 없고 효도 믿을 수 없으니 오자서[1])도 죽었고 증삼[2])도 슬퍼한

---

1) 오자서(伍子胥)는 초(楚)나라의 대부로 오사(伍奢)의 아들이다. 간신 비무극(費無極)의 흉계로 부친과 형 오상(伍尙)이 억울하게 처형되자 기필코 초나라를 멸망시켜 부형의 원수를 갚겠다고 맹세한 후 오(吳)나라로 도망가 공자 광(光)의 책사가 된다. 오왕 요(僚)의 시해 사건을 배후에서 지휘해 광(光)을 오나라 왕(합려(闔廬))으로 즉위시킨 후 초나라 정벌을 주도면밀하게 계획하고 지휘하여 단시일에 오나라를 군사 강국으로 발전시켰다. 마침내 B.C.506년에 대대적으로 초나라를 침공하여 수도 영(郢)을 함락하고 종묘를 불태우는 혁혁한 전과를 거두고 초평왕의 무덤을 파헤쳐 시신을 300대나 매질함으로써 사원(私怨)도 풀었으나 여러 가지 사정으로 초나라를 완전 멸망시키지는 못한 채 회군했다. 이후 자만에 빠져 나태해진 합려가 월나라와의 전투

것이다. 오직 사람의 경우에만 그런 것이 아니라 천지자연의 세계에서도 그러하다. 음양이 서로 어긋나면 천재지변이 일어나는 것이다. 사람과 사람은 항상 이해를 다투므로 물욕은 불꽃처럼 일어나 심성의 달을 태운다. 이것은 하늘의 이치를 거스르는 것이다. 황산곡이 이른바 "사람의 본심은 해와 달 같은데 이기심과 욕망이 다 먹어버린다."고 한 것이 바로 이것이다.

그러므로 도를 닦는 사람은 먼저 마음을 비워 세상에 잘 적응하고

에서 사망하자 그 아들인 부차(夫差)를 지성껏 보필하여 월나라를 B.C.494년에 궤멸시킴으로써 선대의 모욕과 원한을 설치(雪恥)했다. 그러나 월나라의 모신 범려(范蠡)와 문종(文種)의 계책에 넘어간 간신 백비(伯嚭)와 부차(夫差)가 현상태에 안주하면서 점차 그들과의 관계가 악화되었고 마침내 월나라의 이간책과 백비의 참소로 B.C.484년에 자결을 명령받았다. 오자서의 사후 오나라는 계속 군사력이 약화된 끝에 B.C.473년에 월나라에게 멸망당했다.

2) 증삼(曾參, B.C.505~B.C.436)은 자는 자여(子輿), 중국 춘추시대(春秋時代)의 유학자(儒學者), 공자의 제자다. 노(魯)나라 무성(武城: 지금의 산동성(山東省) 가상현(嘉祥縣))출신이다. 『논어(論語)』에서 증자(曾子)라고 경칭(敬稱)되는데, 정이(程頤)는 『논어』가 유약(有若)과 증삼의 문인에 의해서 이루어졌기 때문이라고 했다. 공자의 제자 가운데 나이가 가장 어리고 노둔(老鈍)했으나 학문에 대한 뜻이 성실했기 때문에 공자의 도(道)의 진수(眞髓)를 얻었다고 한다. 그의 학문은 실천을 중시하여 날마다 세 가지로 자신을 반성하는 것을 수양 방법으로 삼았다. ① 남을 위해 일하는 데 최선을 다하지 않았는가(爲人謀而不忠乎), ② 벗과 사귀는데 신의가 없지 않았는가(與朋友交而不信乎), ③ 스승님이 전해주신 것(또는 학문)을 익히지 않았는가(傳不習乎). 또한 그는 공자의 일이관지(一以貫之)사상을 충(忠)·서(恕)로서 인식했고, 효(孝)로도 유명했다. 효를 백행(百行)의 으뜸으로 삼아 실천하고 효를 행하는 방법으로 충과 예를 중시했다. 공자가 죽은 뒤 고향 수사(洙泗)에서 강학(講學)활동을 하여 70여 명의 문인을 배출했다. 후세에 학자들은 그를 종성(宗聖)으로 받들고 안회(顔回)·공급·맹자 등과 함께 사성(四聖)으로 존숭하고, 문묘(文廟)의 대성전(大成殿)에 안회 다음으로 모시고 춘(春)·추(秋)로 향사(享祀)를 지낸다. 『효경(孝經)』『대학(大學)』 등의 저자로 알려져 있으나 확실치 않다. 효경은 직접 자신의 기록이 아니더라도 증자학파에 의해 이루어졌을 것으로 추측되고 있다. 『한서(漢書)』「예문지(藝文志)」에는 『증자(曾子)』 18편을 들고 있으나 전해지지 않고 『대대례기(大戴禮記)』 가운데 본효(本孝)·입효·사부모(事父母) 등 10편이 실려 있다.

자연의 이치에 순응하면 모든 화를 멀리할 수 있다. 성인이라도 나아가야 할 때를 놓쳐버리고 뒤늦게 반응해서 화를 입을 수도 있다. 그러나 성인은 때를 놓치더라도 자연의 이치라는 근본에서 벗어나는 경우가 많지 않기 때문에 항상 공을 이룬다. 최고의 선은 선을 애써 행하는 행위를 버리면 이뤄지고, 최고의 깨달음은 작은 깨달음을 버려서 저절로 큰 깨달음을 이룬다. 그러므로 장자는 쓸모없는 것의 쓸모를 말했다. 그리고 무위자연을 말했으니 "사람으로서 능히 무위에서 스스로 즐거워 할 수 없는 사람은 아무리 스스로 즐거워 하려 해도 즐거울 수 없는 것이다."라고 했다.

도의 경지에 이른 사람은 스스로 잘 놀아 세상에 섞여도 그 도가 막히지 않는다. 마음에 하늘의 이치가 항상 있기 때문에 스스로를 극복할 수 있다. 세상 속에 섞여도 치우치지 않고, 예나 지금을 시비하지 않는다. 언제나 화광하고 한가지의 티끌이 되서 세상과 서로 거스르지 않는다. 사람의 뜻을 따르지만 자기를 잃지 않으며, 세상의 가르침을 많이 배우더라도 서로 차별함이 없다. 현실에서 도피하려는 사람은 반드시 구산이나 대림(대자연)을 좋다고 한다. 그러나 혼탁한 세상의 명리를 이겨내지 못하면 지극한 지식이나 높은 덕망은 소용이 없다. 세상의 명리[3]를 초월하는 것이 진정한 해탈[4]이지

3) 명리(命理)는 하늘이 내린 목숨과 자연의 이치를 말한다.
4) 해탈(解脫)은 불교에서 인간의 속세적(俗世的)인 모든 속박으로부터 벗어나 자유롭게 되는 상태를 뜻한다. 인간의 근본적 아집(我執)으로부터의 해방을 의미한다. 인도사상(印度思想)·불교는 이것을 종교와 인생의 궁극 목적으로 생각하였다. 즉 범부는 탐욕·분노·어리석음 등의 번뇌 또는 과거의 업(業)에 속박되어 있으며, 이로부터의 해방이 곧 구원이라고 한다. 그러나 그 구원은 타율적으로 신에게서 오는 것이 아니라 지혜, 즉 반야(般若)를 증득(證得)함으로써 이루어지는 것이라고 하는 데 특징이 있다. 결국 번뇌의 속박을 떠나 삼계(三界: 欲界·色界·無色界)를 탈각(脫却)하여 무애자재(無礙自在)의 깨달음을

얽매여 속세에서 은둔[5]하는 것은 무위자연의 도를 따르는 것이 아니다.

무릇 밖에서 오는 화복은 일정한 것이 아니다. 이러하니 비천은 죽었고 기자는 거짓 미치광이가 됐다. 은나라의 유력한 선비인 악래[6]는 죽고 걸·주는 망했다.

임금으로 신하의 충성을 누가 바라지 않으랴만 그 충성도 반드시 임금의 신임을 받지 못했다. 오나라의 충신인 오자서는 시체가 강물에 띄워졌고, 장홍[7]은 촉나라[8]에서 자살했는데 그 피를 간직한 지

얻는 것을 가리킨다.

5) 은둔(隱遁)은 세상일을 피하여 숨음을 의미한다.

6) 악래(惡來) 상나라 말기의 인물, 비렴의 아들이다. 악래 또는 오래(惡來)라고 한다. 악래는 사기 은본기에 등장하는 장사로, 은나라 마지막 왕이자 폭군으로 유명한 주왕에게 등용되어 주왕의 악행을 도운 인물이자 진나라의 시조이다. 힘이 세었고 자신이 가진 재주로 비렴과 함께 주왕 제신을 섬겼으며, 오래는 남을 헐뜯기를 좋아해서 제신과 제후 간의 관계가 갈수록 멀어졌다고 한다. 시기심이 많았다고 하는데, 그의 아버지인 비렴도 아니나 다를까 간신이었다. 간신의 대명사이면서 동시에 비중, 하육, 맹분 등과 함께 힘의 대명사로 꼽혀 각종 문헌에서 언급되는데, 『논형(論衡)』「어증(語增)」편에서 비렴과 함께 무소, 외뿔소를 맨손으로 때려잡을 정도로 힘이 세고 곰, 범을 맨손으로 때려잡을 정도로 용맹했다고 언급했다. 훗날 주나라에 패할 때 무왕(주)이 상나라를 공격하자 출정하여, 주왕 제신을 위해 싸우다가 붙잡혀 처형당함으로써 최후를 맞았다고 전해진다.

7) 장홍(張洪)은 오나라의 아문(衙門)을 지내 사람으로 알려져 있다.

8) 촉한(蜀漢, 221~263) 중국 삼국시대에 정립(鼎立) 상태에 있던 한 나라이다. 전한(前漢) 경제(景帝)의 후손 현덕(玄德) 유비(劉備)가 촉(蜀: 四川省)에다 창건하였다. 정식 명칭은 한(漢)이다. 계한(季漢)이라고도 하며, 촉(蜀)·촉한으로 통칭한다. 후한(後漢) 말 황건적(黃巾賊)의 대반란이 일어나 후한의 권위가 무너지자 군웅할거의 정세는 결정적이 되었다. 형주(荊州) 목사 유표(劉表)의 객장(客將)이던 유비는 유표가 죽은 뒤 그의 아들 종(琮)이 조조(曹操)에게 투항하자, 제갈량(諸葛亮)의 협력을 얻어 천하 '3분의 계(計)'를 세우고 손권(孫權)과 동맹하여 적벽(赤壁) 전투에서 조조를 격파하고 형주의 목사가 되었다. 이리하여 양쯔강(揚子江) 중류 유역을 거의 장악하자, 익주(益州: 成都) 목사 유장(劉璋)을 공략하여 스스로 익주 목사가 된 뒤 219년 스스로 한중왕(漢中王)이라 칭하였다. 다음 해 조비(曹丕)가 한제(漢帝)의 양위를

3년 만에 모두 변해서 무른 구슬이 됐다. 또 어버이로 자식의 효성을 누가 바라지 않으랴만 그 효성도 반드시 어버이의 사랑을 받지 못했다. 은나라 고종[9]의 태자인 효기[10]는 언제나 나라를 걱정했지

받아 제위에 오르자, 221년 유비도 또한 제위에 올라 수도를 청두(成都)로 정하고, 고조(高祖) 이하의 종묘를 세워 한(漢)의 정통성을 명백히 하였다. 다음해 손권도 연호(年號)를 세웠으므로 바야흐로 3국 정립의 형세가 되었다. 그러나 형주의 영유를 둘러싼 촉한·오(吳)의 대립은 해결되지 않았으므로, 유비가 친히 군대를 이끌고 오를 쳤으나 백제성(白帝城)에서 병사하고 말았다. 후사를 위임받은 제갈량은 후주(後主) 유선(劉禪)을 잘 보좌하여, 오나라와의 국교를 회복하고 산업을 장려, 민력을 기른 후 윈난(雲南)·구이저우(貴州)를 토벌하여 이를 개발하는 등 국력을 강화하였다. 동시에 중원(中原)을 회복하고자 자주 북벌을 시도하였으나 뜻을 이루지 못하고 234년 우장위안(五丈原)에서 대전 중 병사하였다. 그후 장완(蔣琬)·비위(費禕)·강유(姜維) 등이 국정을 담당하였는데, 해마다 일어난 위(魏)와의 전쟁 때문에 환관 황호(黃晧)의 전횡까지 겹쳐, 국력이 쇠퇴하여 263년 위군의 대공격에 유선이 항복함으로써 멸망하였다.

9) 『서경(書經)』「열명(說命)」편에 보면 나라를 부흥시킬 어진 배필을 찾던 무정(武丁)이 '꿈을 꾸었는데 상제께서 나에게 어진 배필(신하)을 주셨다(夢帝賚予良弼)'고 말하였는데 그 신하가 바로 부열이다. 꿈에서 상제가 보여주었던 모습 그대로 얼굴을 그려서 찾은 끝에 길을 닦고 담을 쌓는 일을 하던 부열(傅說)을 찾을 수 있었다. 부(傅)란 사부(師傅)의 의미도 있고 열(說)은 설(說)의 뜻이기도 하니 임금을 정언(正言)으로 이끌며 보필하는 어진 스승이기도 한 것이다. 고종은 은나라의 역대 왕 중 하나이다. 당대의 은나라는 강대국이었을 것이고, 굳이 오랑캐가 살고 있는 귀방을 정복하지 않아도 됐을 것이었다. 그러나 어떤 생각이었는지 고종은 귀방을 정벌하러 갔고, 몇 달이 걸려도 모두가 피폐해지는 전쟁이 3년이 지나서야 끝났다. 애초에 정벌을 생각한 것도, 정복의 야욕을 접고 그만두지 않았던 것도, '조금만 더'라고 속삭이는 소인배들의 영향이 없었다면 이루어지지 않았을 일인지도 모른다.

10) 『한서(漢書)』「본기(本紀)」「열전(列傳)」에 "옛날에 순(舜)임금은 효심이 지극한데도 (아버지인) 고수(瞽叟)의 마음에 들지 않았다. 또 (은나라 고종의 아들인) 효기(孝己)는 (계모에게) 비방과 모략을 당했고 백기(伯奇)도 (계모에게) 추방을 당했으니 혈육을 나눈 관계이면서 아버지와 자식이 서로 의심한 것은 어째서이겠는가? 비방(毁)이 오래 쌓이면서 생겨난 것이다. 이러한 원인을 살펴보면 자식은 결코 불효를 하지 않는데 아버지는 그것을 미처 다 판단하지 못하기 때문이다."고 기록되어 있다.

만 고종의 신임은 얻지 못했다. 나무와 나무가 서로 부딪치면 불이 일어나 타게 되고, 쇠는 불을 만나면 녹아서 흐른다.

음양이 뒤섞이면 천지는 크게 어지러워 거기서 우레가 생기고 번개가 일어 물(비) 속에서도 큰 나무가 탄다. 또 사람은 근심·걱정을 만나면 이익과 손해의 양쪽에 빠져서 벗어날 길이 없다. 언제나 항상 두렵고 무서워 편안하지 못하며, 마음은 천지 사이에 대롱거리며 매달린 것처럼 안정되지 않아서 기운은 막히고 답답해서 어려움 속을 헤맨다. 그래서 이익과 손해의 생각은 서로 부딪쳐 불을 내는 일이 아주 많다. 이 불로 많은 사람들은 마음속의 조화로운 기운을 태워 버린다. 사람의 본성은 원래 욕심을 이기지 못하는 것이다. 여기에서 품성과 생명의 성정은 무너져서 몸과 정신은 함께 다하고 마는 것이다.

세상일에서 정해진 규칙은 없지만 우리가 일상에서 필요한 기본적으로 공유되는 상식은 있다. 이것을 지키면 세상이 태평해지나 지키지 못하면 어지러운 세상이 됨을 위의 대화에서 알 수 있다.

작은 지혜, 큰 지혜

어린애는 나면서부터 좋은 스승에게 배우지 않아도 능히 말할 줄 아는 것은
말할 줄 아는 많은 사람과 함께 있기 때문이다.

조그만 낚싯대와 가는 낚싯줄을 들고 밭고랑 웅덩이에 가서 잔잔한 고기 새끼를 낚는 사람들은 큰 고기를 낚는 것은 생각도 못할 것이다. 얕은 소견을 꾸며서 게시판에 이름이 나붙기를 바라는 사람은 큰 출세와는 거리가 멀다. 아직 임공자[1)]의 소식을 들은 적이 없는 사람은 그와 더불어 세상을 사물의 이치에 맞게 말하기 어렵다.

옛날 어느 유교 선비가 시와 예를 주장하면서 밤에는 몰래 남의 무덤을 파서 송장의 물건을 도둑질하려 했다. 또 다른 선비가 그 선비에게 물었다. "벌써 먼동이 트는데 일이 어떻게 됐느냐?" 유교 선

---

1) 임공자(任公子)는 임공(任公), 임보(任父)라고 불린다. 전설상에 나오는 고기를 잘 잡았던 사람이다. 『장자(莊子)』 「외물(外物)」편에 보면 그가 고기를 잡을 때 장면이 나오는데, 불알 깐 소 50마리를 미끼로 하여 회계(會稽) 땅에 걸터앉아 동해 바닷가로 낚시를 드리웠다고 한다. 그리하여 속세를 초탈한 사람을 뜻하기도 한다.

비가 말했다. “아직 중간 옷과 속옷은 벗기지 못했습니다. 그리고 입에는 구슬을 물고 있습니다.” 두 선비는 살아서 남에게 베푼 덕이 없는 사람도 죽어서 구슬을 머금고 있는 것으로 봐서 우리의 도둑질도 그리 큰 잘못이 아니라며 세상 사람들의 모든 탐욕을 비웃었다. 곧 그 선비는 송장의 머리털을 묶어 잡고 턱 밑을 한 손으로 누르고는 쇠뭉치로 턱을 쳐서 천천히 볼을 벌려 입 안의 구슬이 상하지 않게 훔쳐냈다. 옛날 『시경』[2)]에도 ‘청청한 보리가 무덤 위에 우거졌다.’라는 말이 있는 것처럼 무덤이 보리밭이 되듯이 상황에 따

---

2) 『시경(詩經)』은 유교경전으로, 고대 중국의 시가를 모아 엮은 오경의 하나다. 본래는 3,000여 편이었다고 전하나 공자에 의하여 305편으로 간추려졌고 『사기』에 의하면 공자가 311편을 가려냈다 하나 이 중 여섯 편은 제목만 전한다. 여기에 실린 노래들은 철기(鐵器)의 보급으로 농경문화가 비약적으로 발전하고 봉건제가 정착되어 사상과 예술이 처음으로 활짝 피던 주왕조 초에서 전국(戰國) 중기에 불려졌다. 분포 지역은 황하(黃河)를 중심으로 한 주나라 직할 경역이었으리라 추정된다. 공자는 만년에 제자를 가르치는 데 있어 육경(六經) 중에서 시를 첫머리로 삼았다. 시는 인간의 가장 순수한 감정에서 우러난 것이므로 정서를 순화하고 다양한 사물을 인식하는 데는 그 만한 전범(典範)이 없다고 생각하였기 때문이다. 공자는 “시 300편을 한 마디로 말하면 생각에 사악함이 없다(思無邪).”라고 하였고, 아들 백어(伯魚)에게는 “『시경』의 주남(周南)과 소남(召南)을 공부하지 않으면 마치 담벼락을 마주하고 서 있는 것과 같다.”라고 하면서 시 공부를 권하였다. 『시경』 305편은 풍(風) · 아(雅) · 송(頌) 세 부분으로 나누어진다. 풍은 국풍(國風)이라고도 하며 여러 제후국에서 채집된 민요 · 민가이다. 사랑의 시가 대부분으로, 남녀간의 애틋한 정과 이별의 아픔 등이 아주 원초적인 목청으로 소박하게 그려져 있다. 아는 대아(大雅)와 소아(小雅)로 나누어진다. 궁궐에서 연주되는 곡조에 붙인 가사로 귀족풍을 띠고 있다. 송은 종묘의 제사에 쓰이던 악가(樂歌)로, 주송(周頌) · 노송(魯頌) · 상송(商頌)이 있다. 풍 · 아 · 송에 부(賦) · 비(比) · 흥(興)을 더한 것이 이른바 육의(六義)인데, 논란이 있기는 하나 대개 전자는 내용·체재상의 구분이고 후자는 수사상의 분류로 본다. 고대 제왕들은 먼 지방까지 채시관(採詩官)을 파견해 거리에 나돌고 있는 노래며 가사들을 모아 민심의 동향을 알아보고 정치에 참고로 삼았다고 하며, 조정의 악관(樂官)에게 곡조를 붙이게 해 다시 유행시킴으로써 민심의 순화에 힘썼다고 한다. 악보가 전해지지 않아 시의 곡조는 알 수 없다.

라서 변화하는 삶의 모습에서 인생무상을 느끼게 된다.

노래자[3]의 제자가 나무하러 나갔다가 공자를 만났다. 집에 돌아와서 스승에게 아뢰었다. "저기 어떤 사람이 있는데 상반신은 길고 하반신은 짧으며, 등은 약간 앞으로 굽고 귀는 약간 뒤로 붙었습니다. 그리고 그 눈은 천하를 경영하려 하는 것 같았습니다. 누구의 아들인지 모르겠습니다." 노래자는 "그는 공자다, 불러 오너라."라고 했다.

공자가 왔을 때 노래자가 말했다. "구(공자의 이름)여, 너는 네 몸을 꾸며 자랑하는 행동과 네 모습을 바르게 하는 지혜로움을 버리면 군자가 될 수 있을 것이다." 공자는 공손히 절하고 조금 물러나 약간 놀란 듯 얼굴빛을 고치면서 물었다. "그리하면 학업이 나아질 수 있겠습니까?" 노래자는 "너는 현재의 세상 걱정을 견디지 못하고 어지러운 세상을 걱정해서 인의를 주장하고 있다. 이는 결국 후세에 근심으로 남게 돼 오히려 만세의 걱정을 늘어나게 한다. 너는 원래 너의 운명이 그렇다는 것인가? 아니면 너의 지혜가 부족하기 때문인가?"라고 물었다.

은혜를 남에게 베풀고 그것으로 남의 환심을 사는 것은 한평생의 부끄러운 일이다. 이것은 못난 사람만이 하는 일이다. 또 그들은 겉으로는 명성으로 사람을 현혹시키고 모으는 것에 불과하다. 요임금을 성인이라 칭찬하고, 걸을 폭군이라 비방하는 것보다 차라리 둘을

---

3) 노래자(老萊子)는 춘추시대 초(楚)나라의 학자로, 공자와 같은 시기의 사람이다. 난세(亂世)를 피하여 몽산(蒙山) 기슭에서 농사를 지었다. 초왕이 그가 현재(賢才)임을 듣고 불렀으나 응하지 않고, 강남(江南)에 머물렀다. 그가 거처하는 곳마다 사람들이 모여들어 부락을 이루기를 그치지 않았다고 한다. 서(書) 15편을 저술하였는데, 일설에는 그가 노자(老子)라는 말도 있으나 확실하지 않다.

따로 구분하지 말고 생각 자체를 하지 않는 것만 못하다. 칭찬하고 비방하는 행동을 되풀이하면 마음 상하지 않는 일이 없을 것이고, 함부로 움직이면 바르게 행하지 못할 수도 있다. 그러므로 성인은 인의로 사람들에게 어려움만 던져놓고 공을 이룬다고 생각한다.

송나라 원군이 한밤중에 꿈을 꾸었다. 어떤 사람이 머리를 풀어 헤치고 큰 문 곁에 있는 작은 문을 들여다보면서 말했다. “나는 재로의 못에서 왔습니다. 청강의 신을 위해서 황하의 신인 하백[4]에게 심부름을 가는 길이었는데 그만 고기잡이 여차가 나를 사로잡았습니다.” 원군은 꿈에서 깨어 점쟁이를 시켜 이 꿈을 점치게 했다. 점쟁이는 대답했다. “그것은 신통한 거북이입니다.” 원군은 여러 사람에게 물었다. “여차라는 고기잡이가 있는가?” 여러 신하들이 있다고 대답하자 원군은 다시 여차를 조정에 불러 “너는 고기 잡으러 나가

---

4) 『장자』「외편」에 기록된 내용이다. 가을에 큰물이 나서 여러 강물이 황하로 흘러들었다. 그 흐름이 너무나 커서 강가 양쪽이나 모래톱에서 보면 소와 말을 분간할 수 없을 정도였다. 이렇게 되자 황하의 신인 하백이 흐뭇해하며 자기가 세상의 모든 훌륭함을 독차지했다고 기뻐했다. 하백이 물결을 타고 동쪽(중국에서는 동해가 우리나라에서는 서해이다)으로 내려가다가 북해(발해)에 이르렀다. 거기서 동쪽을 보니 물이 끝이 보이지 않았다. 그래서 얼굴을 돌려 북해의 신(神) 약을 보고 한숨을 지으며 말했다. “옛말에 ‘도에 대해 백번을 들으면 저보다 나은 이가 없는 줄 안다.’고 한 말이 바로 나를 두고 하는 말이군요.” 황하의 하백이 황하라는 공간에서 자기가 최고인 줄 알고 자만했는데 바다에 나와 보니 자기 생각이 틀렸음을 알아차리는 순간이다. 우물 안의 개구리 북해의 신 약이 대답하였다. “우물 안 개구리는 바다 이야기를 할 수 없지요. 한 곳에 갇혀 살기 때문이요. 여름 벌레에게 얼음 이야기를 할 수 없지요. 한 철에 매여 살기 때문이요. 마음이 굽은 선비에게 도를 이야기 할 수 없지요. 한 가지 가르침에 얽매여 살기 때문이요. 지금 당신은 좁은 강에서 나와 큰 바다를 보고 비로소 당신이 미미함을 알게 되었소. 이제 당신에게 큰 이(理)에 대해 이야기 할 수 있겠구려.”라고 속좁은 소견을 질타하는 내용이다.

서 무엇을 잡았느냐?"고 물었고 여차는 흰 거북을 잡았는데 등덜미의 넓이가 다섯 자나 된다고 했다. 원군은 여차에게 그 거북을 바치라고 하고 거북을 들여왔다. 원군은 거북을 죽일까 살릴까 하고 망설이다가 점쟁이가 죽여서 점을 치면 좋다는 말에 원군은 거북을 죽여 그 껍질을 일흔두 번이나 구워 점을 쳐 보았으나 틀림이 없었다. 공자는 이 사실에 대해서 다음과 같이 말했다. "신령스런 거북은 꿈속에서 원군을 볼 수 있었지만 여차의 그물을 피할 수 없었고, 지혜는 일흔 두 번이나 점을 쳐서 틀림이 없었지만 제 창자를 끊어내는 근심과 고통을 피할 수는 없었다." 이렇게 된 것은 지혜도 다하는 수가 있고 신령도 미치지 못하는 수가 있기 때문이다. 한 사람의 지혜가 아무리 지극하다 해도 만 사람의 작은 지혜를 모으면 결코 따라가지 못한다는 것이다. 고기는 큰 그물을 두려워하지 않으면서 작은 물새를 두려워하는 것이다.

사람은 작은 지혜를 모으면 큰 지혜는 저절로 나타난다. 착함을 자랑하지 않고 바르게 행동하면 저절로 착함이 될 것이다. 어린애는 나면서부터 좋은 스승에게 배우지 않아도 능히 말할 줄 아는 것은 말할 줄 아는 많은 사람과 함께 있기 때문이다. 따라서 지혜는 맞는 환경에서 생활하면 저절로 익히게 되므로 사람은 환경에 따라 지혜를 배울 수 있음을 강조하고 있다.

버려야 얻을 수 있는 것들

말은 뜻을 나타내는 데 쓰이기 때문에 뜻을 알고 나면 말은 잊어버려야 한다.

쓸 데 없는 것을 알아야 비로소 쓸 데 있는 것을 이야기 할 수 있다. 땅은 넓고도 크지만 사람이 사용하는 공간은 걸을 때 겨우 발을 디디는 자리뿐이고 그 밖의 공간은 쓸 데가 없다. 그렇다고 해서 밟는 공간만 남겨 두고 그 밖의 땅은 파내어 버린 후 사람들은 밟고 있는 땅만 쓸 데가 있다고 말하지 않는다. 밟지 않는 땅은 실제로 쓸 데가 없는 듯 보인다. 그러나 쓸 데 없는 것의 쓸 데 있음이 분명하다.

무위에서 스스로 즐거워할 수 있는 사람은 스스로 즐겁지 않을 수 없는 것이다. 무위에서 스스로 즐거워할 수 없는 사람은 아무리 스스로 즐거워하려 해도 즐거울 수 없다. 욕망의 대상만 좇아 본연의 자세로 돌아올 줄 모르는 사람이나 저 혼자 잘나서 높은 위치에 있다고 착각[1]에 빠진 사람은 지극한 도가 있어도 지혜와 두터운 덕을 가진 사람이 아니다. 자신만 알거나 명예나 재물만 좇는 사람은 비록 임금이 되고 신하가 되더라도 영원한 지위가 아니다. 도리가 잘 지켜지는 세상에는 욕심을 버리는 사람을 귀하게 여기고 재물을 좇는 사람을 천하게 여긴다. 도가 쇠퇴한 세상에는 그와 반대가 되는 것이다.

세상이 바뀌면 귀천의 차별이 무너지는 것이다. 그러므로 옛말에 도인은 어떤 행위를 하더라도 자취를 남기지 않는다고 한다. 옛날을 존중하고 현대를 낮잡아 보는 것은 학자들의 잘못된 버릇이다. 그러나 삼황이전의 제왕인 희위씨의 눈으로 후대를 본다면 모든 세상이 본성을 잃지 않은 때는 없었던 것이다. 오직 도인은 스스로 즐거워하면서 치우치지 않고 세상에 순응하면서도 자기를 잃지 않는다. 세상의 가르침을 그대로는 배우지 않고 그들의 뜻을 이어받지만 서로 구별하지는 않는다.

눈이 잘 통해서 물건을 보는 것을 '명'이라 하고, 귀가 잘 통해서 소리를 듣는 것을 '총'이라 한다. 코가 잘 통해서 냄새를 맡는 것을 '전'이라 하고, 입이 잘 통해서 맛을 아는 것을 '감'이라 한다. 마음이 잘 통해서 사물을 분별하는 것을 '지'라 하고, '지'가 잘 통해서 분별있는 것을 '덕'이라 한다.

이 여러 가지 도는 막히는 것을 좋아하지 않는다. 막히면 굳어지고, 굳어지기를 그치지 않으면, 아주 막히고 만다. 아주 막히면 여러 가지 해가 생긴다. 사물이 지각이 있는 것은 숨 쉬는 것에 힘입어 사는 것이니, 숨이 고르지 못한 것은 하늘의 허물이 아니다. 원래 하늘은 구멍을 뚫어서 숨쉬기를 돌보느라 밤낮을 쉬지 않는다. 그런

1) 착각(錯覺)은 어떤 사물이나 사실을 실제와 다르게 지각하거나 생각함을 말한다.

데 사람이 도리어 욕심으로 구멍을 막는 일이 있다. 사람의 몸에는 가슴에서 배에 걸쳐서 겹겹으로 빈 곳이 있고, 마음에는 천연의 빈 곳이 있기 때문에 천연의 도가 놀 수 있다. 한 방에 빈 공간이 없으면 며느리와 시어머니는 서로 다투어 부딪칠 것이다. 그러므로 마음에 천연의 빈 곳이 있어 천연의 도가 놀지 않으면 자신을 죽이는 여섯 가지 요소들(눈, 귀, 코, 입, 마음, 앎)이 서로 거슬려서 자연의 이치에 따르지 않을 것이다. 사람이 큰 숲이나 높은 산을 좋아하는 것은 사람의 정신이 여섯 가지 요인의 시달림을 배겨내지 못하기 때문이다.

이름을 빛내려다 자연의 덕을 잃고, 꾀는 급한 경우에 생겨나며, 지혜는 다투는 데서 생긴다. 마음이 막히는 것은 물질에 집착하기 때문이다. 그리고 관청의 일은 백성의 뜻을 따르는 데서 이뤄지는 것이다. 봄비가 때를 맞춰 오면 초목은 힘차게 움이 튼다. 사람들은 농기구를 손질해서 비로소 땅을 갈기 시작하지만 초목은 벌써 움이 튼 것이 반이 넘는다. 사람들은 자연이 이미 깨어나 활동하는 줄 모른다.

마음을 안정시켜서 고요하고 침묵하면 병도 고칠 수 있다. 모든 욕심을 없애 버리면 늙음을 편안히 할 수 있다. 마음이 한가하면 일에 다가가서 침착하게 처리할 수 있다. 그러나 이 세 가지는 결국 재물을 추구하는 범인들의 일이지 스스로 즐겁고 편안해 하는 도인이 할 일은 아니다. 스스로 즐겁고 편안해 하는 사람은 그런 일은 그냥 지나쳐 한 번도 묻지 않는다. 그러므로 성인이 온 천하를 놀라게 하는 까닭을 현인은 그냥 지나쳐 묻지도 않는다. 현인이 한 세상을 놀라게 하는 까닭을 성인은 그냥 지나쳐 묻지도 않는다. 군자가 한 나라를 놀라게 하는 까닭을 현인은 그냥 지나쳐 묻지도 않는다. 그리고 소인이 한 순간 세상이치를 알더라도 군자는 그냥 지나쳐 묻지도 않는 다.

송나라 동문인 연문에서 어버이를 여윈 사람이 있었다[2]. 그는 상주 노릇을 지극히 했으므로 몸이 몹시 쇠약해졌다. 그래서 그는 효성으로 벼슬을 받아 관사가 됐다. 그런데 그 고을의 상주들이 그을 본받아 몸을 괴롭혀 죽는 사람이 반이나 됐다. 모두 이름을 위해서 도를 어긴 것이다.

옛날 요임금이 허유[3]에게 천하를 물려주려 할 때 허유는 도망을 쳤다. 탕임금이 무광에게 나라를 주려 할 때에 무광은 성을 냈다. 기타는 이 소식을 듣자 자기에게 돌아올까 겁이 나서 제자를 거느리고 관수강가에 가서 쭈그리고 앉아있었다. 그 때에 제후들은 삼년 동안 사람을 보내서 그 괴로움을 위로했다. 그리고 신도적은 기타를 사모해서 자기 몸을 물에 던져 죽었다. 모두 세상을 버림으로 도를 어긴 것이다.

통발은 고기를 잡는데 쓰이기 때문에 고기를 잡고나면 잊어버려야

---

2) 『장자 · 잡편』 제26.「외물편」에 나오는 내용이다.

3) 허유(許由, B.C.2323년 추정~B.C.2244년)는 요순(堯舜) 시대의 현인(賢人)으로, 고대 전설 속에 나오는 은자이다. 허요(許繇)라고도 하며 소보와 같은 시대 인물로 알려져 있다. 요 임금이 만년에 이르러 자신의 자리를 허유에게 양보하려 하자 그는 한사코 거절한 다음 기산(箕山, 허난성 태강 북쪽) 아래로 도망쳐 몸소 밭을 갈면서 생계를 유지했다고 한다. 후에 요 임금이 다시 그를 불러 구주의 우두머리로 임명하려 하자, 허유는 어지러운 소리를 너무 많이 들었다며 영수(穎水, 허난성 동부 및 안후이성 서북부)로 가서 자신의 귀를 씻어 자신의 고결함을 보였다고 한다. 허유나 소보는 모두 전설시대 은자들로 부귀와 권력을 뜬구름처럼 여겼다. 이에 관한 이런 기록들은 사마천의 『사기』를 제외하고는 『장자』, 『회남자』, 『잠부론(潛夫論)』 등 대개가 도가 계통의 서적들이다.

한다. 토끼그물은 토끼를 잡는 데 쓰이기 때문에 토끼를 잡고나면 잊어버려야 한다. 그리고 말은 뜻을 나타내는 데 쓰이기 때문에 뜻을 알고 나면 말은 잊어버려야 한다. 사람들은 말을 잊은 사람을 만나서 더불어 말할 수 있는 지혜를 가져야 한다.

우주 그물 안에서 옳고 그름

세상에는 옳은 것도 옳지 않은 것도 없으니
자기주장을 지나치게 내세우는 것은 바른 언행이 아니라는 가르침을 주는 것이다.

도는 하늘의 근본으로 저절로 생겨나는 것이지 만들어지는 것이 아니다. 그러므로 도를 밝히기 위해서는 사람이 말로 만물을 설명해야 한다. 만물은 각각 종류가 다르지만 모두 조화로운 상태로 생겨난다. 사람들은 모두 만물의 형상이 다른 것만 보고 다 같은 근원에서 나오는 줄 모른다. 만물은 천지에 생겨나서 가고 오며, 마치고 시작해서 모두 다 스스로 돌고 돈다. 사람들은 만물의 끝이 있다고 생각하지만 하늘의 조화는 미묘한 순환의 이치를 나타내고 있다. 조화란 균등을 뜻하는 것으로서 하늘의 이치와 동일하다는 것을 말한다. 이것은 하늘 이치의 궁극적 가치이다.
그런데 사람은 삶과 죽음보다 더 큰 것이 없다고 여길 뿐 끝이 없이 순환한다는 것을 모른다.

하늘에 관해서는 우주의 원리를 설명하는 이론이 있고, 땅에 관해서는 사람의 일에 관계되는 많은 기록이 있다. 이 두 가지 설명만 있으면 천지의 이치를 다 알 수 있다. 우주 삼라만상[1]에 대한 이치는 기록으로 어느 정도 알 수 있다고 하나 사람이 죽고 사는 이치에 관한 기록은 어디에서도 구할 수가 없다. 하늘의 명령에 따른다고나 할까? 살아있다면 인간의 행위 모두가 신이 시키는 대로 하는 것일까? 신은 선을 복으로 갚고 악함은 화로 갚는다고 믿고 있다. 하지만 선이 반드시 복되고 악함이 반드시 화되지 않는 것을 볼 때 그것 또한 신의 명령이라고만 생각할 수는 없다. 그것은 결국 하늘의 조화로움에서 벗어나는 것으로 알 수 없는 현상인 것이다. 사람의 사소한 화복은 하늘의 조화라는 거대한 그물 속에서 운명처럼 엮여 나타난다. 선악을 구분하는 자체가 무의미하고 이러한 현상을 누구도 설명하지 못한다.

그것은 말로 아무리 설명하려고 해도 밝힐 수가 없다. 조물주가 사람에게 화복을 주는 것은 사람의 행위에 대한 대가를 하늘의 조화 안에서 이뤄지도록 하는 것이다. 편안한 곳에서 편안해 하는 것은

---

1) 넓게 펴져 있는 숲(삼라)처럼 온갖 사물들이 빼곡히 펴져있는(만상) 것이다. 동의어로는 만휘군상(萬彙群象)이 있다. 쉽게 말하자면 모든 만물들이 있는 상황을 나타내며, 더 나아가면 모든 것(현상, 진리, 세계, 우주)을 나타낸다. 영어로 나타내자면 'All'과 의미가 비슷하면서 한편으론 조금 다르다. 그와 동시에, 삼라만상은 우주 안에 있는 온갖 사물과 현상을 뜻한다고 한다. 원불교대사전에서 삼라만상은 우주 안에 있는 온갖 것의 일체를 말하는 것이자 우주에 있는 온갖 사물과 현상을 뜻하기도 한다. 우주에 형형색색으로 나열되어져 있는 온갖 현상을 뜻하기도 하는데, 이는 해, 달, 비, 바람, 안개, 눈, 봄, 여름, 가을, 겨울 등 우주의 모든 현상과 강, 산, 돌, 나무, 풀, 짐승, 사람 등 땅 위의 온갖 만물을 총칭하는 말이라고 한다. 원불교에서는 허공법계와 삼라만상을 연속하여 사용하면서도 무형의 존재를 허공법계 유형의 존재와 현상을 삼라만상으로 표현을 한다고 한다. 원불교에서 삼라만상은 천지만물로도 표현이 되며, 이는 진리의 응화신불로 여기기도 한다고 한다.

도를 아는 사람만이 할 수 있는 것으로 편안한 이유를 설명할 필요가 없는 상태이다. 그러나 사람의 마음은 흔들리기 쉬워 편안한 곳에서도 고요하고 편안하기 어렵다. 하늘의 이치를 따르고 사람의 이기심에 영향받지 않으려 해도 지키기 어렵다.

장자는 빈궁과 영달, 삶과 죽음이 의중[2]에 없었다. 그는 하늘을 따르는 사람이지 사람을 따르는 사람이 아니다. 도를 밝히려 한다고 하지만 실은 도를 쌓는 것이고, 사물 이치를 설명한다고 하지만 설명하지 않는 것이다.

장자는 사물의 이치를 설명하는 어법 중에서 우언[3]이 90% 정도이고 중언[4]은 우언 가운데 특별한 것으로 우언의 70% 정도를 차지한다고 했다. 치언[5]은 장자가 날마다 하는 일상적이 이야기로서 무심과 무아로 모든 사물에 대한 조화를 설명하는 것이다. 먼저 우언은 다른 사물을 빌려서 도를 이야기하는 것이니 마치 아버지가 아들을 위해서 중매 서지 않는 것과 같다. 아버지가 아들을 칭찬하는 것은 타인이 하는 것보다 못하기 때문이다. 타인은 잘못된 칭찬을 하더라도 아버지의 허물이 아니고 타인의 허물이 된다. 또 우언을 쓰지 않고 내 의견을 바로 말한다면 듣는 사람의 의견이 나와 같을 때는 찬성하지만 나와 다를 때는 반대할 것이다. 나와 같을 때는 옳다고

---

2) 1. 의중(意中)은 마음속(마음의 속)을 뜻한다. 2. 비슷한 말로는 속내, 가슴속, 골수 등이 있다.
3) 1. 우언(寓言)은 우화(寓話)와 같은 말로 인격화한 동식물이나 기타 사물을 주인공으로 하여 그들의 행동 속에 풍자와 교훈의 뜻을 나타내는 이야기를 말한다. 2. 널리 알리기 위한 수단의 말이다.
4) 1. 중언(重言)은 유명한 누군가 이렇게 말했다고 하는 표현이다. 2. 사실임을 입증하는 근거로 하는 말이다.
5) 1. 치언(卮言)은 치언은 술에 취한 듯 자연스럽게 이야기하는 표현으로, 일상에서 하는 정연하지 않는 말을 뜻한다. 2. 꾸미지 않는 진심 그 자체의 말이기도 하다.

하겠지만 나와 다를 때에는 그르다고 할 것이다.

중언을 쓴 까닭은 옛 성현의 이름을 빌리면 세상 사람이 연륜으로 존중하기 때문이다. 그러나 연륜이 앞섰다 하더라도 사물의 조화와 일의 처음과 끝을 분별할 줄 모르고 다만 연륜만을 믿는 사람은 중언이 나쁠 수 있다. 나이 많은 사람이 남보다 지혜롭지 못한 것은 사람의 도를 모르기 때문이며 시대에 뒤떨어진 사람일 뿐이다. 중언에 나오는 성현은 도를 가진 사람이지만 도를 모르는 사람이 들으면 성현의 말씀도 도가 되지 않는다.

치언은 장자가 평소에 늘 쓰는 말 가운데 무심과 무아로써 여러 가지 이론을 조화시키고 사리와 연륜에 맞게 설명하는 것이다. 대개 세상의 이치는 설명해야 정립이 되는 것이다. 그리고 이렇게 말로 설명해서 세상의 이치를 정립[6)]시키려면 도리어 실패할 수 있으니 장자는 "나는 말이 없다."고 했다. 의도된 설명을 하지 않는 것이다. 그러나 "나는 말이 없다."고 한 것은 아주 말이 없는 것이 아니라 의도가 없는 무심의 말만 있는 것이다. 이렇게 말을 한다면 한평생 말을 해도 시비분별의 말함이 없다. 마음이 있는 이상 한평생 말하지 않아도 그것은 말하지 않는 것이 아니다. 세상의 가능과 불가능, 자연스러움과 부자연스러움의 구별은 후천적이고 편의적인 판단으로 선천적이거나 근본적으로 정해져 있는 것이 아니다. 사람들이 때와 경우에 따라 일시적으로 정한 것에 불과하다.

---

6) 정립(定立)은 1. 정하여 세움이나 일의 추진 방향을 정립함을 의미한다. 2. 철학 등에서 어떤 논점에 대하여 반론을 예상하고 주장함을 의미하거나, 또는 그런 의견이나 학설을 말한다. 3. 철학 등의 분야에서 전체에서 특정한 면이나 일정한 내용을 추출하여 고정하는 일이나 어떤 사물을 타당한 것이라고 잠정적으로 규정하는 사유의 기초적인 판단 작용을 이른다.

세상의 사물에는 원래 옳고 그른 것이 있는 것이 아니다. 마음에 따라 옳고 그르게 보일 뿐이다. 물은 그릇을 따라 모양이 변하며 자신의 의견을 내세우지 않는다. 장자는 늘 치언인 무심의 말로 여러 가지 이론을 조화시켰다. 그러나 후대 사람들이 장자의 말을 빌려 하늘의 조화로운 뜻을 왜곡할 수 있다. 세상에는 옳은 것도 옳지 않은 것도 없으니 자기주장을 지나치게 내세우는 것은 바른 언행이 아니라는 가르침을 주는 것이다.

분수에 맞게 자신을 다스려라

귀한 것은 몸과 마음을 온전히 다스려 언행이 바람직해야 함을 말한다.

노나라 임금 애공은 안합(노의 은자)[1]이 도를 깨달은 사람이란 말을 듣고 그를 맞이하려고 사람을 시켜 비단 예물을 가지고 먼저 그 뜻을 전하게 했다. 안합은 오막살이에 살면서 베옷을 입고 손수 소의 여물을 주고 있었다. 노군의 사자가 가니 안합이 먼저 나와 맞았다. 사자는 예를 갖추고 난 후 온 뜻을 알렸다. 안합은 말했다. "혹 잘못 들은 것이 아닙니까? 이것을 받아들인다면 오히려 당신들에게 누가 될까 걱정입니다. 좀 더 확실히 알아보는 것이 좋겠습니다." 사자는 돌아가서 확실히 알아보고는 다시 돌아와 찾았다. 그러나 안합은 이미 없었다. 안합과 같은 이는 진정으로 분수를 아는 사람이다.

옛말에 '도의 순수함으로 몸을 다스리고 남은 부스러기로 나라를

1) 『장자(잡편)』 第28篇 「讓王(양왕)」에 나오는 기록으로 귀중한 것을 하찮은 것으로 얻으려 하지 말라는 내용을 표현한 사람이다.

다스리며 또 그 남은 찌꺼기로 천하를 다스린다.'고 했다. 천하를 다스리는 것이 성인에 있어서는 마지막 할 일이며 가장 우선해야 할 일은 몸을 온전히 하고 삶을 가꾸는 것이다. 그런데 지금 세속의 위정자들은 대부분 몸을 가꾸지 않아 위태롭게 하고 삶을 망치면서까지 부귀 따위를 따르니 어찌 슬프지 않는가?

성인의 행동은 마음이 바르게 나아가는 곳과 하는 바가 일치돼야 하는 것이다. 중국 수나라의 전설 속에 있다는 수후[2]가 귀중한 구슬을 던져 천길 위에 있는 새를 잡으려고 했다면 세상 사람은 반드시 그를 비웃을 것이다. 평범한 자들이 볼 때 그가 사용한 것은 매우 귀중한 것인데 구하는 것은 아주 보잘 것 없는 것이기 때문이다. 그렇지만 인간의 삶에서 수후의 구슬보다 더 귀한 것이 많다. 귀한 것은 몸과 마음을 온전히 다스려 언행이 바람직해야 함을 말한다.

열자는 도가 있는 선비이다. 한편 자양이 물었다. "당신은 도는 깨쳤으나 구차하게 살고 있습니다. 그러니 당신은 사람들로부터 선비를 하찮게 여기도록 만들지 않겠습니까?" 그는 곧 관리를 시켜서 열자에게 곡식을 보내줬다. 열자는 사자를 보고 두 번 절할 뿐 그것을 받지 않았다. 사자가 간 뒤에 열자는 집안으로 들어왔다. 아내는 그

2) 춘추시대 수(隨)나라의 군주였던 수후(隨侯)는 어느 날 자신의 궁전(宮典)에서 몹시 괴로워하고 있는 큰 뱀을 구해주었다. 그런데 그 뱀은 용의 아들로, 뒷날 양자강(揚子江)에서 보옥(寶玉)을 물어다가 수후에게 은혜를 갚았다. 예로부터 양자강은 진주의 명산지로 그 보옥은 다름 아닌 진주(珍珠) 구슬이었다. 그것도 보통 진주가 아니라 밤에도 대낮처럼 훤하게 빛을 발하는 보물 중의 보물, 야광주(夜光珠)였다. 이때부터 세상 사람들은 그 구슬을 '수후지주(隨侯之珠, 수후의 야광주)'라고 불렀다. 이것을 초왕(楚王)에게 바치니 초왕은 크게 기뻐하여 몇 대가 지나도록 수나라를 침략하지 않았다고 한다. 이 고사를 보면 중국인들은 옥(玉)이든 진주(珍珠)든 구슬이라면, 반드시 야광(夜光)이어야만 진짜 보배라고 여겼던 듯하다.

를 원망하는 듯 가슴을 어루만지면서 말했다. "내가 들으니 도 있는 사람의 아내가 되면 다 편하게 산다고 했습니다. 그런데 우리는 굶주리고 있습니다. 임금님은 그것을 알고 모두 자기의 허물이라 생각해서 당신에게 곡식을 보낸 것입니다. 그런데 당신은 그것을 받지 않으니 어찌 이것이 우리의 운명이라고만 말할 수 있겠습니까?" 열자는 웃으면서 아내에게 말했다. "임금님이 자기 스스로 나를 안 것이 아니요, 남의 말을 듣고 내게 곡식을 보낸 것이다. 그렇다면 그는 또 남의 참소를 듣고 나를 벌주게 될 수도 있다. 이것이 내가 그 곡식을 받지 않는 까닭이다." 그 뒤에 과연 백성들이 난리를 일으켜 임금인 자양을 죽였다.

초나라 소왕[3]은 오나라 군사에게 패해서 나라를 버리고 달아났다. 그때 염소 백정인 설[4]이라는 사람이 달려가서 소왕을 따랐다. 소왕은 그 뒤에 초나라로 돌아와서 장차 자기를 따른 사람을 상 주려고

---

3) 초소왕(楚昭王, 미상~B.C.489)은 춘추 시대 말 초나라의 임금이다. 웅씨(熊氏)이고, 이름은 진(珍)이며, 평왕(平王)의 아들이다. 즉위 초에 영윤(令尹) 자상(子常)을 시켜 참신(讒臣) 비무기(費無忌)를 죽이게 하여 사람들의 분노를 가라앉혔다. 재위 기간 중에 오(吳)나라가 여러 차례 초나라를 패배시켰다. 10년 오자서(伍子胥)가 오나라 군대를 이끌고 초나라의 수도 영(郢)을 공격하니 달아났다. 대부(大夫) 신포서(申包胥)가 진(秦)나라로부터 구원병을 얻어 겨우 돌아올 수 있었다. 오나라가 다시 초나라를 공격하니 도읍을 약(鄀)으로 옮겼다. 27년 오나라 왕 부차(夫差)가 진(陳)나라를 공격하자 초나라가 가서 구원했는데, 군중(軍中)에서 병사했다. 27년 동안 재위했고, 시호는 소(昭)다.

4) 중국 춘추시대 때 오(吳)나라의 침입을 받은 초(楚)나라는 수도가 함락 당하는 수모를 겪고 소왕(昭王)은 이웃나라로 도망을 갔었다. 충신 신포서(申包胥)가 진(秦)나라에 가 7일 밤낮으로 울며 애원해 진나라 군대의 힘으로 초나라는 수복되었다. 초나라 소왕(楚昭王)은 오나라 군사에게 패해서 나라를 버리고 달아났다. 그때 염소 백정인 설(說=설=열)이 달려가서 소왕을 따랐다. 소왕은 그 뒤에 초나라로 돌아와서, 장차 자기를 따른 사람을 상주려고 해서 설의 차례에 이르렀다. 그때 설이 말했다. 『장자(莊子)』「양왕(讓王)」편에 기록되어 있다.

해서 설의 차례에 이르렀다. 그때 설은 말했다. "임금께서 나라를 잃었을 때 나도 염소 백정의 직업을 잃었고 임금께서 나라로 돌아왔을 때 나도 염소 백정의 직업으로 돌아온 것입니다. 그래서 내 수입은 이미 본래로 돌아왔는데 또 무슨 상이 있겠습니까?" 이에 왕이 억지로라도 주라고 했다. 설은 "임금께서 나라를 잃었고 그것은 내 죄가 아닙니다. 그러므로 나는 감히 그 죄에 항복하지 않을 것입니다. 또 임금께서 나라로 돌아와도 그것은 내 공이 아닙니다. 그러므로 나는 감히 그 상을 받지 않을 것입니다." 이에 임금은 설을 직접 만나보려 했다. 그때 설은 또 말했다. "초나라 법에는 반드시 많은 상을 줄 만한 큰 공이 있은 뒤라야 임금을 뵈올 수 있게 되어 있습니다. 그런데 이제 내 지혜는 나라를 구원할 만한 것도 되지 못하고, 또 용기는 적과 싸워서 죽을 만한 것도 못 되는 것입니다. 그래서 오나라 군사가 초나라의 서울인 영으로 쳐들어올 때에도 나는 죽을까 두려워 적을 피했을 뿐이었고, 일부러 임금을 따라 모신 것이 아닙니다. 그런데 이제 임금께서 나라의 법을 폐하고 천하의 약속을 어겨가면서 나를 보고자 하십니다. 그러나 이것은 내가 천하에 이름을 드러내는 이유가 되지 못합니다." 소왕은 사마자기에게 명령했다. "저 설은 지위는 낮고 천하지만 바른 말을 아주 잘한다. 그대는 나를 위해 그를 불러 삼공의 지위를 주어라." 설은 "삼공의 지위는 염소 백정의 직업보다 귀한 줄을 알고, 만종의 수입은 염소 백정의 그것보다 많은 줄을 나는 압니다. 그러나 내 어찌 벼슬이나 이익을 탐해서 우리 임금에게 함부로 벼슬이나 월급을 베푼다는 말을 듣게 하겠습니까? 그러므로 감히 받지 못하겠습니다. 원컨대 나는 다시 염소 백정의 직업으로 돌아가려 합니다."고 하며 그는 끝내 받지 않았다.

부귀보다는 자기의 분수를 지키며 사는 것이 더 행복하고 가치 있는 삶이라는 것을 강조하고 있는 것이다.

음을 지고 양을 품다

부부는 때로는 하나이면서 둘이고, 둘이면서 하나인 음양의 이치 속에 일심동체가 되는 것이다.

연애는 열정 넘치는 낭만적인 일로 흰 구름 속을 떠다니는 듯 환상에 사로잡히지만, 결혼 후의 가정생활은 두 사람을 이상에서 현실로 내려오게 한다. 두 사람 모두 가식을 벗고 본래의 모습으로 돌아오게 되는 것이다. 상상 속의 특별한 이상과 낭만은 멀어지고, 일상의 현실 위에 바로 서게 된다. 자잘하고 번잡한 일상생활로 이뤄진 평범한 생활을 하게 된다. 그러니 많은 사람들은 결혼 후에는 현실에 눌려 더 이상 상대방에게 세심한 관심과 애정을 보이지 않게 된다. 사랑해서 결혼하고, 결혼해서 가정을 가지면서 오히려 애정은 점차적으로 식어간다. 결국 두 사람의 관계에 찬바람이 일어나고 문제가 생기기 시작한다.

그럼 어떻게 이 문제를 풀고 화기 가득한 가정을 만들 수 있을까? 여기서 우리는 노자의 지혜를 음미해 볼 가치가 있다. 즉 "반대로 돌아가는 것이, 도의 움직임이다.[1] 이것은 두 가지로 해석할 수 있다. 먼저 도의 움직임은 서로 모순되지만 서로 보완하기도 한다는 것이다. 다음은 사물의 운동은 발전하며 멀어지게 되면 다시 되돌아오게 된다는 것이다. 사물은 순환 반복해서 운동한다. 그래서 '반대로 되돌아가는 것'을 도의 운동이라고 했다.

애정과 혼인의 도 역시 만찬가지다. "반대로 되돌아가는 것이 도의 움직임이다."라고 할 수 있다. 이 역시 두 가지로 생각해볼 수 있다.

첫째, 가정을 이뤘다고 해서 애정과 혼인이 완성됐다고 여기는 짧은 마음을 가져서는 안 된다. 완성 중의 미완성을 알아야 한다. 완성된 일면과 미완성된 일면을 동시에 볼 줄 알아야 한다. 자신이 이미 가진 사랑과 앞으로 만들어가야 할 사랑을 동시에 생각해야 된다. 이미 경험한 사랑의 과정과 앞으로 겪어야 할 사랑의 과정을 동시에 고려해 봐야 한다. 서로 모순되지만 상호 보완되는(相反相成)[2] 입장과 행동을 염려해야 한다. 이렇게 하면 부부들이 애정과 혼인의 도를 따라 살아가는 데 도움이 된다.

둘째, 두 사람의 애정은 '첫사랑-열애-결혼-가정'으로 진행되면서 오히려 점점 멀어지게 된다. 그렇다면 우리들은 '되돌아갈' 필요가 있다. 애정의 근원으로 되돌아가야 한다. 연애하던 시절이나, 막 결혼했을 때의 애정과 열정으로 사랑을 새롭게 만들어가야 한다. 가정은 애정의 종착역이 아니라, 사랑의 원래 모습에서 애정을 키우고 길러내는 곳이다. 애정을 끝없이 새롭게 할 수 있는 사랑의 동력을 만들

---

1) "反者道之動", 노자, 『도덕경』 제40장.
2) 『주역(周易)』 「건괘(乾卦)」의 상반상성(相反相成)의 세계관(世界觀)에 대한 고찰(考察), 이정희, 최정준, 영산대학교 동양문화연구 28(0), 2018, pp12-15

어내야 한다.

애정을 새롭게 하는 방법을 노자는 이렇게 알려준다. "만물은 음을 지고 양을 품으니, 어울린 기운이 조화를 이룬다."[3] 모든 만물이 음을 지고 양을 품고 있다면, 만물의 하나인 가정 역시 음양으로 구성된다. 가정에서 '음을 진다.'는 것은 뒷면이 '음'이라는 것이고, '양을 품는다.'는 것은 앞면이 '양'이라는 말이다.

우리는 두 사람이 가정을 이룬 뒤에 남자는 앞에 서고 여자는 뒤에 선다는 사실을 알 수 있다. 즉 남자는 가장으로 앞에서 힘들고 어려운 바람막이가 되고 여자는 뒤에 서서 남자의 어려움을 도우면서 섬세하고 부드러운 일을 한다는 것으로 이해할 수 있다. 부부는 때로는 하나이면서 둘이고, 둘이면서 하나인 음양의 이치 속에 일심동체가 되는 것이다. 이처럼 하나는 앞서고 하나는 뒤서며, 서로 조화를 이루면서 산다는 지혜를 알려주고 있다.

애정을 노화시키거나 악화시켜서는 안 되고, 첫사랑의 모습으로 되돌아가는 것이 도의 움직임이라고 했다. '순박함과 진실함으로 돌아간다(返樸歸眞).'는 말이다. 이 순박함(樸)과 진실함(眞)이야말로 바로 애정과 혼인의 씨앗이다. 명예, 부, 자동차, 호화별장 따위는 비교가 되지 않는다. 애정의 씨앗을 잘 가꾼다면, 애정과 혼인의 나무가 잘 자라서 공기를 정화하고 향기로운 꽃과 열매로 가득한 가정을 만들 수 있지 않을까?

---

3) "萬物負陰而抱陽冲氣以爲和", 노자, 『도덕경』 제42장.

【참고 문헌】

1. 원전

『백호통(白虎通)』

『사기(史記)』

『역 · 계사하(易 · 系辭下)』

『영추(靈樞)』

『일주서(逸周書)』

『회남자(淮南子)』

『도덕경(道德經)』

『장자(莊子)』

2. 단행본

『고려대한국어대사전』, 고려대학교 민족문화연구원, 2009.

『오제시대연구(五帝時代硏究)』, 中州古籍出版社, 2005.

『중국대백과전서(고고학)』, 중국대백과전서출판사, 1986.

『중국대백과전서(문학)』, 중국대백과전서출판사, 1986.

『중국대백과전서(역사)』, 중국대백과전서출판사, 1992.

Arthur Waley, 『Three Ways of Thought in Ancient China』, Doubleday Anchor, 1997.

Catherine Bell, 『Ritual Theory, Ritual Practice』, Oxford U.P., 1992.

Clifford Geertz 저, 문옥표 역, 『문화의 해석』, 까치, 1998.

H. G. 크릴, 김용수 역, 『도교』, 예문서원, 1993.

H. Welch, 『Taoism : the parting of the way』, Beacon Press, 1966.

Henri Maspero 저, 신하령 · 김태완 역,『도교』, 까치, 1999.

Kenneth Dean, 『Taoist Ritual And Popular Cults of Southeast China』, Princeton U.P., 1993.

M. 베버, 이상률 역,『유교와 도교』, 문예출판사, 1990.

M. 칼텐마르크, 장원철 역,『노자와 도교』, 까치, 1993.

Michael Saso, 『Taoism and the Rite of Cosmic Renewal』, Washigtin U.P., 1990.

O. Kernberg, 『Severe personnality disorder New Haven』, Yale University, 1984.

葛榮晉 저, 강경구 역, 『도가문화와 현대문명』, 법인문화사, 1996.

卿希泰 主編, 『中國道敎史』 全1卷, 四川人民出版社, 1988.
구보 노리따다 외 저, 조성을 역, 『중국종교사』, 한울아카데미, 1996.
김선배, 『노자철학의 연구』, 사사연, 1985.
김정탁, 『장자 잡편』, 성균관대학교출판부, 2019.
김학주, 『노자와 도가사상』, 명문당, 1988.
남도현 외, 『무기백과사전』, 플래닛 미디어, 2018.
도광순, 『도교와 과학』, 비봉출판사, 1990.
도립번 저, 김종식 역, 『중국 민속학의 이해』, 집문당, 1997.
사까이 다다오 외 저, 최준식 역, 『도교란 무엇인가』, 민족사, 1990.
사마천 저, 김영수 역, 『월왕구천세가(越王句踐世家)』 권41, 알마, 2014.
사마천, 『사기:중화제왕전전(中華帝王全傳)』, 光明日報出版社, 2002.
서복관 저, 유일환 역, 『중국인성론사』「선진편」, 을유문화사, 1995.
안상복, 『중국의 전통잡기』, 서울대학교 출판부, 2006.
여영시 저, 김병환 역, 『동양문화 다시 읽기』, 2014.
窪德忠 저, 정순일 역, 『도교와 신선의 세계』, 법인문화사, 1993.
窪德忠, 최준식 역, 『도교사』 종교학총서 3, 분도출판사, 1990.
요시오카 요시토요 저, 최준식 역, 『중국의 도교-불사의 길』, 민족사, 1991.
원가 저, 전인초 · 김선자 역, 『중국신화전설』, 민음사, 1998.
袁珂, 『중국고대신화』, 華夏出版社, 2013.
이강수 · 이승환 외, 『동양철학의 세계』, 예문서원, 2005.
이강수, 『도가사상의 연구』, 고려대학교 민족문화연구소, 1984.
이강수, 『중국 고대철학의 이해』, 지식산업사, 2015.
이능화 편술, 이종은 역주,『조선도교사』, 보성문화사, 1977.
임종욱 ,『중국인명자호사전』, 이회문화사, 2012.
임종욱편저, 김해명 감수, 『중국역대인명사전』, 이회문화사, 2010.
장광직 저, 이철 역, 『신화 미술 제사』, 동문선, 1990.
장자 저, 김달진 역, 『동양의 사상』, 양우당, 1983.
전경욱, 『한국의 전통연희』, 학고재, 2004.
정천정 등, 『중국역사대사전(中國歷史大辭典)』, 上海辭書出版社, 2007.
朱越利, 『道敎答問』, 華文出版社, 1989.
酒井忠夫 외, 최준식 역, 『도교란 무엇인가』, 종교문화연구원 종교학총서1, 민음사, 1990.
津田左右吉, 『神仙思想の研究』 津田左右吉全集 10所收, 岩波書店, 1964.

차주환, 『한국도교사상연구』 한국문화연구총서19, 서울대학교 출판부, 1997.
한국도교사상연구회 편, 『한국의 도교 도교사상의 한국적 전개』 한국도교사상연구총서 3, 아시아문화사, 1989.
黃兆漢, 『道教研究論文集』, 中文大學出版社, 1987.

3. 논문
김낙필,「初期道家의 精神概念: 莊子를 중심으로」, 한림대학교 태동고전연구소, 1985.
김승혜, 「민간신앙과 도교의 관계」, 『한국도교사상의 이해』, 1990.
김승혜, 「사천성 도교의 위치와 특성」, 한국도교문화학회, 1997.
김승혜, 현대중국의 종교이해」, 『동아연구 24집』, 1992.
김한규, 「초기 도교와 파촉문화」, 『동아연구 30집』, 1995.
류성태, 「정신수양의 도가적 접근」, 원광대학교원불교사상연구원, 2006.
박상언, 「종교와 몸, 그리고 의례」, 『한국종교학회 2000년 추계발표』,
이정희, 최정준, 『주역(周易)』 「건괘(乾卦)」의 상반상성(相反相成)의 세계관(世界觀)에 대한 고찰(考察)」, 영산대학교 동양문화연구, 2018.
이지영, 「한국 농환 유형 연희의 역사와 연행 양상」, 고려대학교 석사 학위논문, 2009.
장수현, 「개혁개방 이후 중국 농촌 민간의례의 활성화에 관한 고찰: 국가 이데올로기와 농민의 생활철학」, 『한국문화인류학』, 1998.
정인재, 「현대 신도교의 역사적 배경과 그 생명철학」, 『동아연구 30집』, 1995.

찾아보기

저자소개

장종원

문학박사·경영학박사,
전 부산일보 경영기획부장,
전 부경대학교 겸임교수,
현재 동명대학교 동양문화학과 초빙교수

저술

중국 고대 인성론과 교육의 관계에 대한 연구(2020)
덕육중심의 중국 고대 교육체계에 대한 연구(2020)
중국 고대 윤리사상 인과 중용에 대한 연구(2019)
중국 춘추전국시대의 윤리사상 논쟁에 관한 연구(2018)
중국 고대 인성론의 주요 범주와 교육적 영향(2016)
중국 고대인성론 발생의 역사적 배경과 고대인성론 비교연구(2015)

노장사상과 인성
2020년 4월 10일 1판 1쇄 인쇄
2020년 4월 15일 1판 1쇄 발행

지은이 장종원
발행인 조재성
그 림 최윤정
펴낸곳 서현사
등 록 2002년 8월 14일 제03-01392호

주 소 (10447) 경기도 고양시 일산동구 중앙로 1055 레이크하임 206호
전 화 031-919-6643 팩 스 0504-223-3647
ISBN 979-11-88986-33-0 93150
정 가 **16,000원**